超高齢時代を乗り切る「地域政策」

地域政策構想技術リスキリングノート

本書のねらい

本書は、超高齢時代を乗り切るために、どのような地域政策を構想したらよいかという課題について、筆者が読者の皆さんとともに、マクロ分析や政策の型などの視点から改めて考える場合のたたき台になればという思いで執筆された。

そもそも「地域」とは何か。地球レベルで「東アジア地域」のような使われ方もするし、集落単位で何々地域と呼ぶこともある。

まず、「地方」と「地域」ではニュアンスが異なる。国と自治体との行政権限の再配分の問題が「地方分権」と呼ばれるように、「地方」は「中央」との対比でイメージされる。一方、「地域」はそれ自体に独立したニュアンスがある。

しかし、ポツンと一軒家は地域とは言い難い。ただ、テレビ番組を観る限りでは、ポツンと一軒家に住む高齢者には、麓のまちに住む子ども家族がいて、週に一度買い物支援などを行っている場合が多い。その場合、この一軒家の住民については、麓の集落と一体として地域と捉え、今後とも暮らしていけるように配慮する地域政策の対象となってくる。

逆に、都市部の高齢独居世帯についても、買い物難民になったりして生活に困らないような仕組みを講じることも地域政策の対象である。

だとすれば、少なくとも本書においては、「地域」とは、全ての人々が基本的に暮らしに困らないように配慮する日常生活圏域を想定しなければならない。買い物は売る人がいて成立するように、日常生活圏域には仕事が不可欠であり、人間と人間の関係が経済活動として確立される必要がある。このため、人、モノ、資金、情報などが日常的に、円滑に循環するという観点から、地域経済を構築することが地域政策の重要な論点となる。そこには、自然環境や歴史、文化といった要素が含まれることは言うまでもない。

地域政策の主体は誰か。基本的には、都道府県及び市区町村といった自治体が想定される。職員の活動を含め、自治体の歳出は地域経済の大きな要素であり、かつ、必要性に応じて政策的に変えていくことが比較的可能だからである。

日常生活圏域は、電車やバス、自家用車などの交通手段によって物理的範囲は異なる。ただ、本書の場合、超高齢時代を前提とするため、生活領域は狭くなるとともに、地域での医療・介護・生活支援の機能をいかに確保するかが大きな論点となっている。一方、このことを補う手法としてＩＣＴの活用を取り上げており、特に、決済など人びとの生活に共通の処理機能については、ネットワークを活用した共同システムが有効であると考え、新しい社会インフラとして、自治体による主導的な整備などを地域再生ＤＸとして検討している。

なお、本書では、仕事を通じて構築される住民同士による経済活動が地域活性化の基礎となるモデルとして江戸時代の自治を取り上げた。この点は、本書の執筆を契機に筆者も認識を新たにしたところであった。

目　次

第Ⅴ部　対談（地域政策と起業が創造する経済循環ネットワーク）……289

デザイン●ベター・デイズ
（大久保裕文、村上知子、呂紫毫）

編　集●駒井誠一

第Ⅰ部　日本の地方自治と地域政策（歴史と理念との調和）

第1章 日本の地方自治の原型

1 明治維新とは何か

明治維新については、各藩が独立国家のように分立していた江戸時代から、一夜にして中央集権国家となったように説明されることがある。実情はそうでもないようである。旧藩時代は、村落ごとに村方三役（名主・組頭・百姓代）が、年貢の取り立て・管理・戸籍事務・諸書類の作成や他村・領主との折衝など、村政全般を取り扱っていた。その代表が、庄屋、名主、肝煎、郷頭《ごうがしら》などと呼ばれた地域の世話役である。旧藩側の郡奉行や代官といった役人は、庄屋や名主たちと接点があるだけで領国の隅々まで直接管理していたわけではない。村落の自治によって年貢がきちんと納められていれば、直接介入する必要も無かったであろう。地域の職人たちや商人たちの間にも、世話役が存在したらしい。農民・職人・商人の職域の自治を基盤として、全国くまなく人々の生計と日々の暮らしが成り立っており、武士階級はそこに一定の統治作用を及ぼし、社会秩序を形成する存在だったと考えられる。職域の自治が機能している日常生活圏域において、地域経済循環が生じていたというのが実態だったのではなかろうか。江戸時代は、多くの日常生活圏の地域経済循環が土台となり、統治システムは「地域経済からの共同負担」により維持されていたのである。

天領という領国を所管する一つの「地方政権」である徳川氏が、同時に中央政権である幕府を構成していたというのも、イレギュラーな感じがする。幕府とは、もともと征夷大将軍が陣中で幕を張った場所を指すことからも、軍事力を背景に、徳川幕府と各藩の秩序を維持することが専らの政権であったと思われる。武士階級の統治の論理と農民・職人・商人の経済の論理は異なるものがあったであろう。

米穀を主とする現物で徴収する石高制において、各藩の固定された石高では、上昇する米作の生産性を捉えることができない。農民側に余剰が確保されることになり、その需要が手工業や商業の市場を発達させていった。このため、様々な商品に係る諸物価に対して、米の値段は長期低落傾向になり、武士の実質収入も減っていった。

これに対して、米将軍と呼ばれた八代将軍吉宗のように、倹約令によって強制的に商品経済に対する需要を押し込み、相対的に米の価値を高めようとする政策が繰り返された。しかし、これは総需要を圧縮するだけで、経済活動は収縮するし、人々の嗜好を簡単に変えることはできずに失敗が繰り返された。統治の論理で経済の論理を左右することは難しかったと思われる。そもそも幕府権力が直接人々の生活にまで及んでいなかった結果であるとも言える。

そのような状況下に、西洋列強が産業革命後の経済力と軍事力を背景に日本にも開国要求を突きつけた。明治維新とは、西洋列強に国家として対抗できるような体制づくりであったと解される。国家の成り立ちが根本的にひっくり返った革命というよりも、徳川幕府から薩長などの雄藩の人びとからなるグループへの政権交代というのが実態ではなかったか。少なくとも、即座に「地方制度」まで手を付ける余裕はなかったものと思われる。

1866（慶応2）年、長州藩が仕掛けた「下関戦争」の敗戦の事後処理の際に、わが国は従量税としての低い税率の関税を押し付けられる。同時に、日本側の意志で関税率を変更することもできなくなった。不平等条約である。折しも幕末の混乱期のインフレと重なり、名目価格と関係のない従量税としての関税は、実質的に関税免除に近い状態になってしまった。

明治政府は、輸出関税自主権の回復を目指し、西洋列強から見て同じルールが通用し、安心して付き合える仲間として認められるためにも、憲法制定をはじめとして国家制度を整えることに血道を上げることになる。1907（明治40）年から西洋列強との間に関税自主権の回復が成功していったが、それは日英同盟の成立（1902年）と日露戦争の勝利（1905年）を待たなければならなかったのである。

❷ 国家財政と地方自治

明治維新の頃は、農業が基幹産業であり、地方が強い経済力を有した。そこで、各藩が握っていた財源を中央政府に吸い上げることが図られる。1871（明治4）年の廃藩置県が始まりである。藩に代わり、北海道（開拓使）の「1使」、東京・大阪・京都に「3府」、全国に「302県」が置かれた。府県制制定の前年、1889（明治22）年に至って現在のような47の形に落ち着いた。

まず、もともと藩の年貢米だったものが地租として「国庫納入」されることになった。次に１８７３年からの地租改正である。地租は、地券を交付して一律に所有者に課税する方式で、江戸時代に年貢を免除されていた武家地や町地なども課税の対象となった。地租改正事業は、１８８１年にほぼ完了する。これにより土地の所有権が公認され、地租は原則として金納となった。

地租はいずれの国でも昔より発達した税であり、農業国においては租税の中心となっていた。地租は土地の収益に課する税であるが、土地の収益は年々変動し、この調査は困難である。そこで、年々の収益を調べるのではなく、平均的収入に課税された。１８７３年に成立したわが国の地租制度は、76年から翌年頃に調査された地価を課税標準とした。ただし、この地価は、過去5年の収穫実績などから還元されたものであった。算定された当時には土地の売買価格に比較的近いものであったが、その後の経済の変動に伴い、不公平なものとなった。１９３１（昭和6）年からは賃貸価格が課税標準として採用された。

廃藩置県を契機に地租が全て中央政府に吸収されても、地方には強い財政力があった。文明開化のための衛生や教育などの諸施策は、地方の財源において進められた。はじめは府県の地租割といわれる土地課税が充てられた。しかし、激しい地租改正反対運動を受けて、府県の土地課税にも「国税地租の一定割合まで」という賦課制限が導入された。その結果、府県では土地課税以外の課税強化を余儀なくされた。それでも府県はいわば国の出先機関であったので、警察費や広域土木工事費などの国庫負担が設けられていった。

一方、江戸時代以来の自治に委ねられた町村財政は基本的には放置されたが、国や府県が負担しない足らざる必要経費は町村民が負担し、「民費」と呼ばれた。地価割や戸数割によって徴収されたが、画一的な決まりは無く町村民の自主的な決定に委ねられた。土地に係る負担としては、地租（国税）、地租割（府県税）と町村の地価割の三重構造となった。

1878（明治11）年には地方税規則が制定され、府県税として地租割に加え、住民税に相当する戸数割が導入された。町村において民費として徴収されていた地価割と戸数割を府県の財源に吸い上げる側面があった。町村限りの経費は町村内人民の協議に任せられ、協議費と呼ばれることになった。その後1888年の市制町村制制定の際に、市町村の租税は国税や府県税への付加税を原則とすることになった。付加税とされることによって政府の統制が及びやすくなる。一方、市町村の第一義的な財源は、財産収入、営造物使用料、手数料とされ、それらでも不足する場合に租税を賦課徴収することとされた。実際、

1888年から市町村の税外収入が大幅に増加するのである。

なお、府県税は1890年の府県制によって町村とは異なり第一義的な財源とされた。それまで東京など大府県に限定されていた家屋税が府県の主要税目に定められた。その結果、全国の市町村でも家屋付加税の課税が始まる。家屋税の賦課の地においては、戸数割を賦課することができないとされ、府県内に家屋を所有する者に対する課税内容は府県会の決定により内務大蔵大臣の許可を受けて課税することができるとされた。

農業が基幹産業の時代には地租が重要であり、家屋は土地の従物とみなされ、家屋税相当部分も地租に含まれていたと考えられる。都市の発達につれて借家も増え、家屋の財産価値が土地と遜色のないものとなり、家屋自体に課税する家屋税が生じてくる。

日清戦争後1895年4月17日の講和条約(下関条約)が締結されると、同月23日、ドイツ・フランス・ロシアから三国干渉を受けた。わが国は臥薪嘗胆の時代に入り、本格的な強兵策に取り組むことになる。1896年には河川法・砂防法・森林法の治水三法が制定されるなど、本格的な国土整備や産業振興策も打ち出される中、これらの業務の執行と財政負担は地方に求められた。

さらに、府県税の中心であった府県営業税が国税の営業税に移管されるなど、地方から国への税源吸収も行われたため、地方でも大増税が必要となった。その手法の一つは、地方付加税の賦課税源率の緩和である。府県の地租付加税の制限が当初の4分の1から2分の1に緩和され、市町村の地租付加税についても7分の1から2分の1に緩和された。しかし、すでに町村にあっては土地に係る課税が限界に達していることもあり、均等負担として戸数割などが使われたようである。

③ 高度経済成長による地方自治の変質と現代への示唆

基幹産業である農業と江戸時代以来の安定した村落の自治を基盤として、明治維新後の中央政府は、国家制度の整備や国防・西欧列強との外交などに注力することができた。国家政策の財源についても、地租をはじめ地方からの吸い上げが進められるとともに、地方財源も当てにされていた。

一方、明治政府は、富国強兵、秩禄処分などを実施し、1877年には西南戦争が勃発した。これらの経費を賄うため、政府による不換紙幣とともに、多数の国立（国法）銀行から不換紙幣が発行されたため、激しいインフレに襲われた。そこで、1881年から、いわゆる松方デフレ政策が始まる。増税と超緊縮財政により生み出された資金で多額の不換紙幣は償却され、やがてインフレが収束する。1882年には日本銀行が開設され（通貨発行を独占）、中央銀行を核とした近代的信用制度がスタートする。

生産コストも下がる中、思い切った官業払下げなどにより、1880年代後半から、わが国は産業革命期に入った。1885年から1910年までの25年間、年平均9％の経済成長を果たし、経済規模は9倍に達した。工業を中心とする高度経済成長は、地域ごとには跛行的な成長となる。都市と農村における経済規模に大きな隔たりが生じていく。江戸の自治以来の安定した地域経済循環の基盤にも綻びが生じてくる。

都市の財政発展は、路面電車事業、築港事業、下水道事業などの公営事業による税外収入によってもたらされることになった。都市経営が重要になった。一方、かつて地域の均衡ある財源であった地租も、工業化が進んだ結果、地域間で不均衡な財源となっていた。農村などの地方財政の疲弊に対しては、義務教育費の国庫負担金などを財源とする地方独立税の減税などが行われた。

日中戦争が泥沼化する中、1940（昭和15）年度の税制改正では、府県税の柱である家屋税が国税に移管され、所得税付加税が廃止された。市町村の主たる財源であった戸数割が廃止され、課税限度額を低く抑えた市町村民税が新設された。その上で、地域間の財政力格差を是正する地方分与税制度が創設された。地方の財政力格差を是正するには一般的な財政調整制度の導入によって対応せざるを得なくなっていたのである。

さて、明治の松方デフレとそれ以降の高度経済成長には、戦後のドッジラインによる超緊縮財政によるインフレ克服と、その後の高度経済成長を彷彿させるものがある。戦前の高度経済成長による矛盾は太平洋戦争突入という形で独自に解決されるには至らなかった。戦後の高度経済成長による矛盾は、後述するが、現在の問題でもある。

この問題を考えるに当たり、スタート地点を江戸の自治に置くことにより一つの示唆を得る。江戸時代、いわゆるGDP（国内総生産）の伸び率は高くなかったと思われるが、農業生産性は向上していた。仕事の共同作業を骨格として形成されていた村落などの相互扶助機能の安心の上に、人びとは生産性向上の余禄による現金で新たな需要を満たした。

このような需要に対応するには、幕府貨幣の流通量が足りなかった。そこで、各藩で藩札が発行され、地域内経済循環の手段となった。実体経済に対応した藩札は、経済循環拡大のツールとなったが、実体経済に対応しない藩札は単なる借用書であり、やがて信用を失いインフレの原因となった。そのプロセスで、手工業も発達し、商業も高度化し、地域内の経済循環が構築され、派手な豊かさはないけれども、幸福な地域生活があった可能性がある。無限の高度経済成長はあり得ない。どこに住んでいようと安定して暮らすためには、全国各地で主体的に地域内経済循環を構築・維持する営みが必要である。

現在、日本は超高齢時代に突入している。過去の経済成長等の余禄もあり、年金資金など社会保障資金が地域経済の底支えとなっている。しかし、「ムラ」や「カイシャ」の相互扶助機能は低下し、行政組織がそれらを全て代替できるわけはなく、老後の不安は解消されることがない。そういう状態では、消費行動も抑制せざるを得ないであろう。

かつて憲法の参考書などでは、国家と人々との間に存在する集団を中間団体として人権抑圧組織と説明されていたような記憶がある。そのような立場からは、相互扶助機能は無償のボランティアなどに期待される傾向がある。いかに高邁な精神を有していても、仕事と関係ないボランティア活動を日常生活圏で持続的に続けていくことは難しいのではないだろうか。地域での仕事を起こしていき、江戸時代のように地域での仕事を共にする組織体が折り重なり、日常生活圏域で相互扶助的な経済循環をつくり上げていく努力が求められるのではないか。

戦前の高度経済成長による矛盾に対して、高橋是清などは、江戸の自治に返ることによって、地域からの経済循環の高まりにより解決しようとした。が、戦争に進む世論の中にかき消されていったようだ。今、高橋是清と同じ目線を大切にして、高度経済成長が望めない中でも、コツコツと努めていくことが大切ではないだろうか。

❹ 地域経済政策の存在の再確認

(1) 山田方谷の地域経済政策

江戸時代においても、地元の有望な特産品に資金を供与して生産させ、藩の設けた国産会所が独占的に買い上げて販売し、その振興を図るという現代の「地域商社」のような政策も行われていた。その一例を幕末に備中松山藩5万石の財政破綻をわずか8年で立て直した山田方谷《ほうこく》（1805〜1877）に見てみる。

方谷の施策の本質は、儒学の心法を以て、「事の外に立って」行うべきことを躊躇せず実行したというところにあった。江戸時代の官学とも言える儒教は、秩序維持のための統治の論理であり、現実的ではないと思われる節がある。しかし、儒教は、人間の人格的救済に加え、政治的有効性をも求めるものであった。

方谷30歳の折、昌平黌塾長の佐藤一斎の門に入り6年を過ごす。同時期に信州松代藩より佐久間象山が同門に在り、連夜にわたり議論したと伝えられる。その方谷が30歳の頃に記したとされるのが「理財論」である。そのポイントは、「夫れ善く天下の事を制する者は、事の外に立って、事の内に屈せず」にある。日常のそろばん弾きに囚われることなく、「利は義の和」であるから、人間と仕事をいかにすべきかを考えるべきであるとした。では、方谷による具体的な実践とは何か。

事の内に屈する原因は米穀本位制、石高本位制の社会を前提に収支を図ることにあった。武士は石高に従って米で俸給をもらい、その米を売って現金に換えて生活に必要な様々な物資を得るという構造であった。江戸時代になって商品経済が拡大し、経済に占める米価が相対的に小さくなると収入も直撃され大きな影響を受けた。このような中で厳しい倹約と緊縮財政だけでは展望は開けない。

では方谷が行った「事の外に立った」改革とは何か。それは、米穀本位制の外にあって、藩の手の外にあった貨幣経済から藩主導で収入を生み出す仕組みづくり、すなわち、徹底した「稼ぐインフラ」づくりのための設備投資に対する公共支出であった。

まず、地域の資源を活用して稼げる商品を選んだ。松山藩の強みは良質の砂鉄と、砂鉄の精錬に必要な莫大な木炭を生み出せる広大な山林にあった。そこで、釘や備中鍬等の鉄器具や農機具を特産品として磨き上げることとした。北部の鉄山を開掘し、銅山を買収。製鉄所や鍛冶屋の工場団地をつくり、山野には杉、竹、漆、朝鮮人参、茶の類を新たに植え、煙草を増産させた。藩が自ら、生産・販売・物流を統括することで、商品の企画から生産、そして江戸での直接販売までを一貫して行い、利益を生む仕組みを構築した。

この間、藩の公共投資は、藩外への移出品を生産販売するための設備投資や物流投資が大半を占めた。これらの投資資金を用意したのが、方谷の儒学の門下生であった大庄屋たちであった。また、膨大な資金投資が利益を生み出す間に耐えなければならないタイムラグがある。しかし、その間、過去の借金の返済を続ける余裕はなかった。方谷に返済の期限の利益を提供したのは、大阪の商人（債権者たち）であった。徹底した情報開示の上に信頼に足る今後の方針を打ちたてた方谷の説得に可能性を感じたからである。

さらに、藩内の資金循環を速めるため驚嘆すべき策に出る。藩民の信用を失って退蔵されていた紙切れ同様の藩札を正貨で買い戻すという策である。儒学の教えである「誠意」

が背景にあった。続々と退蔵されていた藩札が出現し、正貨と両替された。すると今度は膨大な量の藩札の紙幣を人々の前で焼却したのである。信用を失った紙幣はもう通用しない。公然と焼き払われた藩札の代わりに藩の威信は回復する。

今度は、鉄製品の販売で得た巨額の利益を両替準備金として、新たな藩札を発行した。人々は争うように正貨を藩に提出し、新藩札と交換していった。一方で、年貢の率を軽減した上、新田開発には賦課しない方針を立て、結果として米の収穫は激増することとなった。

(2) 明治政府での議論

幕末の開国後の混乱によるインフレは、一方では、生糸などの輸出の好況をもたらし、換金作物の導入や収益性の向上に意欲的な農家を生み出していく。1871(明治4)年には個別農家の作物の作付増も自由化される。西南戦争後のインフレも農村経済を過熱させた。

「興業意見未定稿」(明治17年農商務省前田正名)は、1880年から1882年にかけて行ったヨーロッパの産業調査とわが国の地方産業の実態とを踏まえて纏められたものである。前田には、1869年から1876年までのフランス留学の経験もあった。そこには、地域の実態に応じて地域産業の振興を図るべきことが述べられている。前田にあっては、人びとの生活の向上と仕事づくりと富の形成が一体として捉えられていた。まず、生糸・茶・煙草・紡績などの在来産業を輸出産業として振興し、それで得た財源で山林・道路・疎水・開拓・運河・築港などのインフラ整備を行うというものであった。これらの施策を推進するため、長期低利資金融資を担う興業銀行の設立などの起業支援の必要性が説かれている。施策は具体的で段階的であった。

前田自身、退官後、各地に牧畜・果樹園・林業などの事業を起こしている。

前田の興業意見を未定稿にしてしまったのが、インフレ抑制のための緊縮財政を推し進めていた松方正義であった。松方デフレによって多くの農民が土地を手放すこととなり、豪農のもとに土地が集まるという現象も起きた。ただ、松方デフレが収まると米価が上昇し、１８９０年の水利組合条例の制定もあり、地域の豪農によって、用水整備事業や干拓事業などの土地改良事業が進められた。さらに、治水事業も手掛けられた。

昭和期に入って農業投資の採算性の悪化の中で、地主層にかわり土地改良事業に取り組んだのが、農村を離れられない自作農たちである。このような自力更生を後押ししたのが、高橋是清大蔵大臣による農山漁村経済更生運動であった。実は、高橋是清は前田正名とは旧知の仲で、高橋の日本銀行への就職を紹介したのが前田だった。二人とも同じ志があったものと思える。土地利用の合理化、農村金融の改善、生産費・経費の節減、各種災害防止、生活改善などの運動の主体として、旧来の村落単位の団体が設置された。隣保共助の精神を基調としたものであった。一定の補助金は設けられたが、江戸時代以来の農村自治の推進力が期待されたのである。しかし、1936（昭和11）年に高橋是清が暗殺されると、農山漁村経済更生運動も、戦時下の国家総動員体制の中に吸収されていくことになった。

(3) 現代の地域政策への示唆

仕事や働きは人間間の基本的な関係であり、地域の住民や生産者のニーズを満たせないような地域経済は効率的ではない。もし、日常生活圏での資金の流れが枯渇し、地域の経済活動が衰退するといった状況が存在すれば、まず、地域経済に着目し、仕事の仕組みを構築してゆくことによる地域市場の再構築を地域政策の対象として取り上げねばならない。山田方谷の場合のように、豊富な地域資源や地域の資金がありながら、それらを消費者ニーズとマッチングさせ、ビジネスモデルを創造・構築していく主体が存在しないような地域にあっては、自治体の役割が重要である。

民業圧迫にならないか、との意見もあるが、そのような民業が存在しない場所も多い。前田正名や高橋是清の場合のように、地域資源を活用した地域住民による自立的な取り組みを集落単位ほどの多くの地域で促すためにも、それらの起動のための起業支援や共同事業の構築支援を併せたフレームづくりが自治体によって主導される必要がある。

いずれにせよ前田正名のように、住民の生活の向上と仕事づくりと富の形成は一体として捉える視点が重要である。地域政策を考える出発点は、住民の雇用や仕事である。たとえ地域外に職場を有する住民であっても日々の日常生活がある。日々の食材や日用品の購入、交通機関による移動、あるいは散髪や医療機関での受診など、住民の日常生活の利便性の向上が様々な地域の仕事を成り立たせていく。地域内での様々な分業による小さな資金循環が折り重なって地域経済循環となって地域市場を形成・維持・発展させていく。このような地域市場の存在が、生活の利便性を高めるとともに、雇用を生み、地域生活を支えるのである。

現在は、超高齢時代である。全国普遍的に存在する資金として年金があり、元気な高齢者も多い。それらに対応した各種生活支援サービスの事業化を支援し、福祉の向上と雇用の拡大を伴う地域経済の好循環を構築して行く地域経営という視点が重要である。特に、高齢化により住民の生活範囲が限られてくるので、より一層日常生活圏での利便性の向上と高齢者雇用の拡大に留意しなければならない。その際、お互い様といった日常性があり、顔を見知った近所であるという信頼が大切である。それを補完するため、ＩＣＴを活用した見える化等により相互の信頼を確保する基盤づくりとして地域再生ＤＸを進めるという手法も有効と思われる。互いに信頼の高い社会の方が効率的であり、経済活動も円滑だとされる（社会関係資本＝ソーシャル・キャピタル）。信頼は情報不足を補完するが、信頼関係の構築には一定期間を要する。そこで、ＩＣＴを活用し、見える化やログの活用などにより信頼を醸成する情報共有などの仕組みが現代におけるソーシャル・キャピタル機能を実現する有効な手法ではなかろうか。地域経済循環の拡大の稼ぐインフラにつながるものと思われる。ここに、地域再生ＤＸへの期待がある。

第2章
江戸時代の自治をどう見るのか

1 山縣地方自治制度への評価

ここに、日本の地方自治に関する2冊の本がある。一つは、松元崇著『山縣有朋の挫折』(日本経済新聞社、2011年、以下「松元本」)と、辻清明著『日本の地方自治』(岩波書店、1976年、以下「辻本」)である。

松元本及び辻本ともに、次のような山縣有朋の地方自治制度を日本の地方自治の原型とする(以下「山縣地方自治制度」)。

○市制町村制制定(明治21年)

・市町村に独立の法人格を認め、公共事務・委任事務を処理するものとし、条例・規則の制定権付与
・市町村会は公民の等級選挙制に基づく公選名誉職議員で構成し、市町村に関する一切の事件及び委任された事件を議決
・執行機関は、市にあっては市長及び市参事会（市長・助役・名誉職参事会員で構成）、町村にあっては、町村長とし、市長は市会から推薦のあった者のうちから内務大臣選任、他は市会・町村会で選挙

○府県制、郡制制定（明治23年）
・国の行政機関としてではなく、地方公共団体としての府県・郡について規定
・府県会は、府県内郡市の複選制選挙による名誉職議員で構成し、予算決定、決算報告認定等を議決
・府県参事会は、知事・高等官・名誉職参事会員で構成し、府県会の委任事項・急施事件等を議決、知事諮問事項等につき意見陳述
・府県の執行機関は知事（国の機関）、府県会及び府県参事会の議決を執行、財産を管

理、府県費支弁工事を施行
・郡会は町村会選出議員と高額納税者互選議員で構成し、郡参事会は郡長と名所職参事会員で構成
・郡は課税権を持たず、他は府県と同様

しかし、その評価は正反対である。「松元本」では、わが国の伝統的なコミュニティを土台にしながら西欧諸国の良いところを取り込んで明治の地方自治の基礎を創り上げた、と評される。地方の自治に任せることによって内地の安定を図ることができ、国会開設に至るというのが山縣の考えであった。100戸以下の小規模町村が多かったため、町村の財政基盤確立のため、1888（明治21）年末に7万1314あった町村を翌22年末には1万5820町村にする大規模な町村合併を実施し、町村長も公選とした（市制は人口2万5000人以上の市街地に適用された）。なお、1890年には府県制・郡制が制定された。郡には府県と市町村の中間行政機関としての性格が規定され、さらに議会が設置されて自治体としての機能も与えられた。府県については、既に再編が完了しており、そのまま制度が施行された。郡の再編は遅れていたため、再編の完了した府県から順次制度が適用さ

れた。

一方、「辻本」では、山縣が地方自治制の確立に抱いた執心は異常なほどだとしながらも、固有の慣習である家族秩序の設定を、自治の名において地方制度の底辺に定礎し、民心の不満を吸収するとともに、官治機関としての府県を、その上部に配置することによって、新しい明治集権体制の国民に対する内面化を図ったもの、と評されるのである。そこでは、「山縣地方自治制度」の特色の第一に、官治府県の設置が挙げられる。府県会に対してだけでなく管内の市町村に対する監督権を官選知事に与えたことが強調される。自由民権運動の勃興などに苦慮した山縣の苦肉の策であるとされる。「山縣地方自治制度」は、その後も変容を続け、結果的には地方自治制度としては不十分なものに終わる。この結果を「松元本」では山縣有朋の挫折と表現されるのに対して、「辻本」では、山縣有朋の期待通り実を結んだと解されている。

このように解釈が分かれるのは、「山縣地方自治制度」による制度改革の前提にあった江戸時代以来の地域に存在した自治に対する見解の違いに由来するように思える。次節では、江戸時代の自治をどう捉えるのか、を再検討したい。

② 町村の自治の性格への評価

「松元本」では、山縣は江戸以来の自治を尊重しながら、近代的な地方自治制度を導入しようとしたとされ、江戸時代の地域の自治は民主的だったと捉えられている。江戸時代の名主や庄屋は世襲の場合もあったが、多くの場合、寄合の話し合いで選出されており、住民自治と表現できる地域の自治が存在したと解されている。住民自治の存在が認められている。そこには、「お互い様」といった信頼や規範が存在し、ソーシャル・キャピタルと評することができる人的ネットワークが存在していたのではなかろうか。山縣はこのような町村の自治を高く評価したため、町村長の公選の実現に拘ったらしい。山縣によれば、町村は基礎であり国家はその上に立つ家屋であると考えられていた。

「辻本」では、日本農村の部落は、なお自然発生的な共同体的性格を止揚することができず、自主独立の人間の主体的な集団形成を許さなかった、と評される。村落についても、「村方三役への過大評価から、その自治秩序を説くひともありますが、これとても、特定少数の家格の高い支配層が三役の地位を独占し、下層の小前百姓などは、十分な発言権を与えられず、村の社会的強制に拘束されて生活するほかない実情でした」と紹介される。このような限られた閉鎖社会では、「人間同士の関係が直接フェイス・ツー・フェイスの関係に依存し、相互に日常の共同生活を維持する同一の規範に服している」と分析される。いわばソーシャル・キャピタルの暗部ともいえる要素が強調され、このことが江戸時代の自治への否定的な評価となる。その視点からは、山縣のいう町村の自治とは、封建時代の遺習である固有の秩序規範の再生を意味していた、ということになる。

ここに感じられるのは、国家と個人の間に存在する中間団体への否定的評価である。このような態度には、伝統的に存在してきた同業組合の廃止や、民衆協会と呼ばれる市民の集会の活動の制限などによって、旧来の共同体を消滅させようとしたフランス革命時の対応に通じるものが感じられる。動的な歴史の流れを踏まえずに、現在の静的な空間において、理念だけであるべき姿を議論することは危険である。地域政策においても、動的な時間の流れである歴史と、静的な空間の理念である理想とを併せて考えていくことが重要ではなかろうか。伝統を承継し、それらに創意工夫を重ね合わせながら歴史的な実在としての地域、そして地域を形作る生活を繰り返し、アップデートしていく流れの一瞬に私たちの今がある。

③仕事を通じた共同体への評価

「松元本」では、江戸から明治時代の前半当時の基幹産業が農業であったので、地方が強い経済と財政力を有し、実質的な自治の基盤となっていたことが紹介される。江戸時代の村では、年貢・治水・利水・治安・消防・助郷などの結合ごとに自治が存在したが、これらは、日常の仕事と関連するものであった。

「辻本」では、農村における部落会議の構成が、個人単位よりも家単位を基礎としてきた家族制度の影響による伝統的価値観が、自律的自治観の育成を妨げたと解されている。ここに経済的分析の視点は感じられない。個人と国家の間には、個人の自発的連帯が形成する「社会」が必要であるとされる。農業という仕事を通じて形成された村落における地域の自治は、個人の自発的連帯ではないという評価であろう。一方、自立的共同体の要件として、マックス・ウェーバーを引用し、独自の市場の保有を指摘するが、独自の市場についての具体的な記述は無い。「辻本」における、個人の自発的連帯が形成する「社会」という理念は貴重であるが、どのようにして自発的連帯が生まれ、それらが継続していくのかについての具体的示唆がない。

なお、地域経済や地域政策は地域の住民や生産者のニーズを満たすような仕組みでなければならないという本書の立場からは、人間間の関係としては、仕事や働きに着目せざるを得ない。

④ 別の角度から見た江戸の自治

「松元本」によれば、山縣有朋だけでなく、勝海舟、大久保利通そして福沢諭吉なども江戸の自治を高く評価していたらしい。また、幕末に来日したオランダ海軍教育隊付き医師ポンペなど多くの外国人も、江戸時代の国内政治を評価している。江戸時代の政治システムと社会状況を別の角度から見直してみると、次のような見方もあり得るのではないかと思う。

①固定された石高制が、農民側に絶えず余剰を確保し続けた。この財源に裏打ちされた需要に対し、発達した市場のもとに手工業と商業が高度に組織されて、住民に豊富で廉価な

商品を提供した。

②武士は、実態としては土地領主としての性格を失い、世襲的な官僚に近かった。武士が他の諸身分に恣意的な専断を振るうことは許されず、切り捨て御免など、ほとんど言葉だけのことであった。農村に武士が立ち入るのは年に数度のことにすぎなかった。

③国家権力と住民の間に様々な中間団体を存在せしめ、行政・裁判の機能の多くをそれらに移譲していた。それらの中間団体と、それに包摂されることを生の第一義とする住民は、国家権力に直接さらされないところから生じる一種の自由を享受することになった。

④武士階級は住民にとって儀範であって、大名行列や様々な儀礼には演劇的要素もあったのではないか。江戸には、大名庭園や寺社庭園が都市全体をガーデン化していて、花見や雪見など季節の行楽に彩られることとなった。観光旅行も普及し、各地の名所遍歴が行われた。

⑤社会秩序は建前上は権威主義的でありながら、権能の実際は下方へ移行していたのではないか。江戸幕府自体の運営が自治方式に則った集団合議制であった。幕府はもともと征夷大将軍が陣中で幕を張った場所の名称であり、幕府と藩の関係以外のことは独立自尊の自治に任せられていたのではないか。

⑥労働は厳しくとも、相互扶助の気風が発達し、自主的なリズムを保ち、生活の簡素さと相まって貧困が社会問題化しにくかったのではないか。

マックス・ウェーバーは、その著『プロテスタンティズムの倫理と資本主義の精神』の中で、「人は『生れながらに』できるだけ多くの貨幣を得ようと願うものではなくて、むしろ簡素に生活する、つまり、習慣としてきた生活をつづけ、それに必要なものを手に入れることだけを願うにすぎない」と指摘する。

1961（昭和36）年初版の本だが、宮本常一著『庶民の発見』の中に、ある石工の言葉が紹介されている。「金をほしうてやる仕事だが決していい仕事ではない。（中略）子供は石工にしたくはない。しかし自分は生涯それでくらしたい。（中略）石垣つみは仕事をやっていると、やはりいい仕事がしたくなる。二度とくずれないような……。そしてそのことだけを考える。つきあげてしまえばそれきりその土地とも縁はきれる。が、いい仕事をしておくとたのしい」

1949年のはじめから春にかけて執筆された『愛の無常について』において、著者亀井勝一郎は「人類は進歩しているのだろうか。それとも退歩しているのだろうか」で始まる章の中で、次のように指摘した。「明治開国以来、一日として我々の念頭を離れず、驚異と憧憬の対象となったものは、近代ヨーロッパ文明でありました。既存の伝統風習と激突しながら、ここに払った日本人の犠牲は大きい。混乱は永続的であり、我々の宿命と化しました。その文明とは、東洋人にとって「青い鳥」であるべき筈のものであったのです」

私たちも、江戸時代を現代の眼鏡で見てしまっていないか、注意する必要があるかもしれない。

第Ⅱ部　マクロ分析からの構想

（大きな流れの中から考える）

第3章 戦後日本経済の動向と地域政策（国主導から自治体主導へ）

❶ 福祉元年を実現させた高度経済成長

(1) 人口の増加と高度経済成長の実現

福祉元年（1973年）を実現させた大きな背景は、1955（昭和30）年頃に始まった神武景気から1973年頃までの高度経済成長がもたらした保険料収入と税収の大幅な増加である。

この時期、中東油田の発見による大幅な原油価格の低下に加え、石油タンカーの大容量高速化で輸入コストはさらに低下した。火力発電の大容量化も進んだ。企業間競争の活発化、技術導入による設備刷新、海外原料依存に適した臨海立地志向等は、鉄鋼をはじめ各産業の合理化を促し、鉄鋼合理化が機械工業の輸出競争力を高めるなど相乗効果も働いた。これら量産産業が求めた大量の熟練工やホワイトカラーが中流社会を形成し、消費革命をもたらした。テレビ、洗濯機、冷蔵庫や自動車に代表される耐久消費財の大量消費である。大量消費に応じる量産化がコストをさらに低下させ、コスト低下が今度は需要の拡大を呼ぶ好循環が生じていた。また、新規学卒者を一括採用し、終身雇用を前提として企業内訓練による人的資本形成を行う「日本型雇用慣行」が大企業を中心に普及した。

1955年から1973年にかけての平均的な経済成長率約9・3%という高度経済成長は、実は、設備投資や個人消費といった「内需主導」であった。実際、慢性的な外貨不足に悩んでいた。景気が上昇すると輸入が増え、経常収支が赤字になるため、金融引き締めで景気を後退させ輸入減により経常収支の改善を図り、外貨資金繰りが好転すると金融が緩和され再び景気が上昇するというサイクルであった。

なお、1960年代後半の「いざなぎ景気」(1965年10月～1970年7月)の時期になると、日本経済は、国内市場拡大による「規模の利益」による競争力を身に付けた自動車産業を代表として、輸出主導の経済成長が着目されていく。

併せて、低い高齢化率と増加する労働人口は、十分に福祉国家に要する財源を生み出していけると考えられたのかもしれない。

（以下、数値は1961年と1973年の比較）

①生産年齢人口、総人口、労働人口ともに順調に増加

i　生産年齢人口　1・22倍（6072万人→7410万人）

ii　総人口　1・16倍（9420万人→1億910万人）

iii　労働人口　1・6倍（4550万人→5299万人）

②本格的な高齢化以前の状態

i　未だ低い高齢化率（65歳以上人口／総人口）5・8％→7・5％

ii　GDPに占める国民医療費も小さい2・5％→3・4％

iii　高度経済成長期は所得が増加しており、1970年代には一億総中流社会と言われ、所得格差の小さい国だと言われていた。1977年の「国民生活白書」では、90・1％の人が自分の生活程度は世間一般からみれば「中」に入ると回答していた。

(2) 共同体の相互扶助機能の存在

医療保険を考えてみると、健康な人から病気がちな人へ、および高所得者から低所得者への所得移転という面がある。このため共同体意識をもてる集団を単位に保険者を組成することが望ましい。わが国の場合、日本型雇用慣行による「カイシャ」を基盤とした被用者保険と、農村集落などの「ムラ」を基盤とした国民健康保険という二本立ての社会保険が採用された。小さな政府の背景には家族や地域や職場等の相互扶助機能が健在であったことがある。

① 健康保険法制定（1922〈大正11〉年）

雇用主が被用者を加入させる義務を負い、保険料を労使で負担し、給与から源泉徴収する方法が確立された。保険者は健康保険組合と政府管掌保険（中小企業の被用者を対象）の二本立てであった。国が政府管掌保険の運営者として、保険料を設定し診療報酬によって給付する内容と医療機関に支払う料金を規定する方法が確立された（1943〈昭和18〉年には被用者保険全体に対象拡大）。

② 国民健康保険（＝国保）法制定（1938〈昭和13〉年）

農民の救済を目的とした。当初各市町村に設置された互助組織である組合によって運営された。実態が無いなど多くの組合の活動が不十分であり、戦後1948（昭和23）年に市町村公営に変わった。保険料を賦課する方法が市町村によって異なり、農家では収入が収穫期までは分からないので前年度の世帯収入に基づいて計算される方法が採用された。

③ 国民皆保険の実現（1961〈昭和36〉年）

好景気の中でも、傷病に起因する貧困が社会問題化していた。1955（昭和30）年3月末時点で約2871万人、国民の31・9％が医療保険未適用であった。1958（昭和33）年12月に国民健康保険法全面改正案が国会を通過し（1961年に実施）、国民皆保険が実現した。

すべての市町村に国保事業を義務づけ、すべての国民を住所地の国保の対象としたうえで（強制加入の原則）、被用者保険に加入する者や生活保護受給者は国保の適用外とする方法が採られた。労働者が失業しても国保があるため無保険の状態に陥ることはなくなった。また、国保も被用者保険の診療報酬に統合され、医療機関は国保の加入者に対しても、被用者保険と同じ方法で同じ報酬が得られることとなり、国民はどの医療機関でも受診できることとなった（フリーアクセスの実現）。

なお、国民年金法制定（1959〈昭和34〉年）により、同じく1961（昭和36）年に国民皆年金も実現している。

④ 老人福祉法制定（1963〈昭和38〉年）

核家族化の傾向の中で独り暮らし老人の問題が顕在化し、老人福祉法が制定された。極貧の老衰者に対する養老院が養護老人ホームに改められた（生活保護法から移管）。同時に創設された特別養護老人ホームは、必ずしも所得が低くなくてもケアが必要であれば入所できる。今日のホームヘルパーにつながる家庭奉仕員の対象は低所得の一人暮らし老人にほぼ限られた。

(3) 国内福祉重視への政策転換

国民負担率が1955（昭和30）年22・2%から1970（昭和45）年24・3%と小さな政府が維持される一方、大きな社会問題が顕在化した。過疎・過密問題である。1972（昭和47）年の田中角栄首相の『日本列島改造論』には「人口と産業の大都市集中は、繁栄する今日の日本をつくりあげる原動力であった。しかし、この巨大な流れは、同時に、大都会に二間のアパートだけを郷里とする人々を輩出させ、地方から若者の姿を消し、いなかに年寄りと重労働に苦しむ主婦を取り残す結果となった。このような社会から民族の百年を切り開くエネルギーは生れない」とある。１９７０（昭和45）年には、過疎地域対策緊急措置法が制定された。（いわゆる過疎法は形を変えながら現在も続いている）

また、１９７１年8月15日アメリカのニクソン大統領は、金とドルとの交換を停止し各国通貨の調整を要求した。１ドル３６０円時代の終焉である。同年12月スミソニアン合意が成立し、１ドル３０８円の為替レートが設定され16・88％の円の切り上げとなった際の政府声明において、「わが国は自由世界第二の経済規模をもつにいたり、国際収支面にゆとりを生じ、その結果、内においては国内福祉をさらに向上させ、外においては国際社会にいっそう貢献すべき時期が到来したのであります」とされた。

なお、１９７３（昭和48）年にはドルを基軸通貨とする本格的な変動相場制に移行した。円の切り上げから変動相場への移行の過程で、日本の黒字がアメリカの赤字とならんで世界経済の不安定要因と見なされ、日本には、内需拡大が求められるようになった。また、変動相場制への転換で金の保有量に関係なく通貨供給量を増やすことができるため、通貨の膨張に需要が追い付かず、余剰資金による通貨危機が繰り返されるようになった。

(4) 福祉元年(1973年)の主な施策

① 高額療養費制度の導入

定率負担による保険診療の医療費自己負担が一定額以上を超える部分を保険給付とする仕組みにより、経済的に破綻するリスクの回避が図られた。なお、被用者保険家族給付の給付率の引き上げ(5割→7割)も実施された。

② 老人医療費の無料化

老人福祉法の老人医療費支給制度によって、70歳以上の老人については医療保険の自己負担分(3割)が公費負担によって支給された。医療需要は大きく伸びた。コスト意識を失わせ、過剰診療や社会的入院の増大等、様々な弊害が生じたとされる。なお、2002(平成14)年の原則定率1割負担によって老人医療費は定率負担に戻った。

③ 5万円年金の実現と物価スライド制導入

厚生年金の給付水準は、現役の厚生年金被保険者の平均賃金の60%程度の水準を目標とする考え方で設定され、その結果、標準的なケースでの年金月額は5万円程度とされた。国民年金においても、標準的な年金月額が2万5000円程度(夫婦で5万円程度)となるような給付水準に改められた。また、賃金再評価・物価スライドの仕組みが、両年金に組み込まれた。

❷ 高度経済成長の終わりと人口ピラミッドの変化

(1) 高度経済成長の終焉

円の切り上げ対策・列島改造・福祉充実のための積極的な財政拡大と通貨供給に加え、1973（昭和48）年10月の第四次中東戦争に起因する石油危機で原油価格は一挙に4倍となり、狂乱物価をもたらした。厳しいインフレ抑制策が講じられ、石油依存・エネルギー多消費型での経済成長を遂げてきたわが国の高度経済成長は終わった。1975（昭和50）年度からは赤字国債が発行された。なお、高度経済成長の終わりの根本原因としては、①日本が技術的に先進国に追いついたこと②完全雇用が達成され労働力が逼迫していたことと③1970（昭和45）年頃には総貯蓄率は40％前後に達しており、資本投資の増加の限界に達していたこと——等が挙げられる。

(2) 人口ピラミッドの変化と社会課題

① 総人口の減少

わが国の人口は2008年をピークに減少に転じた。今後もこの傾向は続く。例えば、2040年の死亡者数は167万人で出生数は67万人、差し引き約100万人の人口減少が見込まれている。

② 高齢者の増加と高齢化の進展

2042年の3878万人をピークに老年人口は減少に転じると見込まれているが、高齢化率は2060年に39・9%まで上昇すると想定される。高齢化の進展は多死社会の到来も意味する。

③ 出生数の減少と年少人口の激減

出生率の低下を前提にしなくとも、出産適齢年齢人口の減少により、今後も出生数と年少人口は激減することが想定される。

④ 生産年齢人口の激減

生産年齢人口は1995年の8717万人をピークに2060年には4418万人と見込まれる。労働参加率が現在と同一であれば、労働力人口は半減することになる。(図Ⅱ－

出所：国立社会保障・人口問題研究所
「日本の将来推計人口（平成29年推計）」

図Ⅱ－３－１

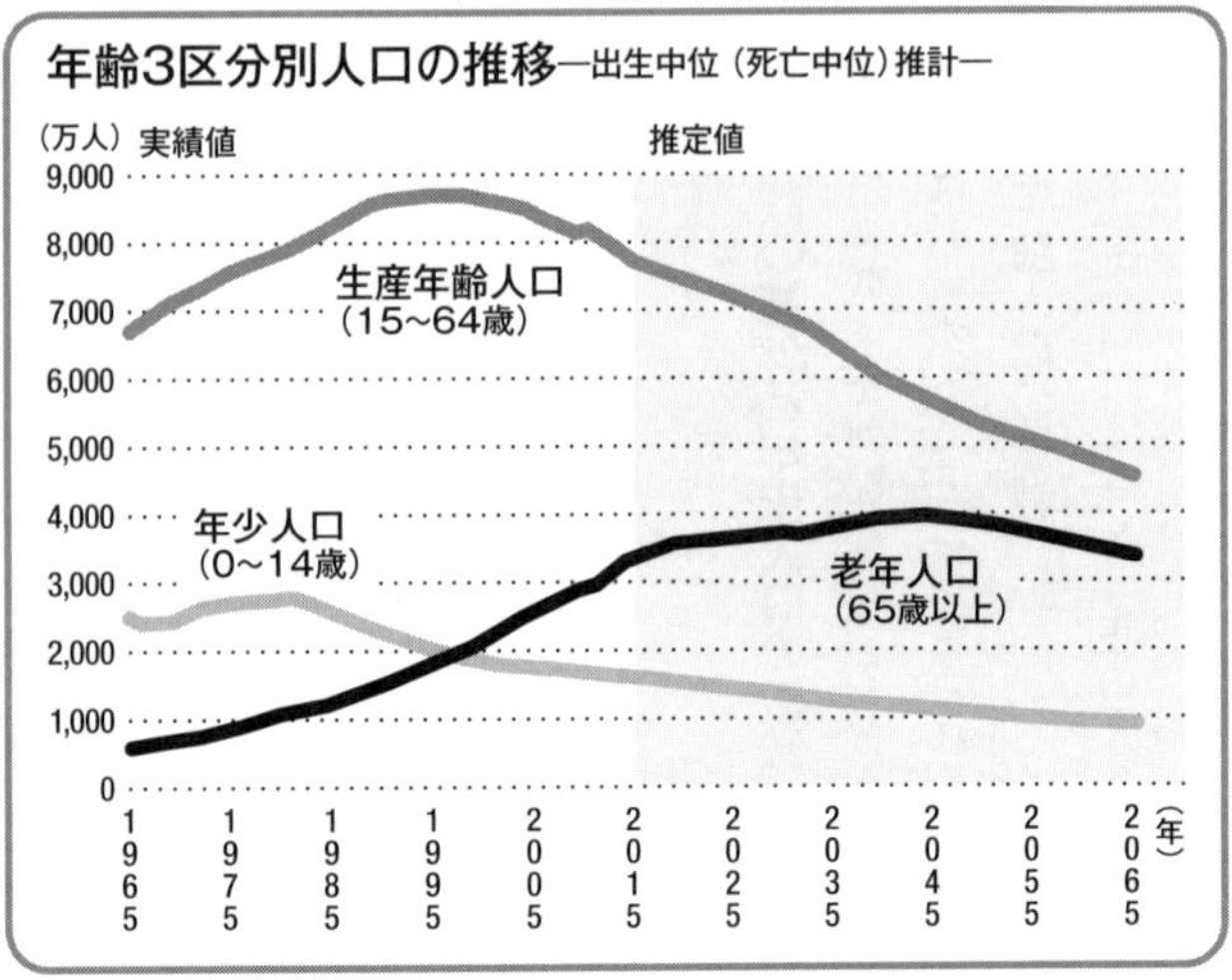

3－1）

⑤ 人口減少による社会課題への対応

ⅰ　人口減少によって国内の市場規模が縮小し、経済活動が停滞する恐れがある。起業の活発化など、経済循環の拡大を図る必要がある。しかし、この課題は、既に現在の地域経済対策の課題である。

ⅱ　勤労者層が減る中で、医療・介護・年金の社会保険の財源確保が課題となってくる。特に、少子高齢化は社会保障の主な受給者である高齢者層の増加を伴うことから、財源問題としてだけでなく、制度のあり方全体の議論が求められる。地域包括ケアシステムの充実のように地域の相互扶助機能の再構築が重要な論点となる。

iii　国民の人口減少は国際的な日本のプレゼンスにも影響しかねない。この点は、国全体のGDPの数値より、国民一人あたりのGDPの数値の向上を目指すなど、実質的な対応を考えるべきである。

(3) 産業構造の変化と地域の相互扶助機能の縮小

高度経済成長期を挟んで第1次産業の就業割合が激減した。国勢調査では、1950（昭和25）年41・1%→1980（昭和55）年10・9%→2015（平成27）年3・8%となっている。また、国保加入者の世帯主の割合では無職が大幅に増えた。国民健康保険実態調査では1965（昭和40）年度6・6%→2005（平成17）年度53・8%となった。なお、2008年度施行の後期高齢者医療制度に75歳以上の高齢者は移行したが、その後も無職は高い割合のままで、2017（平成29）年度で45・3%である。（図II―3―2）

国保の基盤であった「ムラ」の共同体は消滅した。高齢者世帯、特に高齢独居世帯の急増もある。地域の態様や世帯構造の大きな変容は、家族や地域の相互扶助機能を喪失させる。近代化によって失われたコミュニティの相互扶助機能を国や自治体等が代替補完するものとして発生した社会保障の在り方も変わらざるを得ない。（図II―3―3）

資料出所：総務省統計局「労働力調査」
出所：労働政策研究・研修機構（JILPT）
「早わかり グラフでみる長期労働統計」

図Ⅱ－３－２

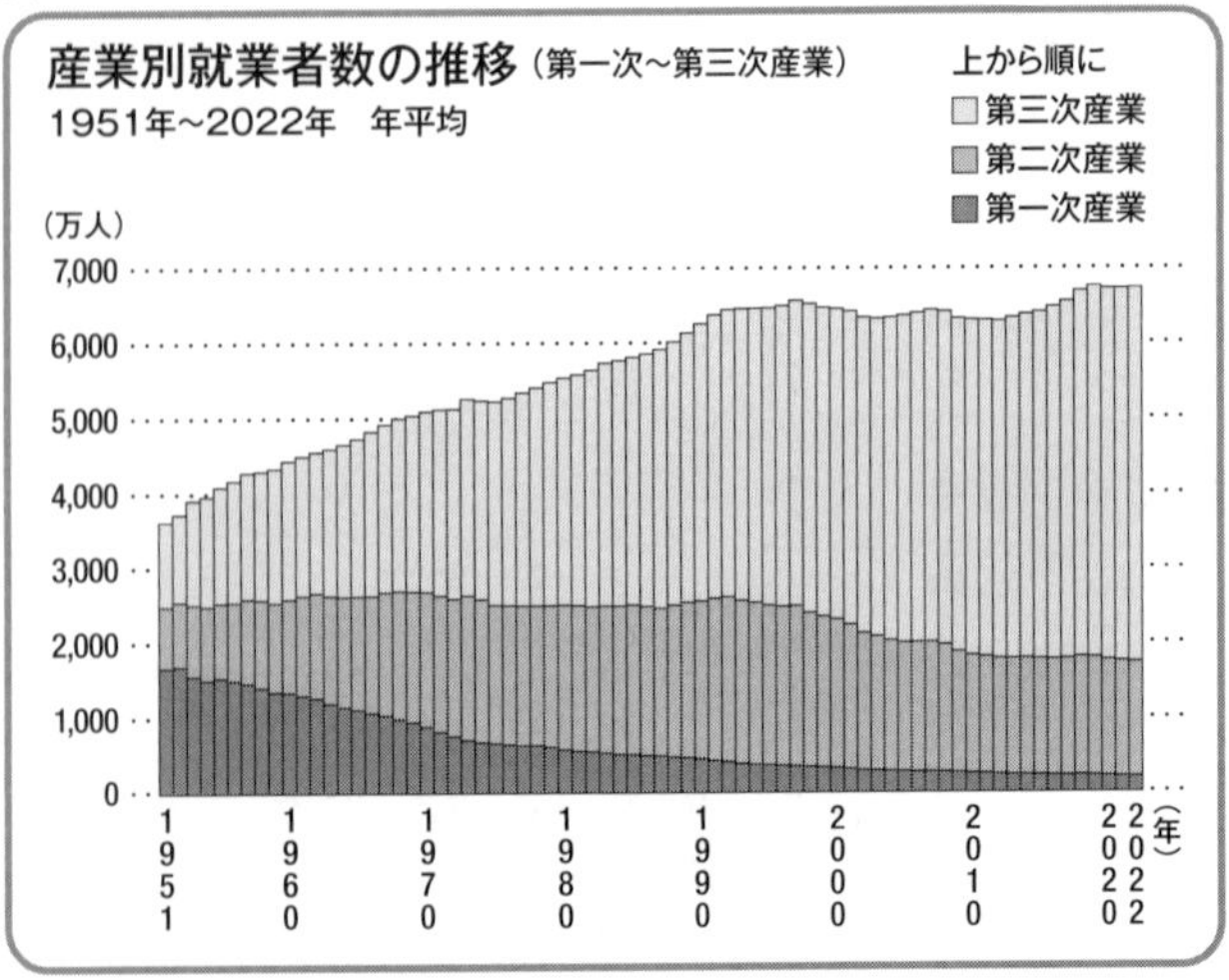

図Ⅱ－３－３

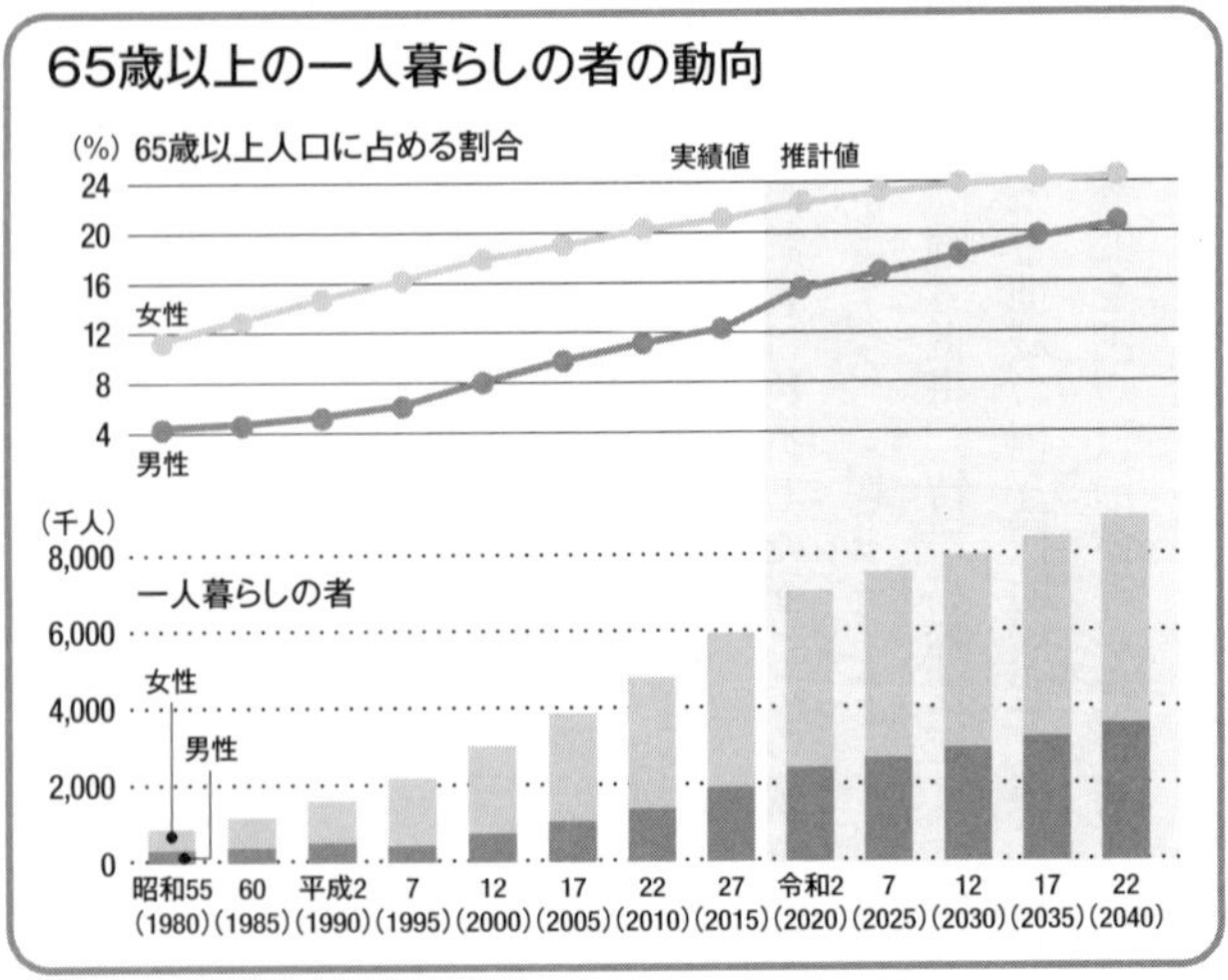

出所：令和3年版高齢社会白書（内閣府）
資料：平成27年までは総務省「国勢調査」による人数、令和2年以降は国立社会保障・人口問題研究所「日本の世帯数の将来推計（全国推計）2018（平成30）年推計）」による世帯数
（注1）「一人暮らし」とは、上記の調査・推計における「単独世帯」又は「一般世帯（1人）」のことを指す。
（注2）四捨五入のため合計は必ずしも一致しない。

③ 大都市圏と地方圏の国レベルでの調整

(1) 全国総合開発計画とその限界

戦後の地域政策の流れについて、全国総合開発計画（以下「全総」という）を軸に整理してみる。（図Ⅱ－3－4）

1950年代半ばから60年代半ば頃が高度成長前期とされる。京浜・中京・阪神・北九州の4大工業地帯を中心に集中する労働力と民間投資に遅れないように、道路や上下水道等の公共投資が重点的に行われた。工業化を柱とする高度経済成長は、工場などが立地する地域とそれらの地域に労働力を供給し衰退する地域を生み出し、新たに地域政策の必要が生じる。

1962（昭和37）年の最初の全総では、地域間の均衡ある発展が基本目標とされた。それは、まず大都市圏を成長させ、成長の成果を地方圏に波及させる政策である。「拠点開発構想」と呼ばれ、全国各地に工業の開発拠点を設け、各地と大都市圏を結ぶ交通・通信インフラを整備して開発拠点への工場の再配置等が記された。太平洋ベルト地帯構想が

図Ⅱ－３－４

大都市圏と地方圏の国レベルでの調整
全国総合開発計画（全総）とその限界

国主導の地域政策

1 全総 （1962 年）	太平洋ベルト地帯以外にも 工場を誘導 ●新産業都市 ●工業区域特別地域	拠点開発構想
2 新全総 （1969 年）	どこの地域でも 一定水準以上の生活と産業 ●新幹線・高速道路等のネットワーク ●全国的に所得の伸びと人口の自然増	ナショナル・ ミニマム
3 三全総 （1977 年）	定住構想 ＝農山村の過疎や大都市の過密問題 ●居住の安定性 （雇用、住宅、生活インフラ、 教育、文化、医療）	地方の時代
4 四全総 （1987 年）	多極分散型国土形成 ＝東京一極集中 ●円高 →海外への直接投資 →製造業の空洞化 →地域経済の弱体化 ●バブル崩壊　→地方圏の雇用と 総需要の確保は公共事業に依存	多極分散型国土
5 五全総 （1998 年）	国土のグランドデザイン ●各地域が自らの責任で 進むべき方向を選択	開発計画の終焉

**工業化を柱とする経済成長は
地域的にアンバランスとなる**

出所：著者作成

提唱されるとともに、新産業都市（1962年：後進地域を対象）や工業整備特別地域（1964年：既開発地域を対象）などの制度で、太平洋ベルト地帯以外にも工場を誘導していくことが図られた。

公共投資の比重が地方圏に傾斜を示した1960年代半ばからの高度経済成長後期にあたる1969（昭和44）年に「新全総」が策定された。「大規模プロジェクト構想」と呼ばれ、新幹線、高速道路等のネットワークを整備し、どこの地域でも一定水準以上の生活ができる（ナショナル・ミニマム）、産業活動が可能となるような生活と産業の基盤を整備して、地方の自立を促すことが謳われた。高度経済成長期の所得の伸びや全国的に人口が自然増加していることもあり、ナショナル・ミニマムは達成し得る目標と思われた。経済発展は雇用吸収力の大きい機械工業が中心となった。雇用需要が増え、労働力が不足するようになると、所得格差の縮小も進んでいった。

オイルショックに起因する不況の後、安定成長が軌道に乗りつつあった1977（昭和52）年に、「三全総」が策定された。「定住構想」と呼ばれ、生活地域としての地方の居住環境を高め、大都市への人口流出を食い止めて、農山村の過疎や大都市の過密問題の解決を目指した。「地方の時代」と謳われた。

計画では、生活圏の最も基本的な単位として「居住区」が日常生活圏域として想定された。この圏域は生活・生産を通じ地理的にも機能的にも密接な関係を保っている農村部の集落圏や身近な環境保全の単位となる街区で、概ね50～100程度の世帯で形成される。全国に30万～50万の居住区がある。複数の居住区が、例えば、小学校区を単位とするコミュニティ形成の基礎となる圏域（＝定住区）を構成し、全国に2万～3万の定住区がある。この定住区が複合して、都市・農山漁村を一体として山地、平野部、海の広がりを持つ圏域、定住圏を形成する。全国は、およそ200～300の定住圏で構成される。居住の安定性を確保するためには、雇用の場の確保、住宅及び生活関連施設の整備、教育、文化、医療の水準の確保が基礎的な条件であると指摘されている。全総、新全総が生産面からの計画であるのに対し、三全総では居住環境全体が考慮されている。

しかし、グローバル経済化は、国家間の競争という観点を生み出し、国土開発の実態は違う方向に向かわざるを得ない状況となる。プラザ合意（1985年9月）後、急激な円高を契機にした製造業の海外進出等により地方圏の産業が空洞化する一方、大都市圏では、土地をはじめとする資産バブルに沸いていた1987（昭和62）年に、「四全総」が策定された。

この頃になると、本社など企業の中枢管理機能とともに、人口の東京一極集中が際立つようになった。多極分散的な国土構造の構築を目標とし、東京圏への集中傾向に歯止めをかけ、都市圏のそれぞれが八ヶ岳のように横並びに競争することによって国際化に対応することが目指された。「交流ネットワーク構想」と呼ばれ、定住と交流による地域の活性化などが基本的課題とされた。1988年には、多極分散型国土形成促進法が制定されている。全国各地の地域を引き上げるより、東京一極集中に歯止めをかけることが主眼となった。

1990年代になると、海外への直接投資が本格化したことによる製造業の空洞化等に加え、バブル崩壊による不況が加わり、一層深刻になった地域経済に対し、公共事業が一定の下支えを果たす。乗数効果も限定的な中で公共投資が地方圏の当面の総需要と雇用の確保のために期待される状況は、公共投資は無駄であるとの批判にもつながった。一方、比較的景気に影響されやすい金融業などの産業が東京などの大都市圏に集中していることから、バブル崩壊の影響で大都市圏と地方圏の所得格差の縮小傾向も見られた。

1998（平成10）年に策定された「五全総」は、21世紀の国土のグランドデザインを示したものとされた。各地域が自らの責任で進むべき方向を選択し、多極的に分散した地域が交流・連携することとする多軸型国土構造形成の基礎づくりを目標に、参加と連携が謳われた。21世紀に入ると、1999年の地方分権一括法成立など地方分権の流れの中で、従来の全国総合開発計画は廃止され、国土形成計画をつくることになった。国民にわが国の将来像を示すグランドビジョンであるとされ、開発計画としての性格は失われた。

(2) バブル崩壊により低成長期へ

高度経済成長期後、成長率は徐々に低下するが、1980年代までは他の先進国を上回っていた。1973（昭和48）年のオイルショックによる国際収支の赤字に対しては、船舶・鉄鋼・自動車の輸出で凌ぎ、その後、エレクトロニクスなどの輸出増と省石油による輸入抑制で乗り越えた。半導体を中心とする電気機械産業が成長し、一般機械、自動車とともに、わが国の輸出の柱となったことが大きい。

しかし、1980年代前半は、アメリカの財政赤字によるドル高のもとで、わが国の経常収支黒字が拡大し、貿易摩擦が激しくなった時期である。円は1985（昭和60）年初の1ドル240円から、同年秋のプラザ合意（ドル高是正＝円高容認）を経て、1988年には1ドル120円まで増価した。ドル建て価格は実質倍になる計算であり、国内需要を

図Ⅱ－３－５

出所：内閣官房・内閣府総合サイト「地方創生」より
資料：内閣府「連鎖価格GDP需要項目別時系列表」（平成21年6月）、総務省「消費者物価指数」（平成21年5月）、（財）日本不動産研究所「市街地価格指数」（平成21年5月）により作成

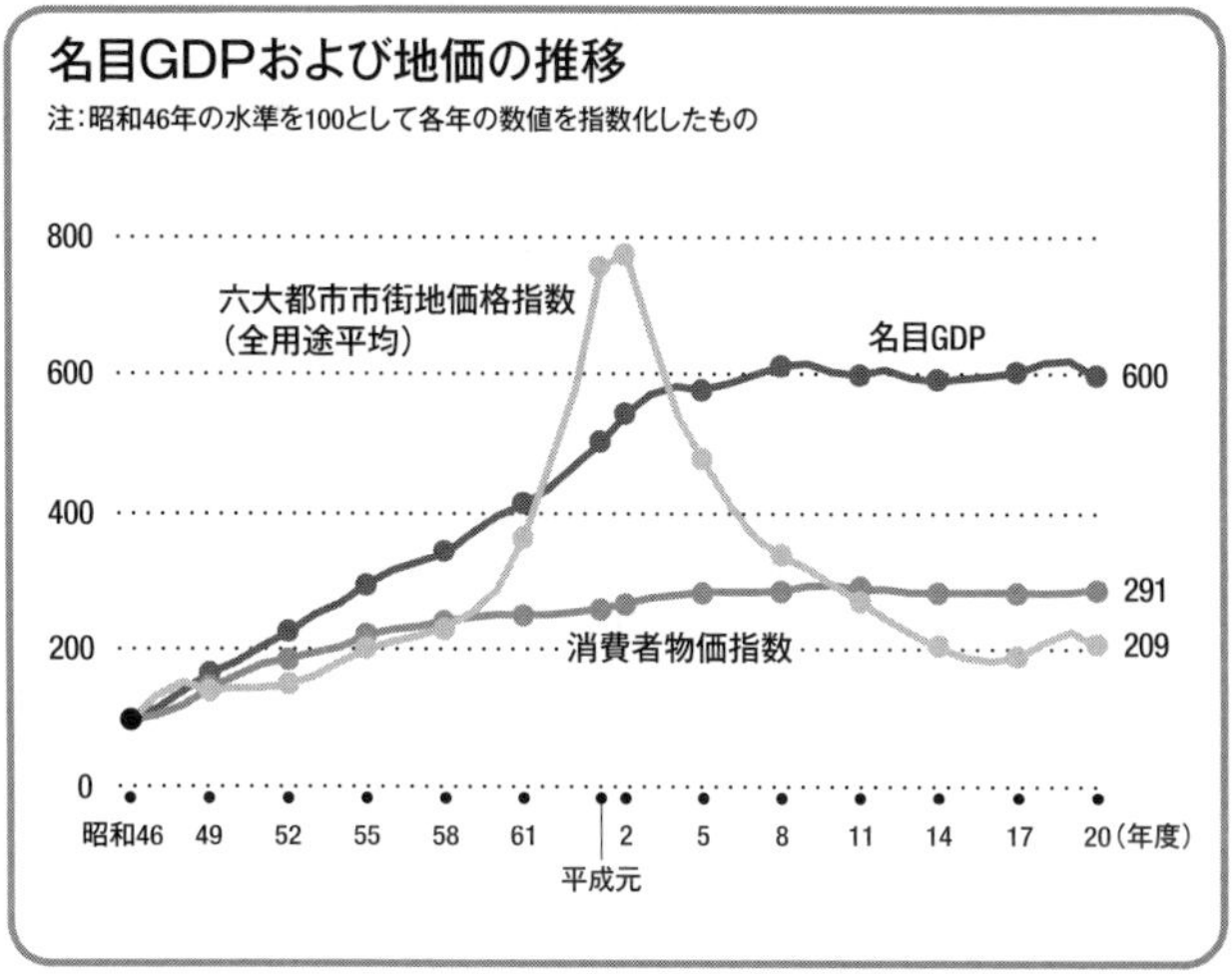

増加させ、輸出圧力を弱めるように促された格好だ。内需振興のための低金利政策、リゾート開発、東京のオフィスビル需要の過大推計などを背景として、「バブル」が発生した。（図Ⅱ―3―5）

同じ頃、日米円・ドル委員会で、大口預金金利の自由化や外貨の円転換規制の撤廃等が合意された（1984年5月）。大口定期預金の金利が上昇し優良大企業への貸出では利益が出にくくなる一方、国外での円建て社債の発行が可能になる等により、いわゆる優良企業の銀行離れが起きた。そこで行き場をなくした融資資金が不動産、建設会社、ノンバンク等への貸出に向かい、不動産価格や株価を引き上げていった。そ

して、バブル崩壊後の1990年代に入り、わが国経済の成長率は大きく低下することになる。

成長率が低下した大きな理由は、1980年代後半に発生した未曽有のバブルの後始末にある。1990年代初頭に資産バブルが崩壊し、株価は1989（平成元）年末の3万9000円から7000円へ、主要都市の地価は1991年のピークから87％も下がった。バブル期に積み上がった債務、雇用、設備の3つの過剰が解消されるまでの間は、経済活動は停滞する（バランスシート調整）。多くの企業が、将来の成長につながる新たなアイデアや製品に投資するよりも、賃金をぎりぎりまで引き下げることを選んだ。企業は守りを固めることに注力し、高めの企業収益や内部留保を維持する一方、設備投資を控え、先送りしてきた。バブル崩壊後は、企業の廃業があまり増えていないのに対し、新規開業が顕著に減っており、産業や雇用の流動性と柔軟性の低下が見られた。

バランスシート調整は、少なくとも2003～2004年頃には大きな制約ではなくなっていたが、グローバリゼーションと高齢化という大きな環境変化への対応は遅れてしまった。大量の資金が投入されても、高齢化に伴う潜在需要が顕在化されずに資金は預金に留まる。資金循環が乏しくなり物価が下がる傾向になる（デフレ）。賃金が上がらなくても消費者物価も上がらないため、購買力が急減することはなかった。このため、徐々に体温が失われていることに中々気付かないのである。財やサービスの供給に対して需要が不足しているが、単なる需給ギャップの問題ではなく、需給のミスマッチもある。例えば、医療・介護等については、急速な高齢化により、潜在的なものも含め大きな需要が想定される一方、高齢世帯には大きな預貯金が存在する傾向がある。将来の不安解消も含め、ニーズに対応したサービスがまだ十分ではないことが伺える。

(3) 全総時代の地域コミュニティの変化

1950年代までは、集落の道路や水路の維持管理は、住民により農閑期に共同で取り組まれていた。江戸の自治の名残りが「ムラ」に存在していた。しかし、兼業農家の増加や農閑期の出稼ぎなどが多くなると、次第に廃れてくる。かつて集落の有していた機能を行政が代替することが求められた。行政にも市場経済にも対応できない集落の棚田や里山は荒廃する。

大都市圏への人口流出が農村の存在を危うくしていく。他方、地方から大都市圏へ流入した人たちの動機は、仕事と所得である。地方のような濃密な近所付き合いは忌避される傾向もあった。団地やマンションといった居住スタイルと相まって、都市の地域コミュニティも変質した。

なお、1962（昭和37）年に商店街振興組合法が施行された。共同仕入れなどの共同経済事業やアーケード・駐車場建設などの環境整備事業が規定された。商店街は、酒屋・米屋・タバコ屋といった規制産業に加えて、電器店・化粧品店といったメーカーの特約店により成立していた。その基盤としては、松下電器（現パナソニック）の創業者松下幸之助のように、全国に点在する中小の特約店との信頼関係を重視する姿勢があった。

そこに、商品の大量仕入れによって仕入れ値を下げて販売価格を下げるスーパーマーケットという業態が登場する。1973（昭和48）年に大規模小売店舗法が制定され、スーパーマーケットと零細小売商との共存が目指された。しかし、1980年代から流通に関する規制緩和が進められるとともに、地方の道路事業が地方都市間のアクセス道路を中心に進んだため、国道のバイパス沿いに多くのショッピングモールが形成されていく。自動車による買い物の時代である。

自動車は、ドア・ツー・ドアの移動が可能であり、安価な商品を一括購入する場合の運搬手段としても便利である。一方、商店街は主に徒歩での消費を前提とするため、商圏も狭く個々の店舗も零細であった。このような中で、地方都市部において多くの雇用を吸収し、家族経営同士の相互扶助機能も有していた多くの商店街が衰退した。地方都市の地域コミュニティの変質を加速させる要因の一つでもあったと思われる。ところが近年、超高齢時代を迎え、車社会の変化も見られる中、徒歩圏内からの商店の消失は多くの買い物難民を生み出す、という課題を引き起こしている。

さらに、鉄道やバスを使って駅前商店街に買い物に行くよりも、郊外の大型駐車場が完備され、価格も安い大型店が利用されるようになった。今度は、駅前商店街が空洞化するだけでなく、鉄道やバスなどの地域の足の維持をどうするのか、という課題も引き起こした。交通に対する需要は、買い物など到着地での目的によって発生する。買い物需要が減少しても、通学など依然として到着地の目的を有する人々への移動手段の提供が求められるのである。さらに、超高齢時代を迎え、自動車を利用できない人々への移動手段の確保の問題が顕在化し、高齢独居世帯の増加などの状況を踏まえ、再検討が求められる分野である。

商店街など自営業を基盤とする地域コミュニティが弱体化する中で、新たに地域コミュニティ機能を代替していったのは、終身雇用や年功序列などの雇用慣行を有する「カイシャ」であった。しかし、バブル期を境に非正規雇用の増加や株主重視の経営などが広まる中で、終身雇用などのカイシャ共同体を形成していた慣行も変容している。「ムラ」と「カイシャ」の相互扶助機能が失われつつある。その機能の全てを行政が代替することも困難であろう。そもそも「ムラ」は農村の共同作業の組織に由来し、「カイシャ」は都市における仕事の共同組織そのものである。地域における相互扶助機能の再生には、雇用と仕事を柱とする地域経済再生への取り組みが不可欠である。そこでは、地産地消や生活支援、介護支援など、直接的に相互扶助機能をビジネスモデルに組み込んでいるソーシャルビジネス的なものによる地域市場の再構築がポイントとなろう。そのためには、行政と市場経済の適切な連携が求められるようになっていく。

4 自治体による地域市場再生の可能性

(1) グローバル経済化と地域市場との矛盾

市場を「地域市場」「全国市場」「グローバル市場」に分けて考えた場合、地域市場には、例えば、地域交通（ローカル鉄道・バス・タクシー）、物流、飲食店、商店（対面小売）、社会福祉サービス（医療・介護・保育等）、教育（塾など）、賃貸アパート等がこれに該当するだろう。これらは、地域社会と結びついた地産地消型の域内市場産業からなる。基本的に生産と同時にその場で消費されるものが多く、職住接近である。いわば、自給自足の延長線上にある地域内循環力を有する生活密着型サービスの市場である。

大都市圏への労働力移動は、時期によって波はあるが絶え間なく続いた。地方から雇用機会を求めて、若年層を中心に多くの人たちが移動し続けた。工業化による経済成長は、工場集積地とその他の地域で成長の度合いに大きな違いが出るためである。その人口移動は第三次産業経済への移行後も続いた。（図Ⅱ―3―6）

地方の中小都市や農山村では働き口がないことが大きな問題であった。これまでの地域活性化施策でも、工場誘致をはじめ、様々な施策が講じられてきた。しかし、グローバル化する経済の下で、最適な生産拠点を国内外問わず絶えず見直している企業に対して、従来型の企業誘致は必ずしも有効ではなかった。さらに、産業の空洞化により、国内における設備投資が停滞する一方で、対外直接投資によって、日本国内から海外へ様々な生産設備等が流出する結果をもたらし、わが国全体として富を生み出す力の衰退が危惧されるようになった。

図Ⅱ－３－６

出所：労働政策研究・研修機構(JILPT)「早わかり グラフでみる長期労働統計」
資料出所：総務省「住民基本台帳人口移動報告」

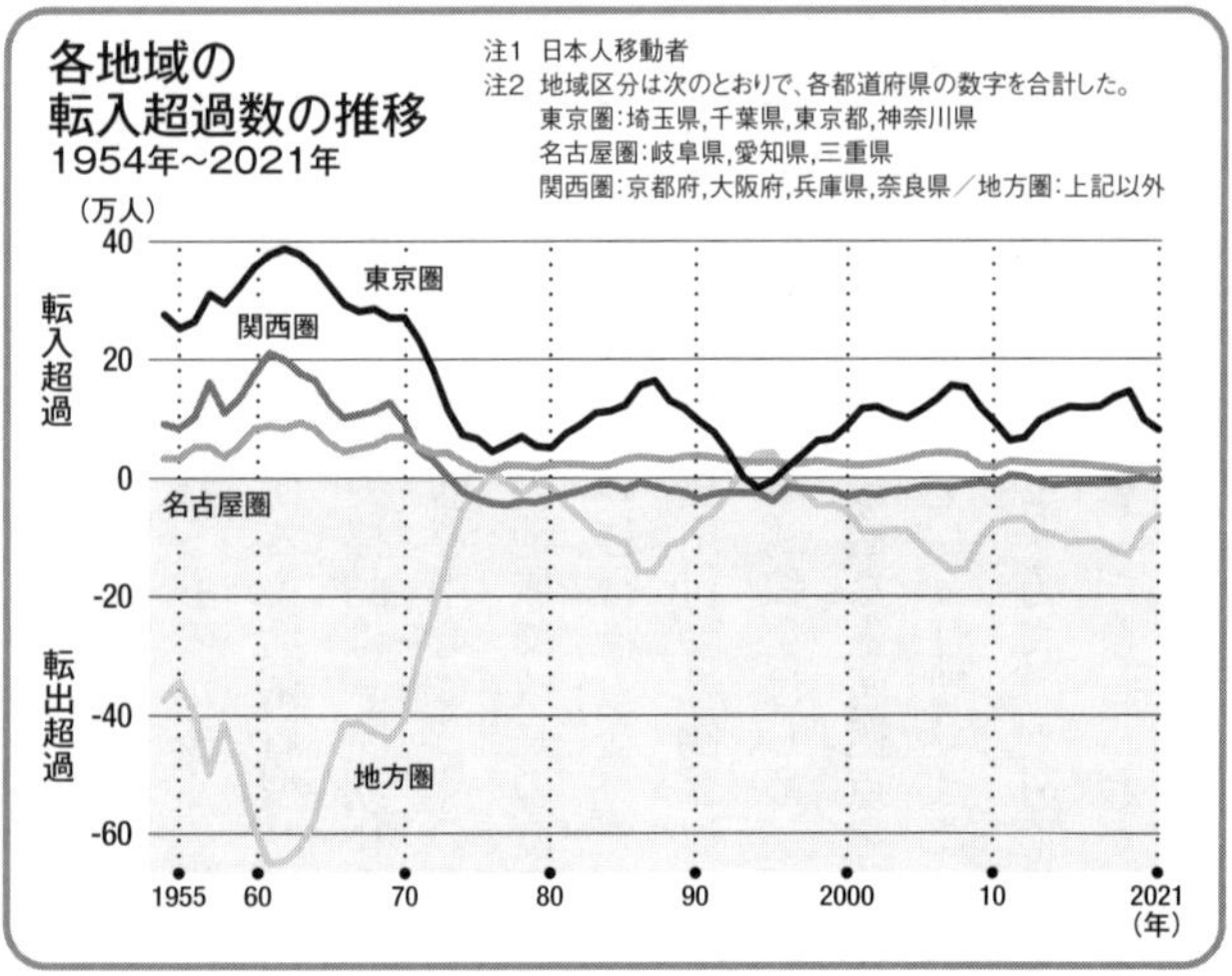

グローバル経済化と地域経済には様々な矛盾があった。海外への工場移転に伴う産業空洞化、海外移転した工場からの逆輸入による地場産業の衰退、農産物輸入の促進による農村経済の疲弊、大型店舗の規制緩和に伴う商店街の消滅といった危機である。

経常収支黒字は２００７（平成19）年をピークに縮小傾向にある。貿易収支の黒字がリーマンショック後に急減し、２０１１年以降に赤字に転じたことが経常収支の黒字縮小の主な要因である。デフレ脱却と過度の円高を是正することによって成長による富の創出という政策目標が重視されるようになっていく。円安により輸出数量が伸びることが期待されるが、円安には輸入価格が上昇するというデメリットもある。

輸出立国であると思われていたわが国の退潮が明かになる中で、２００８年をピークに少子高齢化による総人口の減少が始まる。この頃は団塊世代の大量退職の時期とも重なっていた。地方では需要が十分でなく雇用機会の不足が指摘される中で、国全体としては、需要に対して大量退職による労働力不足（供給力不足）の問題も指摘されるようになってきた。しかし、そもそもわが国のＧＤＰに占める輸出額は15％程度であり、アメリカと並ぶ内需国なのである。需要を喚起し労働力供給とのミスマッチを解消しながら内需主導の経済成長の可能性に着目すべきである。

⑵ポイントはサービス経済化と高齢者

近年、失業率の地域間格差は縮小している。と同時に、地域間の人口移動率も低下し続けている（図Ⅱ―３―７）。失業した人々がより高い収入を求めて居住地を活発に移したことで、失業率の高い地域の失業者が減り失業率の地域間格差が縮小したわけではない。経済学的なロジックが言葉通り起こっているわけではない。要因としては、一般に失業率の高い若年層の割合が全国的に低下していること、製造業主体の経済からサービス経済化が

図Ⅱ－３－７　出所：総務省統計局「労働力調査2019年」より

地域別完全失業率の推移

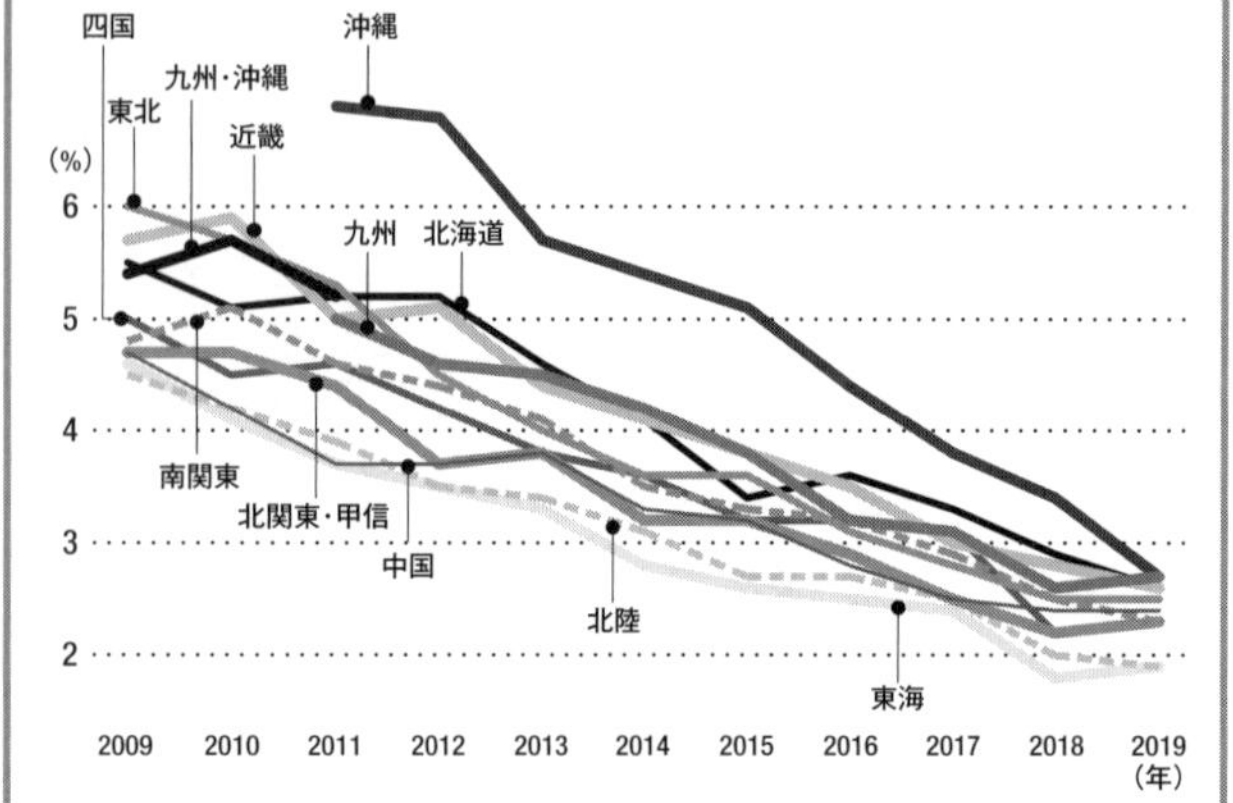

進み、地域別の産業の偏りが小さくなっていること、年金や医療・介護といった社会保障による所得再配分が地域経済の底支えを果たすようになっていること等が考えられる。

ポイントは高齢者である。年金という域外からの資金が活用しにくくなっていないか検証する必要がある。老後の不安を解消する地域内の生活支援サービスが十分でなく、資金が活用されていない可能性がある。医療保険や介護保険の公的保険サービスだけでなく、生活支援や健康維持等に資するサービスに対する需要が顕在化されていないのではないだろうか。元気な高齢者の雇用の機会が十分に提供されず、地域内の質の高い労働力が活用されていない可能性がある。希望しても雇用の機会が無く、年金収入だけに頼ることで元気な高齢者でも財布のひもを締めざるを得なくなっていないだろうか。（図Ⅱ－3－8）

一般に、域内を主たる市場とする小売業や対人サービス、地域交通などの地域市場は生産性が高くなく、域外からの資金の流入が無い等の理由で軽視されがちである。しかし、これらの地域市場は他地域の需要に左右されることもないし、他のライバルとなる地域があるわけでもない。その上、地域内で年金資金などが活用されていないのであれば、まず、地域内の住民の潜在需要に応えるべきではなかろうか。

また、生産性を高める必要性の議論にしても、このような地域市場を高齢者の雇用の機会として捉えると、ただ効率を上げることだけを目指すことが適切ではないという観点が出てくる。それぞれの高齢者の希望や健康状態などに相応しい柔軟な勤務形態として、1日3～4時間、午前か午後の交代制として週3～4日の時間モザイク型など、働き方の工夫が大切である。仕事がないことには、工夫もイノベーションの余地もない。同じ地域に居住する住民の間に生活支援のビジネスが発生し、信頼の上に安定した生活環境が確保されるよう努めていくべきではないか。相互扶助的な経済循環を日常生活圏域で起こしてい

図Ⅱ－３－８

高齢者世帯の所得状況と公的年金制度が地域経済に果たす役割

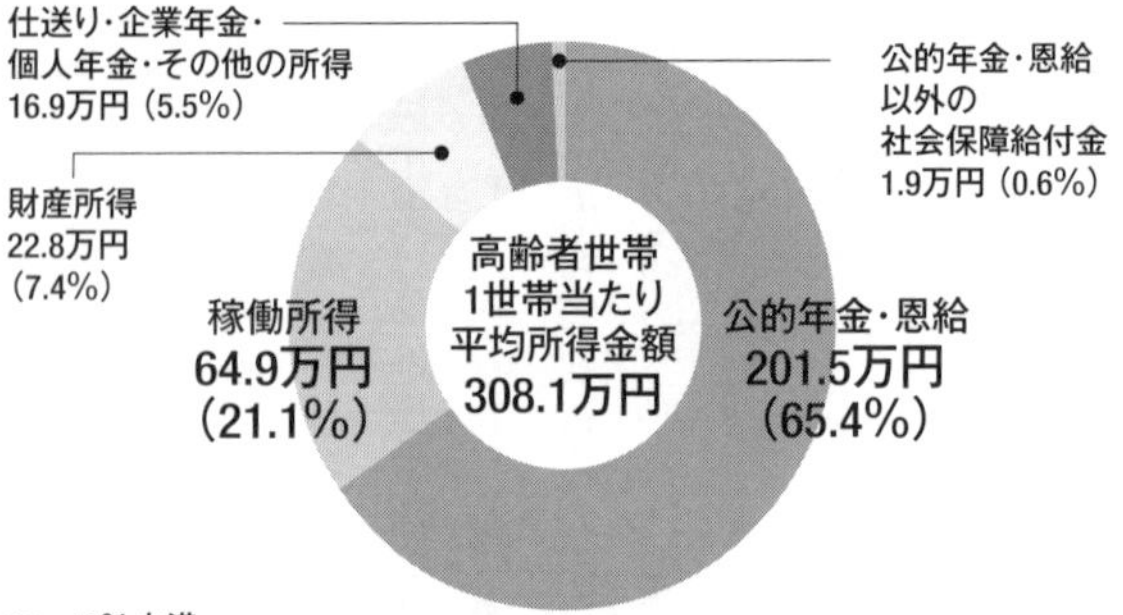

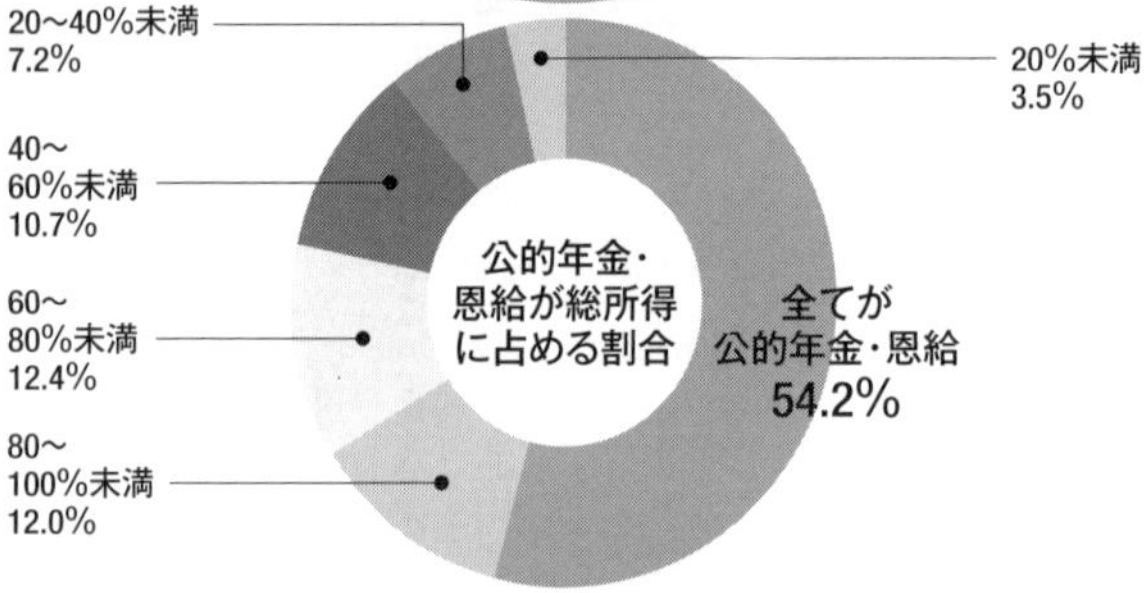

地域経済を支える役割

都道府県名（高齢化率）	対県民所得比	対家計最終消費支出比
島根県（33.1%）	18.2%	23.5%
鳥取県（30.4%）	17.5%	20.5%
秋田県（34.7%）	16.3%	18.9%
愛媛県（31.4%）	16.2%	19.3%
長崎県（30.5%）	16.0%	18.1%
高知県（33.6%）	15.8%	18.8%
奈良県（29.6%）	15.8%	20.6%

出所：平成29年度版「厚生労働白書」より
資料：高齢化率：総務省統計局「人口推計」（2016年）
都道府県別年金総額：厚生労働省年金局「厚生年金保険・国民年金事業年報」（2014年度）をもとに作成（厚生年金保険、国民年金及び福祉年金の受給者の年金総額）
県民所得・家計最終消費支出：内閣府経済社会総合研究所「平成26年度県民経済計算」

くことが必要である。

(3) 食料・エネルギーの自給率の向上と地産地消

貿易収支が赤字であれば、地域に賦存する食料やエネルギーの自給率を高め、地域の経済循環を高めるべきである。2021（令和3）年度の食料自給率を見ると、カロリーベースの食料自給率については、小麦、大豆が作付面積、単収ともに増加したこと、米における外食需要が回復したこと等により、前年度より1ポイント高い38%となっている。また、カロリーベースの食料国産率（飼料自給率を反映しない）についても、前年度より1ポイント高い47%となっている。飼料自給率は前年度と同じ25%である。

生産額ベースの食料自給率については、国際的な穀物価格や海上運賃の上昇等により、畜産物の飼料輸入額や油脂類・でん粉等の原料輸入額が増加したこと、肉類や魚介類の輸入単価が上昇したこと、米や野菜の国産単価が低下したこと等により、前年度より4ポイント低くなっても63%である。なお、生産額ベース食料国産率（飼料自給率を反映しない）は、前年度より2ポイント低くなっても69%である。

近年は、中国が輸入を増やす中、わが国の安定的な輸入と国産農林水産物の生産拡大が課題となっている。食料安全保障である。国内では、人口減少と高齢化で食料市場の規模は縮小するが、量より質、安全で健康に良い食品への需要は増加するものと思われる。このため、高齢世帯への配食サービスや介護などの施設給食をはじめ、病院、学校などの給食において、地産地消によるより質の高いサービス向上を検討すべきであろう。また、食料自給率の向上と国内農林水産物のより確実な生産拡大のためにも、地産地消の推進は効果的であると思われる。さらに、生産農家と消費者が結びつくことによって農作物等の付加価値を高めるとともに、生産農家と消費者の間に存在する管理コストや売れ残りによる廃棄コスト等を下げ、食品ロス削減と農家の収入増につなげるといった視点も重要である。

一方、エネルギー自給率は２０１９年度で12・１％と非常に低い水準である。分散型エネルギーインフラプロジェクトなど、エネルギーの地産地消の取り組みが求められるゆえんである。(第6章2参照)

貿易収支が赤字であっても、巨額の海外純資産を保有するわが国は、海外投資から得る利子・配当などの第一次所得収支の黒字が大きいので、経常収支全体で見れば黒字を維持している。ただ、巨額の海外純資産の大半は企業が保有しているものである。個人の生活レベルでは、雇用所得や年金所得がやはり重要なのである。

第4章 人口ピラミッドの変化と地域政策（後追いから先取りへ）

❶ 人口ピラミッドと地域市場の状況

(1) 1965年頃（図Ⅱ－4－1）

高度経済成長期を通して産業と人口が都市部に集中した。「地方の人びとが、より高い収入の機会を求めて郷里を離れ、若者たちが都会生活の華やかさにあこがれて、大都市に向かって奔流のようになだれ込んできた」ため、「農村は若者が減って高齢化」した（田中角栄著『日本列島改造論』、1972年）。この象徴的な現象が「集団就職」である。

経済成長による雇用拡大の必要から、中学や高校の卒業と同時に就職を希望する10代の

図Ⅱ−４−１

出所：国立社会保障・人口問題研究所より
資料：国勢調査および「日本の将来推計人口」各版の基準人口

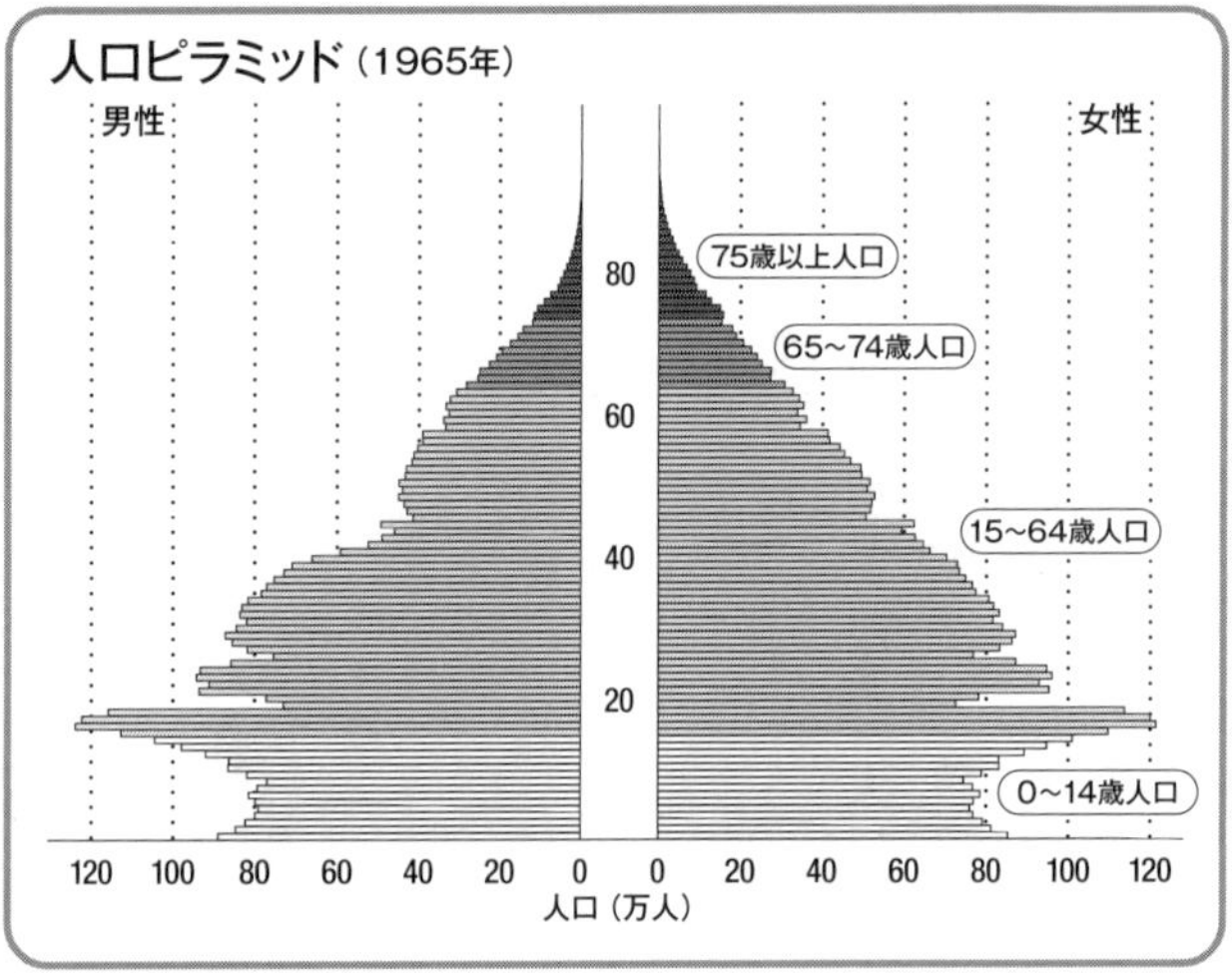

若者は金の卵と呼ばれた。製造業や商店や飲食店など、工員、職人、店員として東京や大阪などで働くこととなった。１９６０年代当時は、出生率も2を超えており、農家などでは長男が跡を継ぐと、他の兄弟は労働力過多となった。高校進学率が50％程度で大学進学率も10％程度であり、賃金も都市部の方が高いという事情があった。また、エネルギー革命で地方の炭鉱などの働き場所が消滅した等もあった。しかし、オイルショック後の高度経済成長の終焉とともに、製造業ではオートメーション化が進み、労働者需要は減少した。高校進学率も9割になったこともあり、集団就職は終わった（１９７７年）。

団塊の世代を中心に東京・大阪・名古屋などの都市部に流出した若者が、戦後の経済復興による設備投資によって生まれた雇用需要を満たした。彼らは多くの核家族世帯を構成して、住宅や家電など豊富な個人消費を生み出した。それが今度は生産拡大の設備投資を可能にした。このように、設備投資と個人消費の好循環が発生し、日本は高度経済成長したのである。また、都市部では、住宅街の徒歩圏内に商店街が形成され、製造業などとともに、地方からの流入労働力を吸収し、新たな地域コミュニティを形成していた面もあった。

一方、第一次産業の就業割合が激減し、農村地域などでの相互扶助機能は低下していった。

(2) 2000年頃（図Ⅱ―4―2）

高度経済成長の終わった後も、自動車や電気機械などの輸出で凌いでいたが、これは貿易摩擦を引き起こした。円高と内需拡大の要請につながったが、国内では株や不動産のバブルが発生しただけだった。バブルはやがて崩壊し、低成長が続くようになるのである。

1989年末にわが国の株価はピークに達し、1990年代に入りバブルの崩壊が始まる。株価に1年ほど遅れて地価も下落していく。この間、金融機関の不良債権は増加して

図Ⅱ－４－２

出所：国立社会保障・人口問題研究所より
資料：国勢調査および「日本の将来推計人口」各版の基準人口

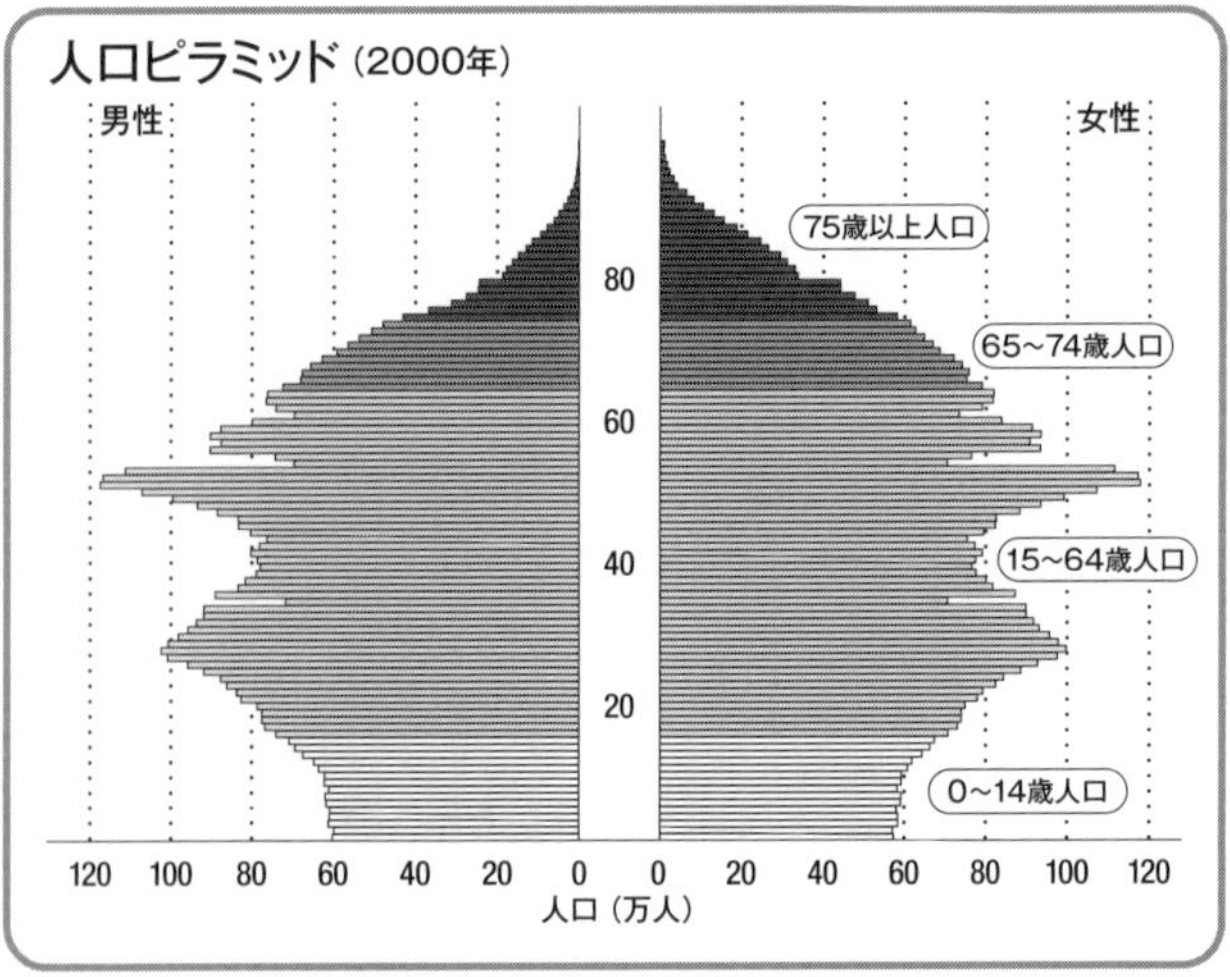

いた。

１９９７年７月にタイを中心に始まった「アジア通貨危機」がわが国の輸出減退、株価下落にもつながった。同年11月には北海道拓殖銀行、山一証券の破綻、翌年には日本長期信用銀行、日本債券信用銀行の破綻と、わが国も金融危機に見舞われる。この大きな景気後退も１９９９年には底を打つが、各企業は過剰雇用、過剰設備、過剰債務の三つの過剰の解消に取り組むこととなった。２００２年以降の長期景気拡大の中で三つの過剰は解消されていくが、企業は先行きに対して不透明感を持ち、長期的な雇用を抱え込むリスクを避けようとする傾向がみられた。雇用の改善もパート、アルバイト、契約社員などの非正規雇用を中心としたものとなった。

同時に、終身雇用・年功賃金・企業内福利厚生などの企業環境の中で、社員が専業主婦と子どもの生活を支え、老人の介護は主婦をはじめ家族によって無償で支えられるといった、いわゆる日本型福祉社会のイメージも動揺する。長寿化とともに高齢化率も上昇する。2000年度から介護保険制度が実施された。

さらに、第2次ベビーブーム（1971年～1974年）以降、出生数は減り続けている。出生減も加速しており、2022年の出生数は初めて80万人を下回ることとなり、衝撃が走った。なお、生産年齢人口も1995年を境に減少に転じている。（図II－4－3）

長寿化に伴い総人口は増加していたが、2005年からは死亡者数が出生児数を上回る自然減となる。2年間ほどの人口静止期間の後、2008年から人口減少に転じ、以後継続して人口減少が続いている。

また、バブルの崩壊後の公共事業の拡大によって地方都市の郊外化が進み、自動車での消費を前提とした大規模ショッピングモールの建設は、住宅街の徒歩圏内から商店街を消滅させていった。様々な専門店の集まりとしての商店街の存続は厳しく、一部コンビニへ転換した店だけが残るところも多く見受けられた。

図Ⅱ－４－３

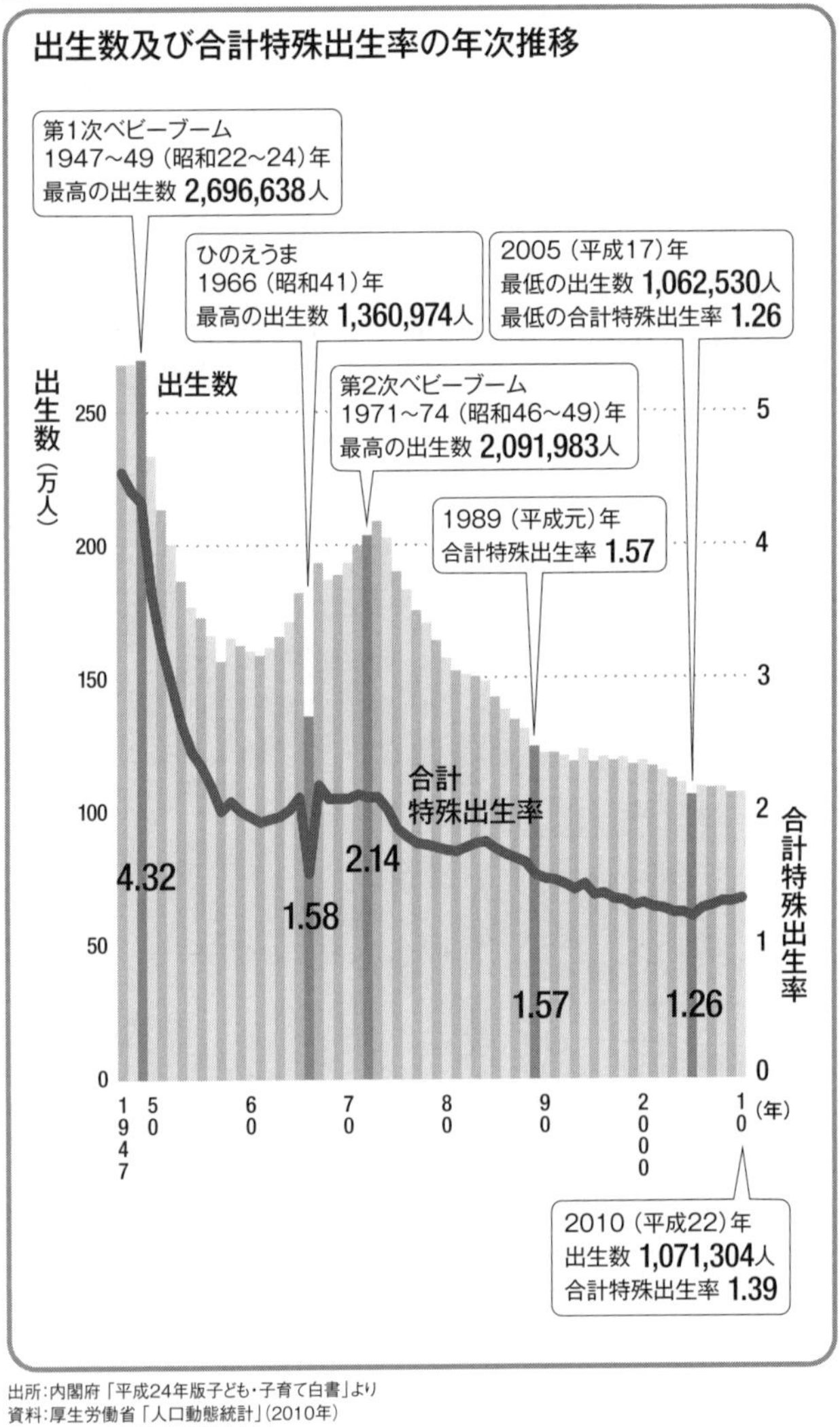

出所:内閣府「平成24年版子ども・子育て白書」より
資料:厚生労働省「人口動態統計」(2010年)
注:1947~1972年は沖縄県を含まない。

図Ⅱ－４－４

出所：国立社会保障・人口問題研究所より
資料：国立社会保障・人口問題研究所『日本の将来推計人口（令和5年推計）』[出生中位(死亡中位)推計]による

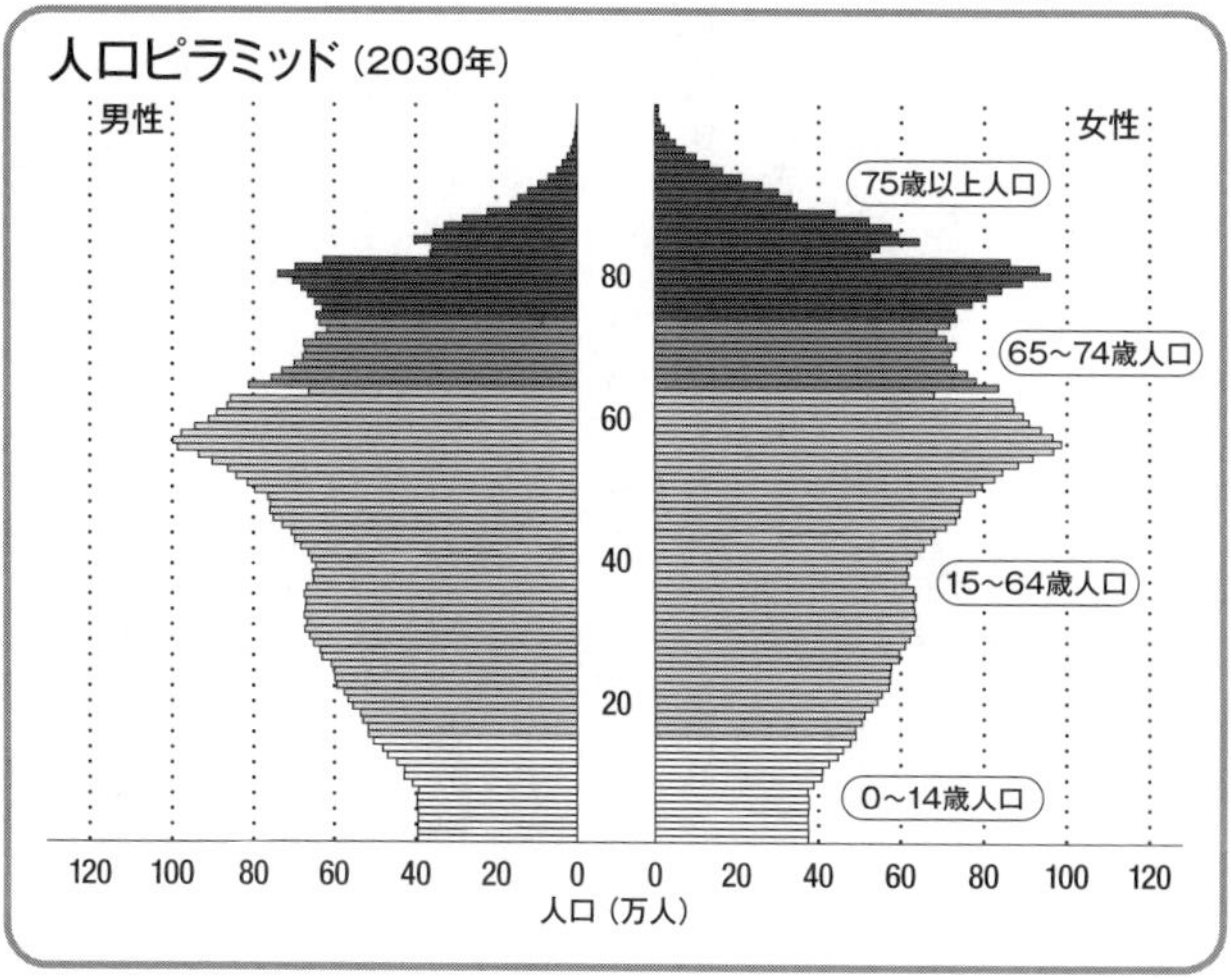

(3) ２０３０年頃（図Ⅱ－４－４）

来る２０３０年には、人口の約三分の一が65歳以上となる（３７１６万人）。団塊の世代は80歳以上となる。85歳以上の人口は２０４０年にかけて全都道府県で増加し、１０００万人を突破すると言われている。「超高齢時代」の到来である。医療・介護・生活支援サービスへのニーズが拡大する一方、深刻な人手不足が懸念される。

また、地方での急激な人口減少によって商圏が縮小すると、大規模ショッピングモールなどの大型店舗の存続も困難にする。大量調達による安値販売を行うスーパーマーケット、店舗数は多いが定価販売を行うコンビニ、医薬品と生活用品に特化したドラッグストアなどが業態の区分を超えて減少する顧客を獲得しようとする。その結果、店舗の撤退が続けば、買い物難民化する地域が増える。都市部への人口流出を加速化させる恐れがある。

一方、これから高齢化がますます進んでいく都市部では、高齢者が新たに流入する余地は無いかもしれない。今、住んでいる地域での日常生活圏のあり方が重要である。病院完結型医療から地域完結型医療へと転換が図られる中で、住み慣れた地域で自分らしい暮らしを人生の最後まで続けることができるよう、その人その人の状況に応じて住まい・医療・介護・予防・生活支援が一体的に提供されるという、「地域包括ケアシステム」の理念を現実化しなければならない。在宅サービス等による地域市場の再構築のためには、自立した高齢者の労働参加を求めなければならないだろう。さらに、決済業務など、様々なサービスに共通の手間に関しては、協働システムで処理できるようにしなければならないだろう。新しい社会資本である公共クラウドとして自治体主導で構築されることが望まれる。

❷ 地域市場の再構築に向けて

(1) 地域経済の現状認識

高度経済成長以来、大学進学時及び卒業後の就職時における地方から東京等への多くの転出がある。地方での雇用機会の不足が大きな要因と思われる。産業構造の変化に加え、中国などへの海外生産シフトによる地方の産業空洞化も発生した。転出により人口がさらに減少すれば地方の需要は一層の落ち込み、既存企業の行き詰まりが雇用の喪失と人口減少を加速させる負のスパイラルが生じている。これは、医療費や介護費及び年金という地方への膨大な財源の還流を十分に活用できていないことを示すものでもある。（図Ⅱ－4－5）

高齢化の進行により、貯蓄する勤労者層が減少する一方、貯蓄を取り崩す高齢者層が増加し、総貯蓄は減少することが想定される。ところが、全国の国内銀行での個人預金残高（ゆうちょ銀行を除く）では、2022年12月の数値は2000年1月の数値の1・95倍（286兆円→558兆円）となっており、この傾向は各都道府県単位でも同様である。

図Ⅱ－４－５

社会保障給付費の推移

		1980年	2000年	2020年	2023年（予算ベース）
国内総生産（兆円）A		248.4	537.6	535.5	571.9
給付費総額（兆円）B		24.9（100.0%）	78.4（100.0%）	132.2（100.0%）	134.3（100.0%）
（内訳）	年金	10.3（41.4%）	40.5（51.7%）	55.6（42.1%）	60.1（44.8%）
	医療	10.8（43.2%）	26.6（33.9%）	42.7（32.3%）	41.6（31.0%）
	福祉その他	3.8（15.4%）	11.3（14.4%）	33.9（25.6%）	32.5（24.2%）
B／A		10.0%	14.6%	24.7%	23.5%

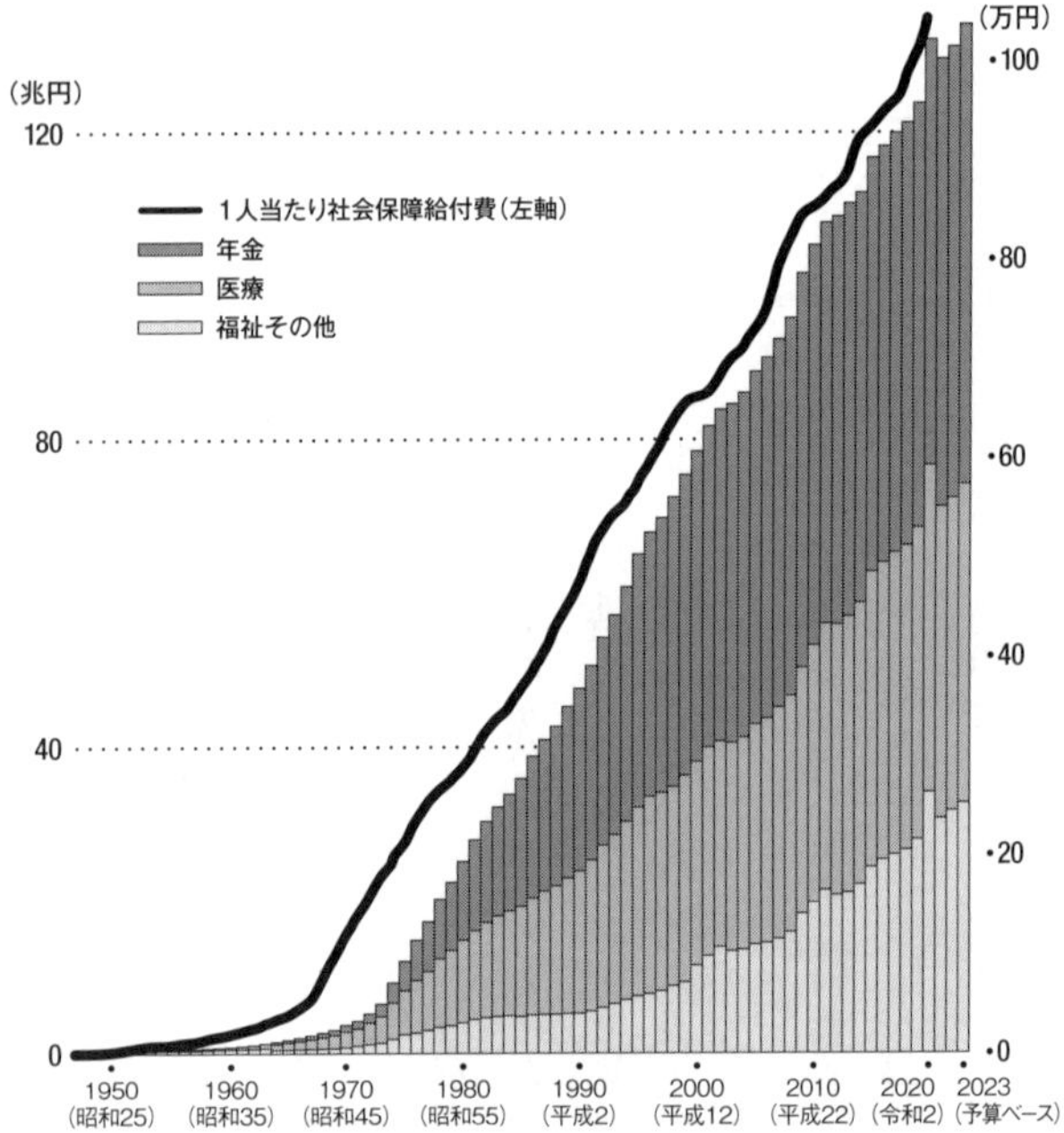

出典：社会保障（参考資料）財務省2022年4月13日

資料：国立社会保障・人口問題研究所「令和元年度社会保障費用統計」、2020～2021年度（予算ベース）は厚生労働省推計、2021年度の国内総生産は「令和3年度の経済見通しと経済財政運営の基本的態度（令和3年1月18日閣議決定）」

（注）折れ線グラフ上の数値は、1950,1960,1970,1980,1990,2000及び2010並びに2021年度（予算ベース）の社会保障給付費（兆円）。

二人以上の世帯について、1世帯当たり貯蓄現在高を世帯主の年齢階級別にみると、60歳以上の各年齢階級では2000万円を超える貯蓄現在高となっている。一方、負債現在高は、年齢階級が高くなるに従って少なくなっている。また、純貯蓄額（貯蓄現在高－負債現在高）をみると、50歳以上の各年齢階級では貯蓄現在高が負債現在高を上回っており、60～69歳の世帯の純貯蓄額は2323万円と最も多くなっている。

では、高齢者は働き続けて貯蓄の取り崩しを抑制しているのであろうか。地方の現状からすれば、そのような状況は考えにくい。勤労所得が十分でなく年金収入に頼る高齢者世帯においては、今後の医療や介護等にどれだけのお金がかかるかわからないので、できるだけ現金を使わないように暮らす中で、個人預金残高が増加していると考えられる。（図Ⅱ－4－6）

高齢化が進む地域で高齢者が現金支出を控えることで需要が減少すると、若者の仕事も減る。金融機関も、預金残高が増えても貸出先を見つけることは難しい。個人の預金残高が増加してゆく中で、地域経済は縮小している。期待しうる大きな財源が、医療・介護・年金等であるとすれば、医療・介護を中核として、高齢者をはじめとする地域住民の潜在ニーズに対応した仕事を作り、要介護前の自立した高齢者を含む地域の人々の雇用を創出

図Ⅱ－４－６

出所：総務省統計局「家計調査年報（貯蓄・負債編）2021年（令和3年）　貯蓄・負債の概要」より

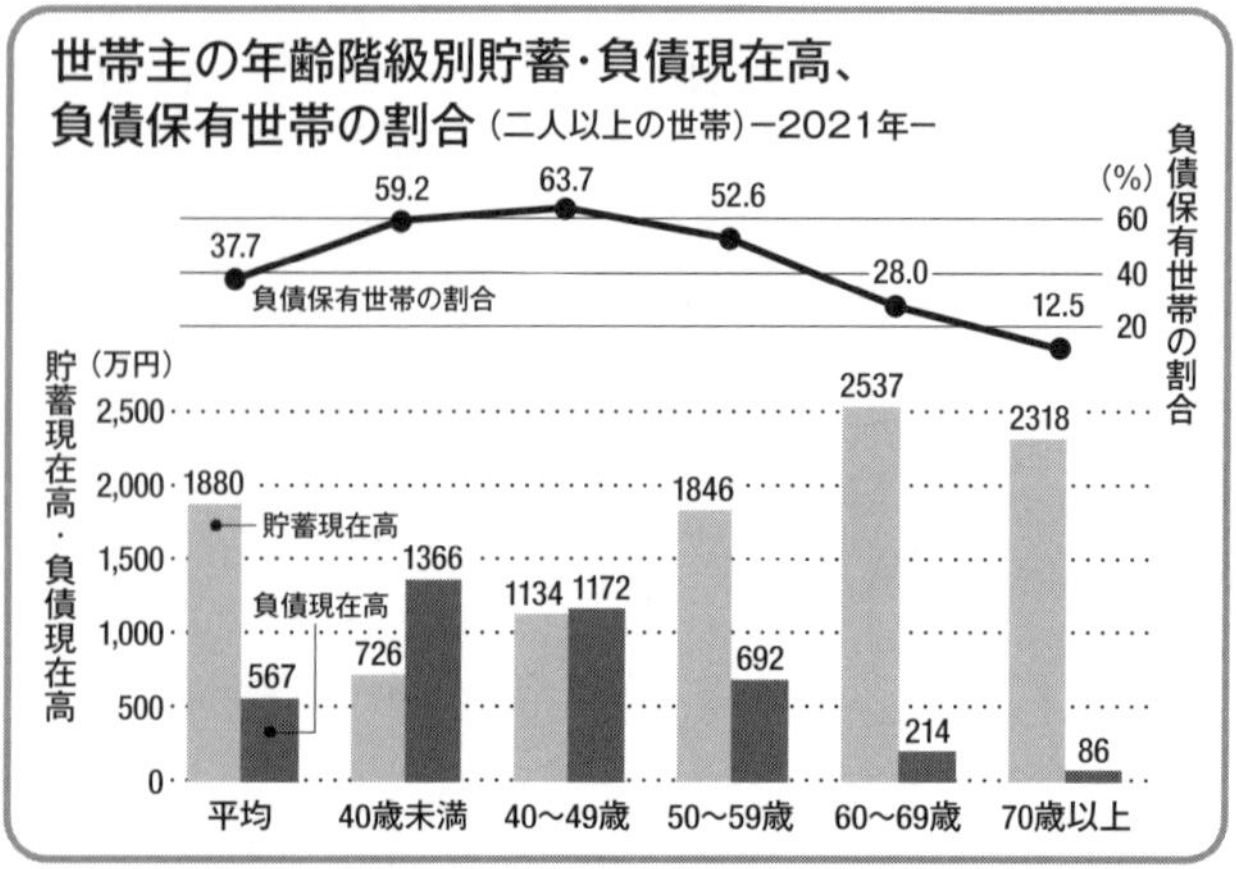

図Ⅱ－４－７

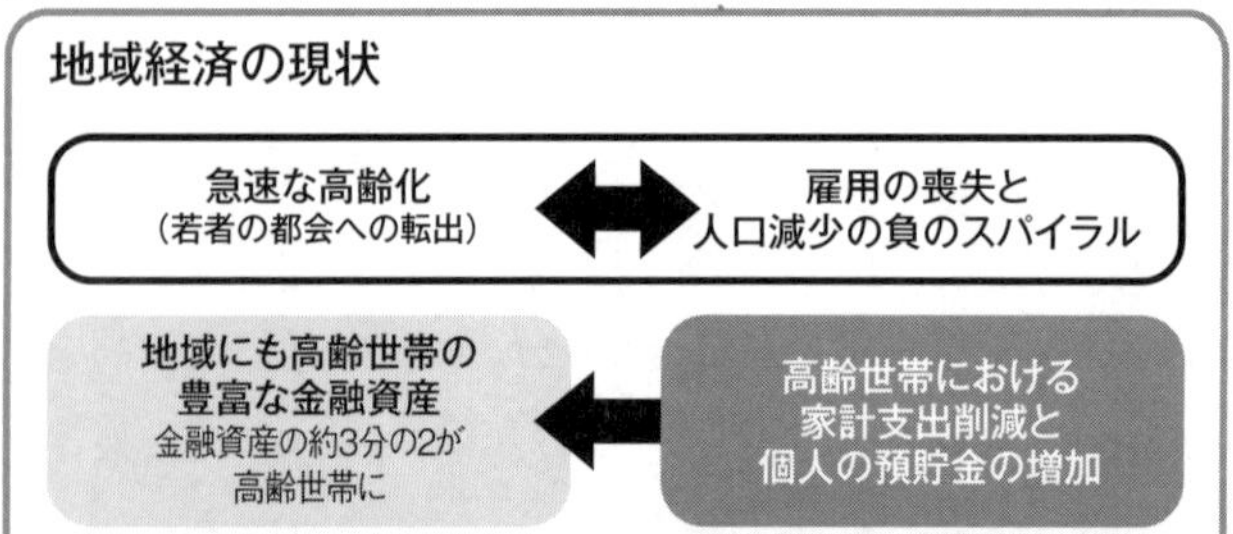

出所：著者作成

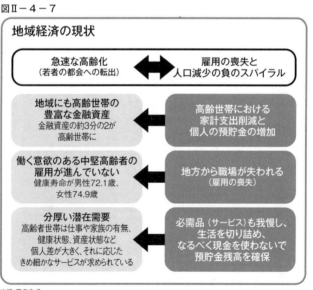

する取り組みをコツコツと育成していくことが現実的な方策だと思われる。高齢者をはじめとする住民への地域での生活支援サービスの仕事を構築していき、老後の不安解消と地域経済拡大の好循環を目指すべきである。このため、1973(昭和48)年の福祉元年を可能とした社会基盤とその変容を踏まえ、これまでの施策の流れを前提として、今後は、人口ピラミッドの変化を先取りする地域再生への道筋を立てることが必要である。(図Ⅱ―4―7)

(2) 需要創出型のイノベーションを地域でどのように喚起するのか

わが国経済は、潜在成長率の低下やその背後にある人口減少や生産性の低迷に直面してきた。経済成長率は、「就業者数の増加率」と、就業者一人当たりがどれだけ付加価値を増やしたかを意味する「労働生産性の上昇率」に分解される。

労働生産性を高めることは、一人当たりの付加価値を高めていくことになる。それには、コストをできるだけカットするか、新しい需要を創出するかの、いずれかの対応が必要になる。人口増加率が高く、低価格商品に対して大きな需要が見込める経済であれば、「規模の利益」等を活かしたコストカットが適していると言える(プロセス・イノベーション)。

一方、人口が成熟し、人口増に伴う需要増加が見込めない場合には、コストカットよりも新しい需要を創出する方が重要である（プロダクト・イノベーション）。社会の潜在的ニーズを掘り起こし、人びとが対価を払ってもいいと思う財やサービスを提供することが重要である。

プロダクト・イノベーションの制約となるのは、需要の不確実性である。人口減少下で、将来の需要の不確実性を小さくすることは民間企業の取り組みだけでは困難である。地方圏においては、なおさらである。そこで、人口減少地域にあっては、まず需要の存在を確認し、まとめる必要がある。その実需に応じて、適切な規模での事業化を検討する。

地域市場の産業は、大規模化による「規模の利益」は期待しにくい。顧客である住民との安定した関係を積み上げ、多様なサービスを連携させて提供することとの相乗効果により、新たな価値を生み出し、個々のサービスコストを下げるなど、無駄を排し、サービスの品質を高めることが求められる。その結果、長期的に継続して一定の収益性を見込める事業を構築することが求められる（範囲の経済：Scope Economy）。

イメージとしては、他の地域から移入されている商品や他の地域で受けているサービスの一部を自分の地域内で生産・提供できるよう努め（移入代替〈輸入代替〉）、狭い地域での自給自足を少しずつ広く高度化し、地に足をつけながら経済性を高めていくという感じだろう。様々な産業に属する多くの小規模な事業体が存在し、新しい仕事を次々に生み出していく環境を構築することが、新たな活性化の基になっていく。

様々なアイデアを事業化するためには、試行錯誤の支援が不可欠である。事業化に当たっては、まず、「範囲の経済」の考え方の下、公共施設を含めた既存の事業資産の多角的利用の可能性を探り、相乗効果を追求する取り組みを支援する。その上で、社会的には望ましいものの投下資本に対する十分なリターンが保証されないような事業については、自治体など公的部門が初期投資を支援しつつ、事業自体は市場原理に沿って運営される仕組みなどが必要となる。特に、人口減少地域にあっては、従来、市場経済において提供されていた生活支援サービスが、需要の減少に伴い撤退となる場合が多い。そのままのビジネスモデルを行政が代替することは、負担が拡散するので望ましくない。しかしながら、負担を拡散させることなくサービス提供を維持・発展させる方法を検討することは重要である。

また、多くの新しい商品開発（サービスを含む）には、初期に多くの費用がかかるが、生産量が増加し、時間が経つにつれて、費用が劇的に低下する性質がある（学習効果）。起業家の当初の試行錯誤のコストに対しては、一般的に対価は支払われない。しかし大きな社会的な外部効果（外部経済）が存在する。多くの人々が利益を得る外部効果の対価を、その企業の特定の財やサービスの購入者に負担させることは難しい。社会的な外部効果があると見込まれる投資であっても、私的収益性が不足することから起業に至らないものも多いと思われる。自然に起業に至らないのであれば、公的部門が一定の責務を負うことが望ましい場合もある。

ところが、従来の支配的な考え方は、私的な投資は私的な市場経済が行い、社会的な投資は政府が行い、政府の市場経済への介入は歪みをもたらす場合が多いので、できるだけ避ける必要があるというものであった。さらに、社会的投資と呼ばれるものの多くは、その実態は私的投資であり、これは市場経済に任せる方がよい、と主張されることもある。

しかし、外部効果の起こらない経済と外部効果の起こる経済に分離することは難しい。多くの投資は、１００％私的でも、１００％社会的でもなく、その中間に濃淡を持ったものだからである。

もちろん、社会性のある投資についても、市場経済の融通無碍な伸縮性とリスクを取る起業家精神を活かして進められることが望ましい。必要な公的支援について公平性や説明責任を確保しながら、起業家精神やリスク志向を支援し、民間がその創意を発揮できる環境をつくるのは、公的部門に相応しい役割である。自治体においても、リスクを取りながら雇用を生み出す視点は避けられないものと思われる。

なお、ＰＰＰ（Public Private Partnership＝官民連携）の考え方のもと普及してきている公設民営、指定管理者なども、その視点が必要である。現在、行政により提供中のサービスについて、民間委託や民営化等により民間事業者を活用する場合、新たに委託料などとして財政支出する額が従来の財政支出よりも低下することだけを目的とすれば、地域全体で新たな需要を喚起することにはならない。また、民間事業者が地域外の事業者であれば、財政資金の地域外流出につながる点にも留意する必要がある。

(3) 地域でヒト・モノ・カネをどう動かしていくのか

従来、人口減少は過疎や地方の衰退の問題として、大都市圏への人口集中問題と表裏一体をなすものであった。このため、都市部や産業集積地から得られた所得を再配分することによって地域間の公平性を確保し、国土の均衡ある発展を目指すという方向性が基本であった。

ところが、２０２２年１月１日時点の住民基本台帳に基づく人口動態調査によれば、２００９年をピークに日本人住民の人口は減少しており、三大都市圏の日本人住民人口も４年連続減少中で、東京圏の日本人住民人口も初めて減少した。このように全国各地で人口減少がみられるというのは、これまでに経験したことのないものである。２０２５年には団塊の世代が後期高齢者入りし、都市部においても高齢者が急増する。人口ピラミッドの変化と地域政策の関係ということでは、都市部で得られた所得を再配分して国土の均衡ある発展を目指すというモデルは持続しにくくなっている。

それぞれの地域ができるだけ自立的に持続可能な地域として活力を維持していくためには、富を生み出していくための投資を念頭におかなければならない。将来の富とは、その地域で活動する企業が生み出す経常収益である。売り上げなどの収入から必要経費などの支出を引いたものである。事業として何を行い、誰にどんなサービスをどのように提供するのか、どこで収益を上げるのかという具体的な仕組み、ビジネスモデルの構築が重要となる。

その事業が将来にわたり収益を生み続けることが合理的に期待されれば、その収益を返済原資として資金を借りて事業を始めるための設備投資を行うことが可能となる。資金が地域の人が地域の金融機関に預金したものであれば、地域の資金が地域で活用され、地域で資金循環を創造することになる。その事業が地域で雇用を創出し、地域の原材料を購入すれば、その給与や代金が新たな地域の資金循環の原資となる。

高度経済成長期であれば、道路や橋などの社会資本を整備し、輸送コストなどを下げて民間企業の立地を促し、企業活動を支援するという方法が有効であった。しかし、衰退しつつある地域では、そのような社会資本が整備済みであっても、民間企業の起業そのものがみられなくなってきている。ところが、地域には、地場産品、景観・自然、間伐材等の再生可能エネルギー資源などの地域資源がある。さらに、地方銀行や信用金庫等の地域金融機関にも、個人預金だけでも数百兆円規模の資金があり、貸し出しに回っていないものも多い。これらの地域の資源と資金を結び付けて、地域で雇用を創出し、地域の原材料を購入しつつ、税収も生むような事業に次々とチェレンジできる支援が求められる（プロダクト・イノベーションの機会）。

このような地域内の経済循環を支援していくことが、これからの地域経営に求められている。自治体による地域経営への先行的な取り組みについては、第6章で改めて取り上げるが、例としては、次のようなものがある。

・設備投資補助（ローカル10000プロジェクト）
・分散型エネルギーインフラプロジェクト
・自治会等のコミュニティ機能の横断的連携・強化
・公共クラウド
・公共施設の多角的民間利用（公共施設オープン・リノベーション事業等）
・DMO（観光地域づくり法人）
・デジタル地域通貨の活用
・地域商社機能の充実
・金融機関、商工会、商工会議所等と連携した伴走型支援

(4) ボトムアップ型の地域活性化と新しい第一次産業

地域活性化施策についても、大都市の成長の成果を地方圏に波及させるという方向性だけでなく、それぞれの地域の活性化がボトムアップ式に地域の集合体としての日本全体の経済再生につながるという方向性の思考が不可欠であることが明らかになってきた。この

場合、具体的な住民への効果を検証していかなければならない。

かつての工場の再配置の議論においては、資本集約型の大工場が念頭にあることが多かった。資本集約型の工場は、その資本集約の度合いをますます深めており、多数の雇用につながらないものも多い。そもそも縁も所縁も無い場所に移転できるということは、地域に根ざした企業ではないということである。実際には、下請け企業の集積を必要とする大工場は関連工場が集中立地する大都市圏を離れることは困難であった。

なお、半導体などのハイテク工場は高付加価値で相対的に輸送コストが低いので、高速道路や空港周辺の地方への分散も比較的可能性がある。この場合は、シリコンバレーなどに見られるように情報やノウハウの共有が重視されるので、研究開発機能との密接な情報交換の確保などが求められる。

一方、食料品関連産業などは、自動車や電機などの輸出型の資本集約型の大工場ではなく、労働集約型の中小規模の工場である場合が多い。そのため、着実に安定した雇用創出を実現する。さらに、原材料の農作物を地元から調達することも多いので、農業振興にもつながる。また、学校や介護施設等の給食のように、献立編成権のある施設において、地元産の農作物を原材料とした食品や食材を優先的に活用するように努めることで、食品ロスや管理コストが減少し、その分、地産地消による地域での経済循環が高まる可能性を秘めている。国単位から地域へ、そして地域の中で個々の企業や住民に着目し、具体的にお金が回ってゆくための施策が、自治体による地域政策として求められている。

明治時代の産業革命を伴う高度経済成長や戦後の高度経済成長の課程で、過密・過疎や所得格差など様々な課題が生じてきた。これは工業地帯への労働力の供給によって地域での経済循環を担っていた第一次産業が衰退したことが主な原因であった。一方、大量生産による規模の利益がなければ経済性がないように思いがちであるが、環境や地域での暮らしなどを加味すると違った経済合理性が見えてくる。エネルギーや食料については、安全保障の観点からも地産地消の必要性が再確認されている。地域ごとにエネルギーや人や資金が循環する仕組みがあれば、地域に安心して住むことができる。また、地域に働く場所ができることを意味する。高齢者となっても仲間と共に健康な暮らしを送ることができるだろう。すなわち、農林水産業だけでなく、地域で経済循環する産業こそ新しい第一次産業と呼ぶのに相応しいのではないか。かつて、前田正名が江戸時代の自治に範を求めたように、住民の生活の向上と仕事づくりと富の形成を一体として捉えるボトムアップ型の地域活性化と言える。

第Ⅲ部　政策フレームワークからの構想（政策の型から考える）

第5章

超高齢時代の地域政策

❶ 長期ケアにふさわしい医療提供体制づくり

(1) 高齢者の療養ニーズへの対応

老人医療費無料化による高齢患者の急激な増加に対応し、特例許可老人病院で約30万床増えた。1985（昭和60）年の医療法改正の際には、二次医療圏ごとに基準病床数（一般病床と療養病床）の上限値を設定する医療計画制度の都道府県への導入を見越した駆け込み増床が約20万床あった。併せて約50万床程度増加したとみられる。1980年代頃までは、高齢者の療養ニーズはほぼ病院で受け入れていた。医学的観点からの必要性よりも介護の代替策として入院しているのではないかと思われる社会的入院の存在などが問題視

図III－5－1　　出所：厚生労働省「医療施設調査」2001

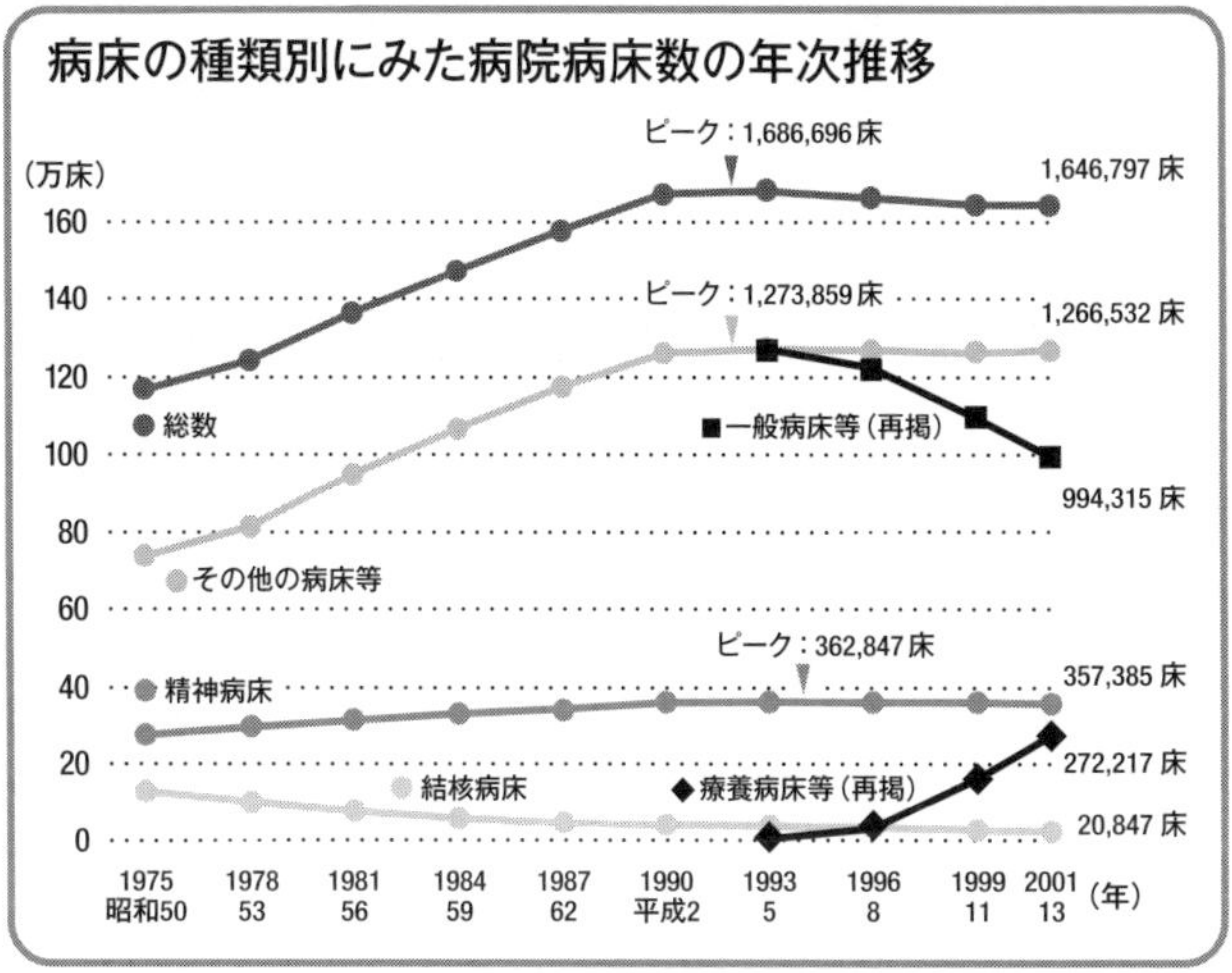

された。日本の病院の特色として①病床数が多い②平均在院日数が非常に長い③病床当たりの医師及び看護スタッフが非常に少ない——といった課題が認識されるようになった。（図III—5—1）

高齢患者が、術後に自宅で元の生活を取り戻すまでには、若年患者よりも多くの時間を要する。この療養ニーズに病床で対応した場合、高齢患者の一般病床での入院長期化にはリスクが指摘される。ＡＤＬ（Activities of Daily Living：歩く、食べる、着替えるなどの日常生活動作）の状態が入院前より低下し、慢性疾患が悪化したり、注意力や思考力が低下して様々な症状を引き起こしたりすることもある。介護だけでなく、

チャート
注：1 昭和58年までは12月31日現在、昭和59年以降は10月1日現在である。
2 その他の病床等とは、療養病床、一般病床及び経過的旧その他の病床（経過的旧療養型病床群を含む。）である。
3 一般病床等とは、一般病床及び経過的旧療養型病床群を除く経過的旧その他の病床である。
4 療養病床等とは、療養病床及び経過的旧療養型病床群である。

医療も高齢になるほど必要性が増加することを考慮すれば、高齢者に相応しい長期ケアに対応できるよう医療提供体制の再編成が求められることとなった（地域医療構想）。

　高齢者の長期ケアについては、ＱＯＬ（Quality of life：生活の質：一個人が生活する文化や価値観のなかで、目標や期待、基準、関心に関連した自分自身の人生の状況に対する認識〈ＷＨＯ定義１９９４年〉）の向上が目標となる。この共通の目標に向かって医療と介護の連携のあり方が問われている。病床のあり方とともに、訪問診療などの在宅医療のあり方も重要な論点となってきた（地域包括ケアシステム）。

　なお、高齢者に係る医療保険制度については、制度改正が重ねられた。第１次産業や商店街など地域の就労者が少なくなり、国民健康保険が、医療リスクが高く収入の少ない退職高齢者が多数加入する医療保険となってきたことによる。１９８２（昭和57）年の老人保健法の制定で、老人にも一部負担を求めるとともに、老人医療費を国・自治体・各医療保険者が共同で拠出し全国民で負担する老人保健制度が創設された（これは被用者保険や国保と独立した制度ではない。公費負担を除く老人医療費を各保険者の加入者数の頭数で割り振ることにより、老人の割合の低い被用者保険が老人の割合の高い国保に拠出することとなった）。１９８４（昭和59）年には健康保険法の改正により、退職被保険者の医療費を国保と被用者保険者が共同で負担する退職者医療制度が創設された。長年被用者保険に属していたサラリーマンが定年等により国保に加入した場合、保険料負担能力は低下するのに医療リスクが大きくなることに着目された。

老人保健法の枠組みは、2006（平成18）年成立の「高齢者の医療の確保に関する法律」によって新たな段階に進む。2008年度から施行された後期高齢者医療制度の創設である。75歳以上の者を一つの独立した保険集団とする新たな医療保険制度で、医療保険給付費（保険者から給付される金額＝医療費から患者負担を除いたもの）の約5割が公費負担となる（国：都道府県：市町村＝4：1：1）。さらに、約4割が現役世代の保険料から負担される後期高齢者支援金であり、残りの1割が後期高齢者の保険料となる。後期高齢者の窓口負担は1割（現役並み所得の方は3割）である。75歳になると、それまで加入していた医療保険（国保、健康保険、共済など）から自動的に後期高齢者医療制度へ加入する。併せて前期高齢者の医療費の財政調整制度（65歳以上75歳未満の者の加入率に着目し保険者間で財政調整する制度）が創設された。（図Ⅲ―5―2）

出所：社会保障（参考資料）財務省 2022（令和4）年4月より
資料：厚生労働省「国民医療費の概況」、「介護給付費等実態統計」等
注：1人当たり国民医療費・介護費は、年齢階級別の国民医療費・介護費を人口で除して機械的に算出。
1人当たり国庫負担は、それぞれの年齢階層の国庫負担額を2019 年時点の人口で除すなどにより機械的に算出。

年齢階級別1人当たり介護費（2019年）

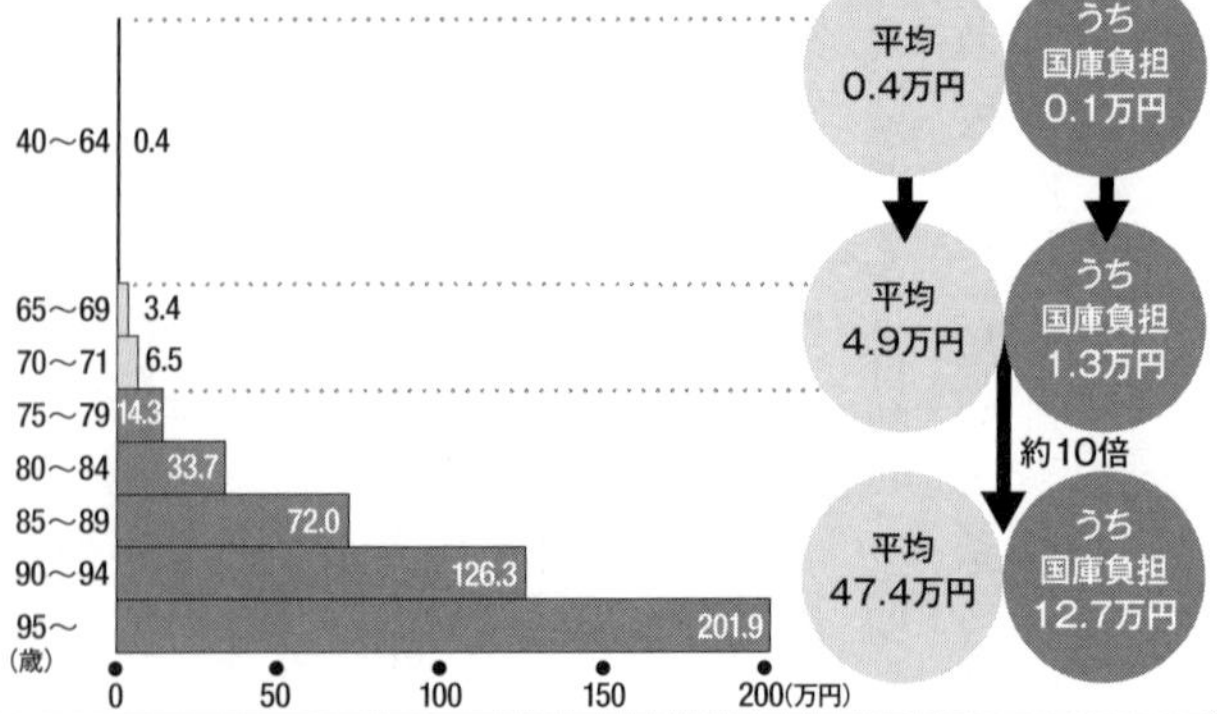

(2) 地域医療構想

高齢化の進展により、病気と共存しながらQOLの維持・向上を目指すべき医療が必要となってきた。QOLの維持・向上という目標は、介護と同じである。介護ニーズを医療で対応するミスマッチを解消するとともに、医療の中でも、一般病床に一括りにするのではなく、高度急性期・急性期・回復期・慢性期への機能分化の必要性が認識されてきた。

2014年に制定された

図Ⅲ－５－２

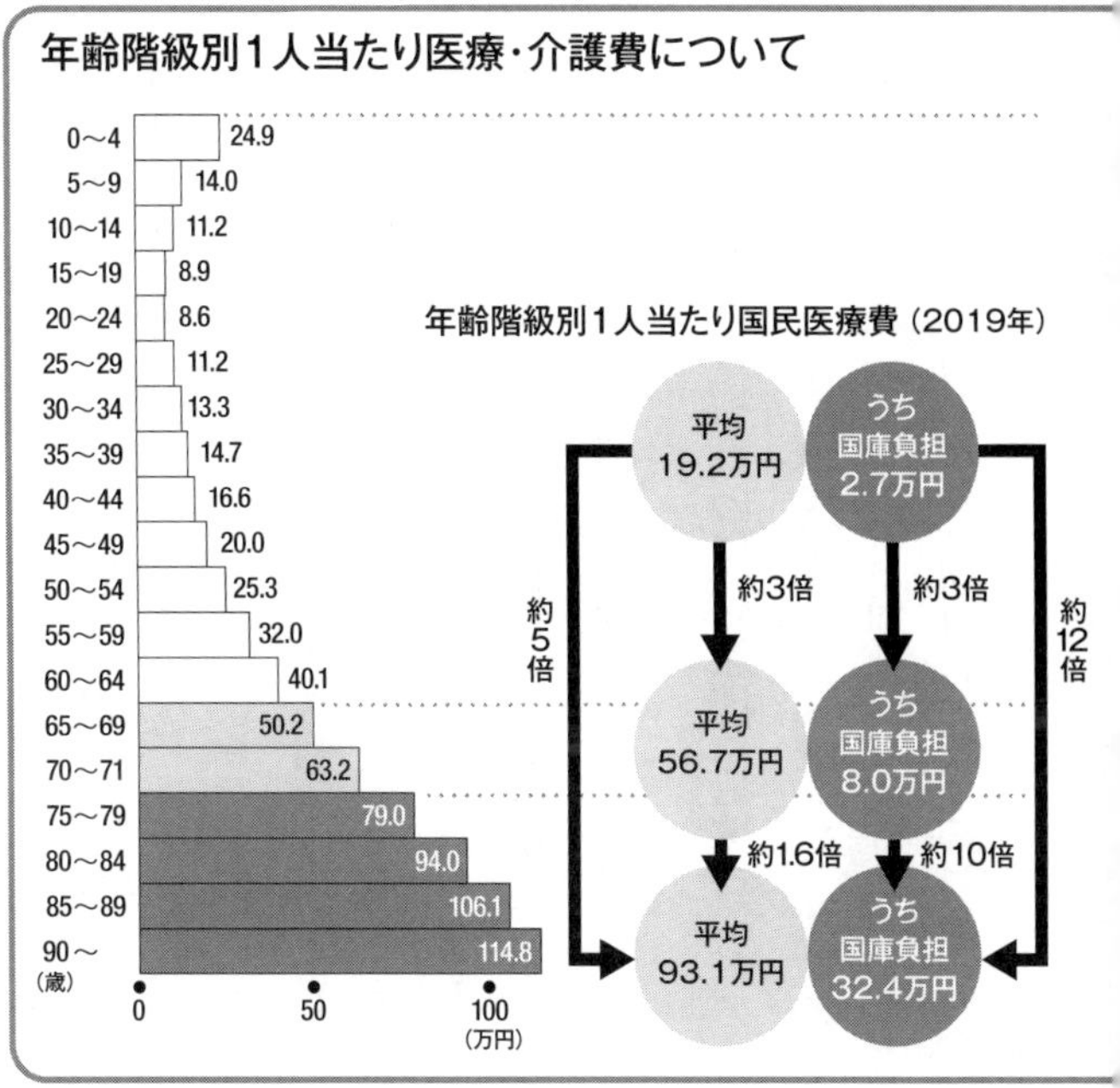

「地域における医療及び介護の総合的な確保を推進するための関係法律の整備等に関する法律」（医療介護総合確保推進法）により改正された医療法で、新たに地域医療構想が規定され、医療計画の一部として位置づけられた。医療機関の機能分化と連携を進めるため、病床機能報告制度が創設され、各都道府県の地域医療構想が２０１６年度中に策定された。地域医療構想では、病床を高度急性期、急性期、回復期、慢性期の四つに分け、

二次医療圏を基本とする構想区域ごとに、それぞれの2025年の人口構成に基づく必要病床数を規定し、その数にあわせて現在の病床を再編するという目標が設定された。

高度な技量を持つ医師を育てるには、手術の症例を特定の病院に集中させて鍛え上げる仕組みを整える必要があるとの意見もあるように、急性期の患者に対する医療を提供する高度急性期機能や急性期機能を有する病床は集約化してその機能を高める方向が目指されている。医師が手術に集中できるためには連携したチームで対応しなければならないという面なども重要である。一方、急性期を経過した患者については、その在宅復帰に向けた医療やリハビリテーションを提供する回復期機能を有する病床の充実を図るとともに、在宅での適切な医療の提供体制の構築が重要である。（図Ⅲ—5—3）

(3) 医療と介護の境目の無い連携（地域包括ケアシステム）

同じ目標を有する医療と介護は、連続して一体的にサービス提供をしていく必要がある。高齢患者の一般病床での入院長期化の有するリスクを考慮すれば、できれば早期の在宅復帰が望まれる。一方、高齢独居世帯の増加等に鑑みれば、自宅での介護が難しい場合も多くなることから、介護体制が整った住宅サービスや介護施設の確保が重要である。高齢者の変化にすぐに対応できる随時の介護と必要な場合に対応できる医療の確保は、連続して検討する必要がある。

2013年8月6日、社会保障制度改革国民会議において、医療・介護提供体制の改革と地域包括ケアシステムの構築等が提言された。団塊の世代全員が後期高齢者になる2025年を見据えて、病気と共存しながらQOLの維持・向上を図るために、病院完結型から地域完結型の医療に改めることとされた。

主に青壮年期の患者を対象にする医療は救命・延命、治癒、社会復帰を前提とし、臓器別の専門医による病院完結型の医療である。例えば、脳神経内科・脳神経外科、循環器内科・心臓血管外科、呼吸器内科・呼吸器外科、消化器内科・消化器外科（食道・胃外科、大腸・肛門外科、肝・胆・膵外科）といった専門別になる。整形外科にも、股関節、膝関節、肩、手・肘、靭帯といった専門分野がある。

一方、老齢期の患者が中心となる医療は病気と共存しながらQOLの維持・向上を目指す医療が相応しい場合が多い。血管の老化から動脈硬化を起こし脳卒中（脳梗塞・脳出血・くも膜下出血）を発症すると、歩いたり、話したりすることに支障が生じることが多い。認知症や骨粗しょう症も日常生活に大きな影響が出る。免疫機能が低下すると、食べたも地域医療介護総合確保**基金を活用した取り組み等を着実に進め、回復期の充実や医療・介護のネットワークの構築**を行うとともに、慢性期の医療・介護ニーズに対応していくため、**全ての方が、その状態に応じて、適切な場所で適切な医療・介護を受けられるよう、必要な検討**を行うなど、**国・地方が一体となって取り組む**ことが重要。

推計結果:2025年

※地域医療構想策定ガイドライン等に基づき、一定の仮定を置いて、地域ごとに推計した値を積上げ

機能分化等をしないまま高齢化を織り込んだ場合
152万床程度

▼

2025年の必要病床数(目指すべき姿)
115~119万床程度(※1)

機能分化・連携　地域差の縮小

- 高度急性期 13.0万床程度
- 急性期 40.1万床程度
- 回復期 37.5万床程度
- 慢性期 24.2~28.5万床程度(※2)

NDBのレセプトデータ等を活用し、医療資源投入量に基づき、機能区分別に分類し、推計

入院受療率の地域差を縮小しつつ、慢性期医療に必要な病床数を推計

将来、介護施設や高齢者住宅を含めた在宅医療等で追加的に対応する患者数

29.7~33.7万人程度(※3)

医療資源投入量が少ないなど、一般病床・療養病床以外でも対応可能な患者を推計

※1 パターンA:115万床程度、パターンB:118万床程度、パターンC:119万床程度
※2 パターンA:24.2万床程度、パターンB:27.5万床程度、パターンC:28.5万床程度
※3 パターンA:33.7万人程度、パターンB:30.6万人程度、パターンC:29.7万人程度

出所:医療・介護情報の活用による改革の推進に関する専門調査会第1次報告(2015年6月15日)より

図Ⅲ－５－３

2025年の医療機能別必要病床数の推計結果

（全国ベースの積上げ）

● 今後も少子高齢化の進展が見込まれる中、**患者の視点**に立って、**どの地域の患者も、その状態像に即した適切な医療を適切な場所で受けられる**ことを目指すもの。このためには、医療機関の**病床を医療ニーズの内容に応じて機能分化**しながら、**切れ目のない医療・介護を提供**することにより、限られた医療資源を効率的に活用することが重要。（→「病院完結型」の医療から、**地域全体で治し、支える「地域完結型」の医療への転換の一環**）

● **地域住民の安心を確保しながら改革を円滑に進める観点**から、今後、**10年程度かけて**、介護施設や高齢者住宅を含めた在宅医療等の**医療・介護のネットワークの構築と併行して推進**。

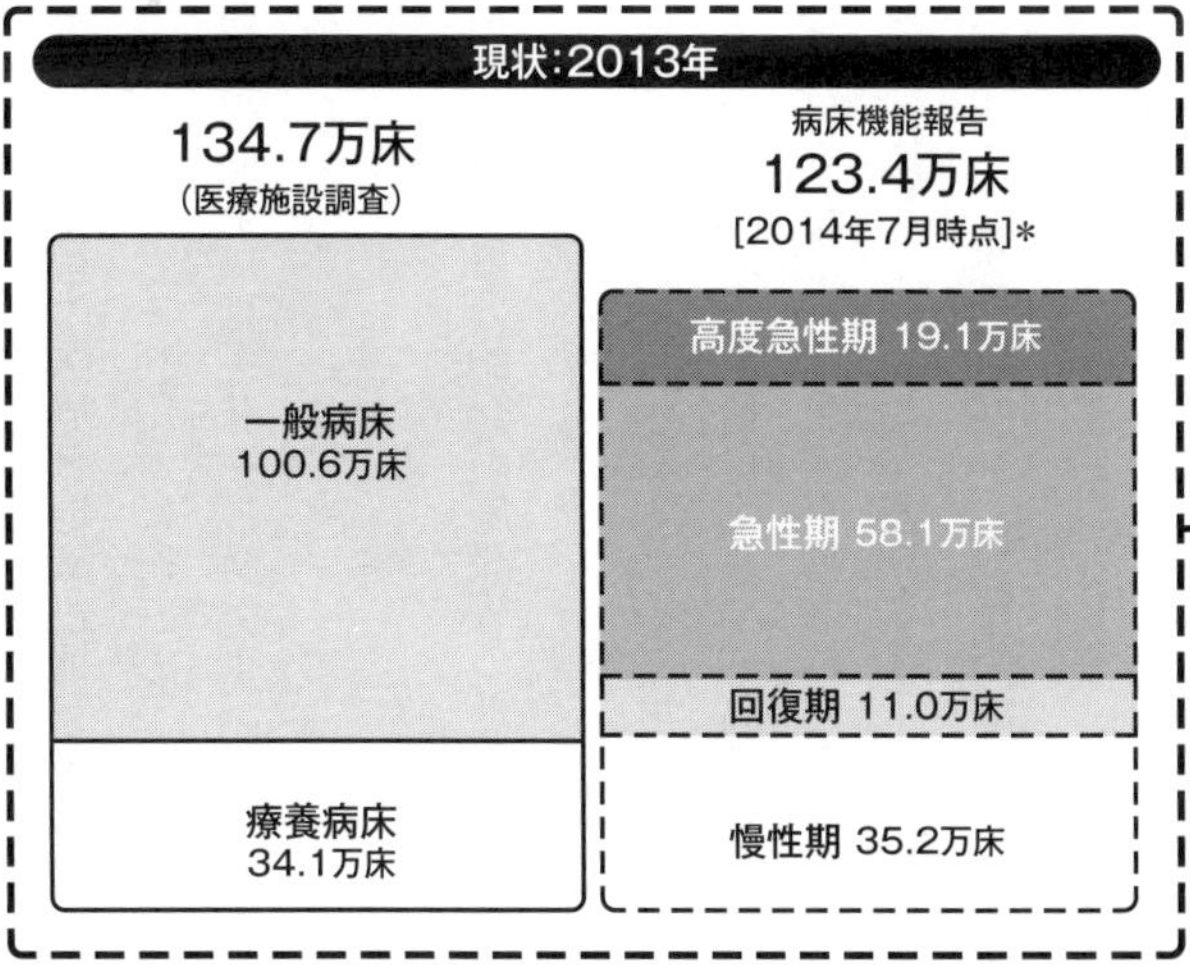

＊未報告・未集計病床数などがあり、現状の病床数（134.7万床）とは一致しない。なお、今回の病床機能報告は、各医療機関が定性的な基準を参考に医療機能を選択したものであり、今回の推計における機能区分の考え方によるものではない。

のが気管支に入り込むことによって誤嚥性肺炎を引き起こすことがある。患者が住み慣れた地域や自宅で生活することができる地域完結型の医療と地域包括ケアシステムを構築するためには、医療と介護は境目なく連携し、患者・利用者に寄り添って対応策をともに考えることが求められる。ADLやQOLの向上には、リハビリテーションの場合のように、患者・利用者本人のやる気が不可欠だからである。

医療介護総合確保推進法により「地域における公的介護施設等の計画的な整備等の促進に関する法律」が改正され、「地域における医療及び介護の総合的な確保の促進に関する法律」に改められた。同法2条1項に地域包括ケアシステムの定義規定がある。「この法律において『地域包括ケアシステム』とは、地域の実情に応じて、高齢者が、可能な限り、住み慣れた地域でその有する能力に応じ自立した日常生活を営むことができるよう、医療、介護、介護予防（要介護状態若しくは要支援状態となることの予防又は要介護状態若しくは要支援状態の軽減若しくは悪化の防止をいう。）、住まい及び自立した日常生活の支援が包括的に確保される体制をいう」

高齢化の進展状況には大きな地域差が生じていることから、地域包括ケアシステムの構築は、地域の自主性や主体性に基づき、特性に応じて作り上げていくことが必要となる。

また、今後の高齢化の進展による医療ニーズの増大に対応するためにも、介護施設や高齢者住宅を含めた在宅医療（外来医療を含む）及び地域の医療・介護ネットワーク（訪問診療と訪問看護など）が必要となる。長期にわたり療養が必要な患者を入院させる慢性期機能を有する病床については、患者の住み慣れた地域や自宅で生活し続けたいというニーズに応えるためにも、地域全体で治し、支える「地域完結型」の医療への転換を進めていく必要がある。現在の慢性期病床のあり方の見直しとともに、外来での対応も含めた地域完結型医療が、追加的に必要となる患者が相当数想定されている（2025年の段階で30万人程度）。早急な対応体制の構築が望まれる。

「在宅医療等」が提供されるのは、居宅、特別養護老人ホーム、養護老人ホーム、軽費老人ホーム（ケアハウス）、有料老人ホーム、介護老人保健施設、その他医療を受ける者が療養生活を営むことができる場所が想定されている。この場合、医療は外部の病院・診療所（併設する病院・診療所を含む）から提供される。医療と連携して多様な介護ニーズに対応することが期待されるとともに、2030年前後から多死社会に移行することを見据えて、看取りなどに対応することも必要となってくる。

❷ 地域での医療・介護等対人サービスの新しい流れ

(1) 高度急性期や急性期の病床

急性期の患者に対しては、状態の早期安定化に向けた医療が提供される。症状の安定化とともに早期離床を促し、合併症の予防とともに、後遺症の軽減に努めながらリハビリテーションを行える状態になることが目指される。

(2) 急性期の病床を脱した患者の在宅復帰までのケア

急性期を経過した患者への在宅復帰に向けた医療やリハビリテーションを提供する機能を有するのは回復期の病床である。特に、急性期を経過した脳血管疾患や大腿骨頚部骨折等の患者に対し、ＡＤＬ（日常生活動作）の向上や在宅復帰を目的としたリハビリテーションを集中的に提供する機能を有するものとして、回復期リハビリテーション病棟がある。

入院治療後のリハビリテーションや看護という医療ニーズと在宅復帰のための生活訓練という生活ニーズの両方に応える入所型施設として介護老人保健施設がある。

(3) 生活支援サービスの必要性ごとの在宅サービス

自宅では、日常的な生活活動は家族の支援又は自分で行うこととなる。在宅復帰後も身体機能が低下しないように生活期リハビリテーションにも留意しなければならない。発症後の一定期間内には生活の質の向上を目指す医療保険のリハビリテーションがあり、その後は、日常生活での自立を目的とする介護保険のリハビリテーションがある。

生活支援サービスが必要となれば、食事や洗濯・掃除などの家事などが提供されるものとして「有料老人ホーム」がある。自立して生活するのが難しい高齢者に対して食事や掃除・洗濯などの「生活支援サービス」があり、24時間スタッフが常駐するものとして「ケアハウス」がある。有資格者の相談員による安否確認や生活相談サービスが提供される「サービス付き高齢者向け住宅（サ高住）」がある。提供義務はないが、食事や生活支援サービスも一般的に提供されている。なお、有料老人ホーム、ケアハウス、サ高住は、特定施設生活介護の指定を受けて介護施設となることができる（日常生活の世話、機能訓練、入浴や排泄等療養上の世話）。

身体が不自由なため寝たきり状態であったり、認知症がある利用者等に、日常生活に必要な介護や療養上の世話などのサービスを提供する施設として「特別養護老人ホーム」がある。原則として介護保険の要介護3～5と認定され、常時介護が必要であるが、在宅で介護を受けることが困難な利用者が対象となる。費用が比較的安く、24時間体制で介護サービスを受けられ、原則として終身利用できるが、入居待機者が多い。

また、認知症対応型の共同生活介護施設として「グループホーム」がある。老人福祉法の入所措置に係る「養護老人ホーム」がある。

(4) 高齢者の個別のニーズにあった居住系サービス

① 訪問診療

自宅だけでなく、有料老人ホームなどの居住系サービスにおいても、療養中であり、一人では通院が困難な高齢者は訪問診療の対象となる。長時間坐位が困難であったり、認知症により待つことが困難な高齢者も対象となる。住み慣れた場所での医療サポートが可能になる。訪問診療では、医師が診療計画を立てて計画的に自宅等を訪問する。なお、緊急時や具合が悪くなったときなど、必要に応じて臨時で医師が訪問して診察する往診もある。

(図Ⅲ－5－4)

図Ⅲ－５－４

在宅医療普及・啓発のリーフレット（厚生労働省）

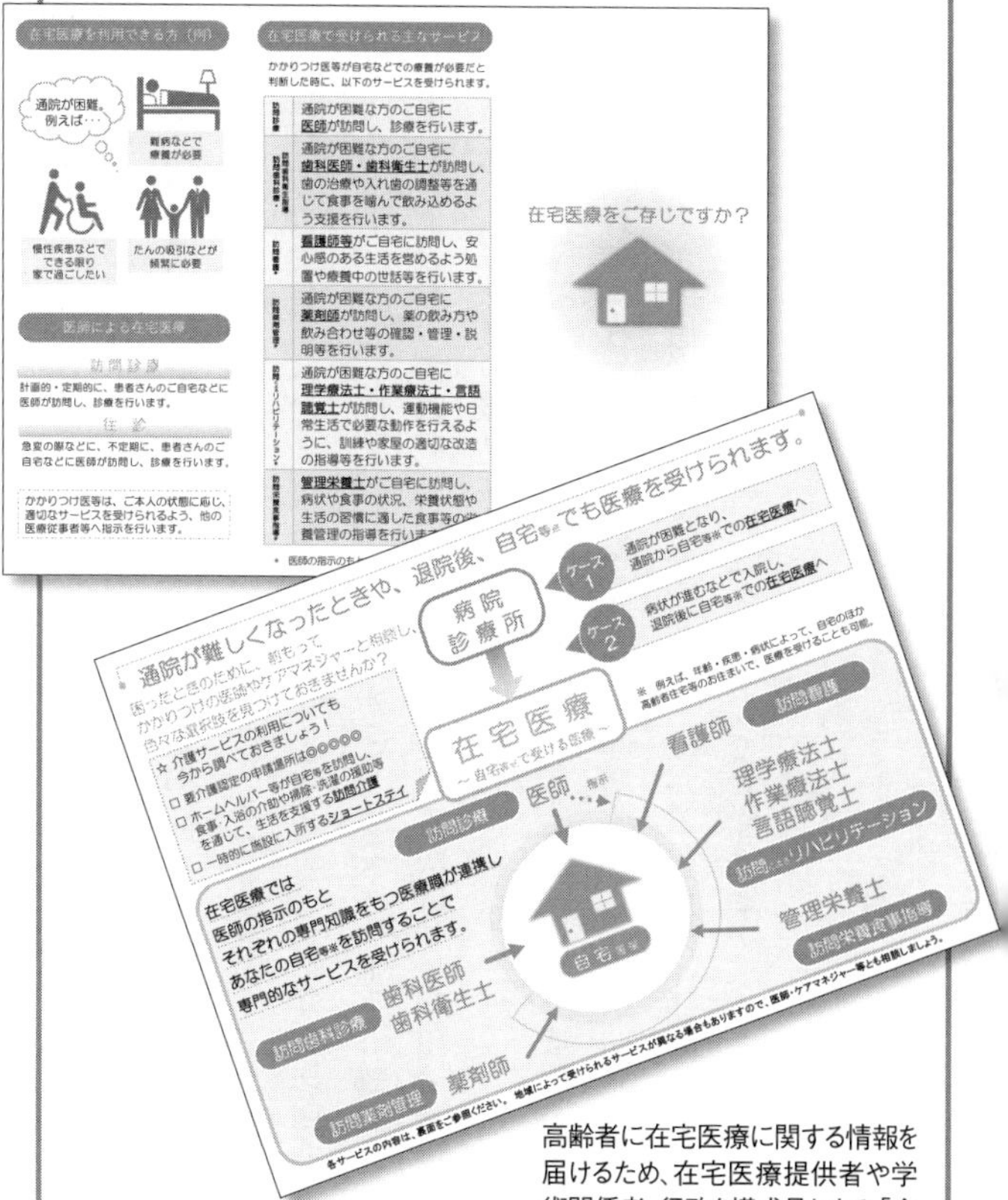

高齢者に在宅医療に関する情報を届けるため、在宅医療提供者や学術関係者、行政を構成員とする「全国在宅医療会議」の協力で作成したリーフレット。各地域の具体的なサービス内容応じて、適宜編集できるようになっている。

出所：厚生労働省作成在宅医療普及・啓発リーフレット「在宅医療をご存じですか？」より
https://www.mhlw.go.jp/stf/seisakunitsuite/bunya/0000061944.html

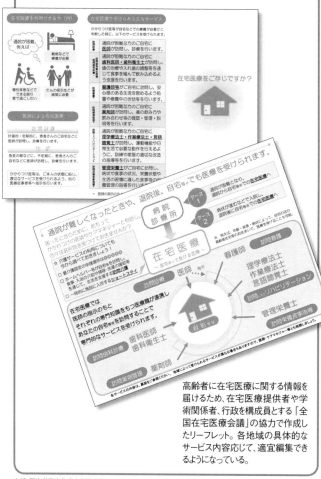

② 医療・介護連携

医師による訪問診療は、状態が安定している患者であれば、2週間又は4週間に一度程度になる。その間、医師の指示に基づき、訪問薬剤管理指導（医療保険）や居宅療養管理指導（介護保険）といった訪問薬剤師による在宅サービスがある。さらに、医師の指示に基づき、訪問看護、訪問リハビリ、通所リハビリ（デイケア）が介護保険サービスとして行われることも多い。また、訪問介護（ホームヘルプサービス）や通所介護（デイサービス）は、医師の指示によるものではないが、訪問診療の患者が併せて利用する場合も多い。在宅においても、医療や介護の様々なサービスが関係してくる。

多くの職種のスタッフが高齢者を訪問した際のバイタル情報（体温や血圧等）や様々な気づきなどを情報共有することが大切となる。急性増悪の兆候の早期発見や事前対処が可能となる連係プレーが、患者・利用者の安心につながる。なお、訪問診療の場合には、緊急時受け入れを可能とする後方支援病院を確保しておくことが求められる。

❸ 在宅等への訪問系サービスの課題とその対応策

(1) 訪問系サービスの課題

大きな病院などでの外来診療では、月に1～2回程度、家族に付き添われて長い待ち時間の後、ようやく受診ということになりがちである。この点、訪問診療や訪問看護などでは、あらかじめ訪問時間を決めることができる。さらに、夜間でも休日でも24時間365日連絡がとれる体制があれば、より患者（その患者は同時に介護サービスの利用者でもある場合も多い）や家族に寄り添ったサービスと言える。なお、一般的に、建物などの設備投資が大きくないことは、サービス開始へのハードルを下げることになるだろう。

外来の場合は、病院に医師等のスタッフや医療資器材がそろっており、患者の方からその場にやって来る。一方、訪問系のサービスの場合、患者の所在が点在するとともに、訪問側も、医師、看護師、薬剤師・理学療法士・介護士・配食サービスなど多職種のスタッフが必要に応じてスケジュール調整後、患者・利用者の元へ赴くことになる（**業務の壁**）。この場合、患者・利用者等のニーズに基づいてQOLの向上という同じ目標に向かって、高齢者医療と介護、さらには買い物支援など様々な生活支援サービスが分野を超えて組み合わされ、連携してサービスを提供する必要がある。しかも、ある患者・利用者に対応する訪問診療や訪問看護などの各スタッフが同一の組織やグループに属するとは限らない（**組織の壁**）。

電子カルテなどの医療システムは医療保険請求に集約されていき、介護システムは介護保険請求に集約されていく。しかし、同一の患者・利用者に関して、訪問側の連携ネットワークがより効果的に機能するためには、訪問スタッフが接した時点で観察した主観的情報や血圧・体温などの客観的情報を共有する仕組みがあることが望ましい。また、患者（利用者）側からの注文や決済、サービス提供側からの受注・配達・顧客管理など、サービス横断的に同様の作業が存在する。しかし、サービスごとに異なる支援システムを活用しているので、一括処理が困難である（**システムの壁**）。患者・利用者としても、別々に支払ったり、振り込んだりする方法では、手間が多いし、全体の支出管理等が困難である。決済などの一括処理ができるような仕組みが望まれる。

(2) 課題への対応方策(在宅でも入院時と同様の安心を確保)

今後は、組織の壁、業務の壁、システムの壁を越えて一定の情報が共有される仕組みづくりが求められる。例えば、患者・利用者の基本情報やサービス時の記録情報があり、具体的には次のような手順で検討される必要がある。その際、記録情報については、時系列的にグラフ化されるなど、見える化アプリなどの活用が効果的である。

対応策の手順としては、次のような論点がある。

① 顧客IDと基本情報の標準化と共有

医療(在宅および後方支援病床)、在宅介護、通所介護、施設介護等を通じて、一人の患者・利用者(=顧客)ごとに共通のIDで認識できることが望ましい。基本情報には、氏名、年齢、性別、生年月日、住所、連絡先、介護度、病名、既往歴、家族、主治医(かかりつけ医)、担当ケアマネジャー、各サービス利用状況などが考えられる。

② 紙記録データのデジタル化

サービス提供には、顧客の状態の把握とともに、実施したサービスについて記録しておく必要がある。多重入力を排除し業務の簡素化を図るためには、できればデジタルデータによる発生源入力が望ましい。しかし、サービスを提供しながらパソコンやタブレット等に手入力していくのは困難も多い。そこで、バイタルサインは、測定デバイスから無線を活用した自動入力が有効であろう。本人の様子などについては音声入力の活用が有効であろう。なお、デジタルデータの共有効果は資料整理などを不要とし、その点からも簡素化にもつながる。

③顧客（患者・利用者）本位で事業・組織・システムの壁を超えたデータ活用によるサービス品質の向上

顧客ごとの「記録情報」を総合的に連続した形式でのデータ活用を可能とすることで、急性増悪の早期発見や顧客ごとに容態と病気の関連性の分析などを可能としていく工夫が望まれる。なお、これらのデータはできるだけリアルタイムでの情報共有が望まれる。記録情報には、本人の訴え・様子（Subject）、バイタルサイン（体温、血圧、脈拍、呼吸、血中酸素飽和度）、服薬管理、食事摂取量（内容）、排泄状況、睡眠情報、相談内容などが考えられる。また、地域連携クリニカルパスや入退院情報などもデジタル化とネットワークによる共有が望まれる。

④地域単位での共通機能の活用

注文や決済などの同様の作業についても、各サービス事業者横断的に集約処理を可能にしていくことが必要である。一括処理の仕組みについては、訪問側の組織や主体が異なる場合には、関係ある業務の流れや入力様式などの標準化と同時に進めることとなる。一括処理等の仕組みにより生産性の高いサービスモデルが構築されれば、その仕組みは、訪問診療や訪問看護・訪問介護などの医療・介護系サービスに限らず、買い物支援や、配食サービスなど、居住する住民に対して提供されうる様々なサービスでのプラットフォームとしての活用が期待される。

4 高齢者が主役の地域市場再生

(1) 地域の分厚い潜在需要と潜在的失業

個人預金残高の全国的な増加は、必需品を我慢し生活を切り詰め、なるべく現金を使わないで預貯金残高を確保しようとする多くの高齢者の存在を想起させる。高齢世帯は仕事や家族の有無、健康状態など個人差が大きく、それらに応じたきめ細かなサービスに対する分厚い潜在需要がある。買い物やゴミ出し、郵便物の収受などの日常的な生活活動の確保についても、高齢独居世帯の増加や自治会等の高齢化などにより、家族や地域の代替機能が必要となっており、生活支援サービスのニーズがある。

少子高齢化に伴う生産年齢人口の激減による労働力人口の減少が問題視される一方、働く意欲のある中堅高齢者の雇用は増加しているが十分でないと思われる。長寿化は健康寿命（日常生活に制限のない期間）の延伸であり、男性72・68歳、女性75・38歳に達している（令和元年時点）。これは平均であり、より高齢でも元気な人は多い。高齢者の就業意欲も高いので、生産年齢という考え方を見直すべき時期がきている。

なお、2021（令和3）年における65歳以上人口に占める就業者（高齢就業者）の割合は25・1％である（70歳以上では18・1％）。産業別では、「卸売業・小売業」「農業・林業」「サービス業（他に分類されないもの）」「製造業」「医療・福祉」が多い。「農業・林業」に占める高齢就業者の割合は53・3％となっている。（図Ⅲ―5―5）

(2) サービスの「提供者」としての高齢者

高齢者にとって長生きした場合の経済的リスクに対する不安は大きい。長生きリスクに対する有効な対策は、長く働き、年金以外のフローの収入を少しでも確保することである。

図Ⅲ－5－5

出所：統計からみた我が国の高齢者
－「敬老の日」にちなんで－（総務省統計局）
資料：「労働力調査」（基本集計）

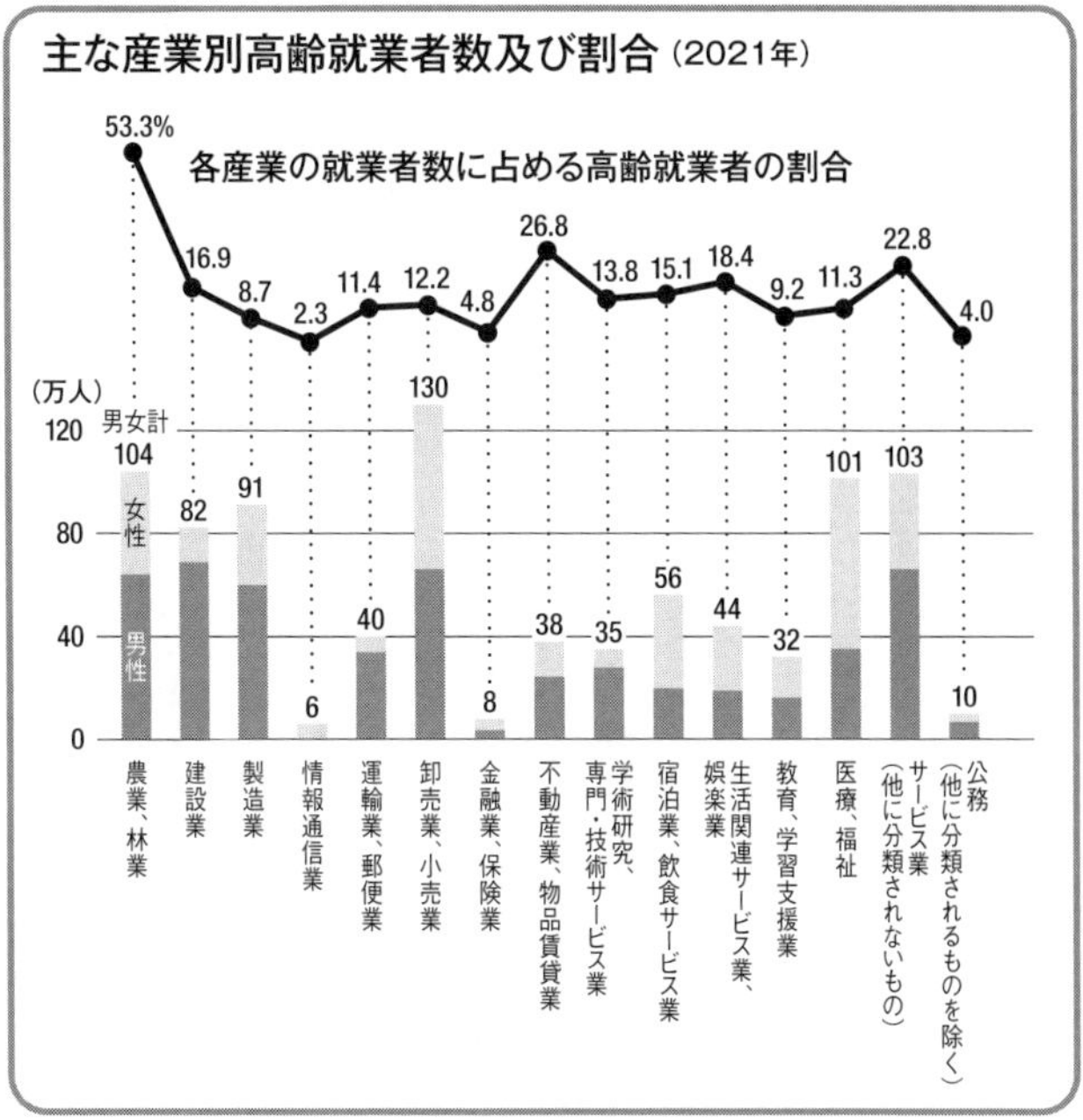

また、就業により、身体を動かしたり考えたりする機会を確保することは、廃用症候群への対策としても有効である。

長寿化は健康年齢の延伸でもある。15歳以上65歳未満の人口を「生産年齢人口」と定義することは実態と合わない。一方、少子化で労働力人口の減少が危惧されている。長寿化に伴い人口ピラミッドが大きく変容しつつある現在においては、それに相応しい労働体系を考えて行くべきであろう。

高齢化と人口減少の影響は、地方圏で特に深刻である。高齢者の労働参加については、歳をとっても知能が落ちるわけではないことに留意すべきである。知能は動作性知能と言語性知能に分けられる。コンピューターゲームをしたり、新しい携帯電話の操作を覚えたりするような感覚と運動に関する動作性知能は、歳とともに少しずつ衰えてくると言われるが、過去に習得した経験や知識をもとにした判断力・理解力はずっと維持されるという。年齢に無理のない勤務形態やマッチング機能の強化などにより、高齢者の労働参加の環境を整備してゆくべきである。

様々な経験を経て、人生の後半を生きている高齢者にとっては、様々な苦しみが結局心の持ち様に起因することに思い至る経験も増えていると思われる。その意味では、自己の心をコントロールし、適切に人に接することに関する能力は、年齢とともに向上する可能性が大きい。特定の目的のために人と接するのではなく、人との交流を楽しみ、社会や他者への貢献を感じられることへの喜びも大きくなることも期待される。核家族やサラリーマンの増加等によって、地域のコミュニティの相互扶助機能は希薄になっている。これを補うためにも、高齢となった住民が住み慣れた土地で互いに助け合うような身近な仕事に従事することの意義は大きい。

また、一度退職した高齢者については、現役時代よりも低い報酬で雇用することも可能であろう。このことは高齢者の知的能力をより効果的に活用できることともなり、生産性の向上にも大きな力となるだろう。

(3) サービスの「受け手」としての高齢者

長期ケアである介護はもちろんのこと、医療・介護は、患者・利用者の日常生活の一部である。医療サービスや介護サービスが必要になった場合でも、生活関連の様々なサービスの需要がある。高齢単独世帯の増加等に鑑みれば、病院や介護施設に入院・入所した場合でも、家族によるフォローが期待しにくい場合も多い。生活支援サービスを介護保険制度の範囲内で考えるだけでなく、買い物弱者でもある患者・利用者の生活を支えるという視点も重要である。患者・利用者本人の意向や家族のサポートの有無、経済負担の方針によって、様々なサービスが求められることは通常の社会生活と同じである。

個人預金残高の全国的な増加は、必需品を我慢し生活を切り詰め、なるべく現金を使わないで預金残高を確保しようとする多くの高齢者の存在を想起させることは既述した。病院→在宅医療→在宅介護→施設入所となるに従い、患者・利用者の平均年齢は高くなる。

自分が欲しているサービスが具体的に存在していなければ気付きにくいが、公的介護保険サービスを受けない段階で自立して生活している多くの高齢者にとっても、自分に必要な様々な生活支援サービスが潜在需要として存在しているものと思われる。

なお、公的医療保険は、医師が診断した医療サービスを患者に給付する現物給付であり、一連の医療行為（診療報酬点数表と薬価基準に載っている）と保険給付外診療の併用は原則として認められていない。公的介護保険は、要介護保険者本人に対して介護に係る費用が支給されて、それを介護サービス事業者に支払う建前となっている。指定居宅サービス事業者や介護保険施設が、利用者である被保険者に代わって保険給付を受ける「法定代理受領」によってサービスが提供される。介護報酬の対象となるサービス以外のサービスを自費で受けることは可能である。親族やご近所での相互扶助機能が低下してくると、単身世帯の高齢者などは、自費で生活支援サービスを活用する場合が多くなることが想定される。

(4) 地域市場再構築へのビジネスモデル

サービスの受け手としての高齢者が身近な日常生活において大きな潜在需要を有していることと、長生きリスクの中で就業への動機を有する多くの高齢者が存在していることを考慮すれば、住み慣れた地域において地域社会活動ともいえる様々なソーシャルビジネス的なモデルが必要とされているのではないか。居所が明らかで地域内で移動しない高齢者については、訪問医療のような在宅サービスのノウハウを様々なサービスに援用できる可能性がある。地域の物流や交通、農業等の地産地消、供給と需要が同じ場所で同時に求められる様々なサービス業（医療・介護のほか、様々な生活支援サービスを含む）、介護予防と疾病予防の一体的取り組みとなる「健康自立支援」「雇用のマッチング」などのビジネスは、地域内循環力を有する生活密着型サービスである。在宅サービスのノウハウをこれら地域密着型サービスに活かすことは、地域市場の再構築に向けた端緒になり得る。地域市場の再構築という視点が、これからの地域経営の柱となるのではないか。

様々な業態から成る商店街では、消費者の方がニーズに合った店を探し訪れるという形態である。超高齢社会では、居所は明らかであるが、それぞれ様々なニーズを有する高齢世帯に対して、できるだけオンデマンドで生活支援サービスを組み合わせ、一括して様々なサービスを提供することが期待される。様々なサービスの間にも、注文行為や決済行為など共通する手間がある。これらについては、消費者側にとっては便利で、サービス提供側にとっては効率的な、共通のプラットフォームとなるシステム（公共クラウド）を用意することが望まれる。地域の様々な主体が、この地域共通プラットフォームのシステムを共通して活用すればするほど効果が大きくなる。「地域再生ＤＸ」としての取り組みが有効な分野である。

目的地まで人やモノを運ぶことが目的であった「物流」や「交通」についても、多様化と高度化が期待される。従来、マイカーの利用であれば自宅から目的地まで移動できたが、電車やバスであれば、予め決められた駅やバス停から別の駅やバス停に運ぶだけであった。超高齢社会では、自宅から目的地まで、様々な手段を組み合わせて輸送できるサービスが求められる。様々な輸送手段の確保のために、電車・バス・タクシーなどに加え、空いている業務用の車やマイカーなどの多目的な活用の検討も必要である。高齢者自身及び各サービス提供側の移動手段が確保されることが、実質的に社会保障を支えることになる。併せて、訪問介護などの訪問系サービスの際に、在宅高齢者などの様々なニーズを受け止めて対応するサービスにつなげる多角的なニーズ・シーズマッチング機能を有することも有効であろう。

また、これらのサービスを実現するためには、経路検索だけでなく、在宅高齢者のニーズや所在地の状況に応じてサービスを組み合わせて、提供方法・日時等と併せて結果を示すシステムの導入も求められる。サービス提供に従事できる高齢者などの住民が予め登録しておき、必要に応じて働くことができる仕組みも必要である。消費者ごとに、各種のサービスを横串にして一括決済できるキャッシュレス決済インフラがあれば、高齢者の資金管理支援にも有効である。また、このようなキャッシュレス決済の仕組みは、観光支援も含めて、高齢者だけでなく多くの人たちの交流促進にもつながるものとなる。

このような地域再生ＤＸの推進は、利用者としての高齢者と様々な地域の事業者や元気な高齢者などのサービス提供主体との間で、次々と新たな組み合わせが生まれる機会（プロダクト・イノベーション）を提供することになる。それぞれの地域で、より豊富な満足とより有意義な仕事が創造されていくプロセスである。（図Ⅲ－５－６）

(5) 介護予防と高齢者の労働参加

① 介護予防と疾病予防の一体的取り組みの必要性

要介護の原因としては、脳卒中や運動器官疾患がある。脳卒中の予防としては、高血圧、高コレステロール血症に気をつけた食生活が必要である。運動器官疾患の予防としては、運動を習慣的に続けることにより、加齢に伴う筋力の低下や関節や脊椎の病気、骨粗しょ

図Ⅲ－５－６

資源と金融を活かした地域経済循環の創造モデル

「地域市場」の再構築で持続可能な地域経済の好循環を創造（地域SDGs）

「地域市場」とは、交通（バス、タクシー）、物流、飲食、商店（対面小売り）、社会福祉サービス（医療、介護、保育など）、教育（塾など）、賃貸アパートなど、地産地消型の域内市場産業。

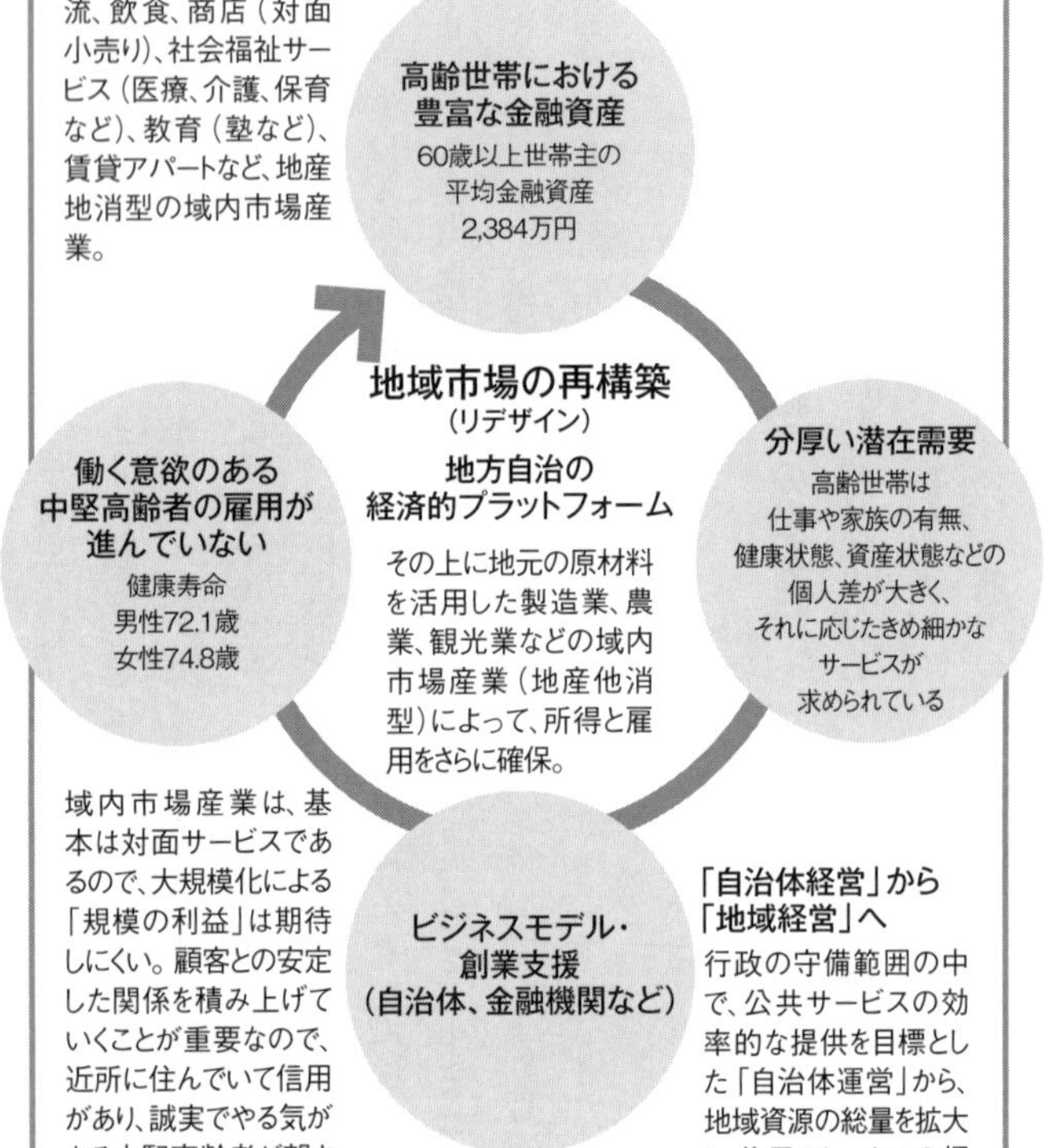

高齢世帯における
豊富な金融資産
60歳以上世帯主の
平均金融資産
2,384万円
分厚い潜在需要
高齢世帯は
仕事や家族の有無、
健康状態、資産状態などの
個人差が大きく、
それに応じたきめ細かな
サービスが
求められている
ビジネスモデル・
創業支援
（自治体、金融機関など）
働く意欲のある
中堅高齢者の雇用が
進んでいない
健康寿命
男性72.1歳
女性74.8歳
地域市場の再構築
（リデザイン）
地方自治の
経済的プラットフォーム
その上に地元の原材料を活用した製造業、農業、観光業などの域内市場産業（地産他消型）によって、所得と雇用をさらに確保。

域内市場産業は、基本は対面サービスであるので、大規模化による「規模の利益」は期待しにくい。顧客との安定した関係を積み上げていくことが重要なので、近所に住んでいて信用があり、誠実でやる気がある中堅高齢者が望ましい人材。

「自治体経営」から「地域経営」へ

行政の守備範囲の中で、公共サービスの効率的な提供を目標とした「自治体運営」から、地域資源の総量を拡大し、住民のトータルの福祉を向上させるため、金融機関などとも連携した「地域経営」に転換。

出所：著者作成

う症などを防がねばならない。一方、がんや急性心筋梗塞の回復に時間がかかると、介護に無縁だった人も身体機能が低下し、要介護状態になることがある。疾病予防と介護予防は不可分一体なのである。

② 廃用症候群

仕事を離れたり、伴侶と死別して独居になったりするような場合、これまでの生活パターンを続けることが面倒になり、意欲が減退し、不活発になることがある。特に、日本の場合は、同居している家族以外については比較的弱くかつ儀礼的な紐帯であり、配偶者やパートナーを失った場合の影響が大きいと指摘される。日常生活の自立度を低下させる廃用症候群の原因となる。代表的な疾患として、骨折、肺炎、認知症、うつ病、感染症など、高齢者特有の疾患が挙げられる。

③ 高齢者の労働参加の意義

長寿化は健康寿命の延伸でもある。一方、仕事を離れると、「今日行くところがない（きょういく問題）」や「今日用事がない（きょうよう問題）」が発生しがちである。これらは廃用症候群につながるものである。退職後の社会とのつながりの再構築のためには職業に就くことが有効であり、高齢者の労働参加はその点でも重要である。

第6章　「自治体経営」から「地域経営」へ

❶ 自治体による「地域経営」

(1)「地域経営」の要請

一般に、少子高齢化が進めば労働の担い手が減少し、貯蓄を取り崩す高齢者の増加によって投資資本が減少することで、経済は減速すると考えられている。しかし、実際には、個人金融資産は2021年には2000兆円を超え、全国的に増加を続けている。また、労働の担い手についても、自立した高齢者の労働参加の余地は大きいものと思われる。地域市場は、交通、物流、飲食、商店、医療・介護等の社会福祉サービスなどから構成され、基本は対面サービスであるので大規模化等には馴じまない。顧客との安定した関係を積み上げていくことが重要なので、近所に住み、信用があり、誠実で、やる気がある中堅高齢者こそ望ましい人材である。

さらに、スマホの普及をはじめ、高齢者にとってもデジタルデバイド（情報格差）が小さくなっている。取り引きや流通のシステム、円滑な労働力の移動を支援する雇用システムなど、今後、本格的な情報システムの整備により、大きな生産性の向上が期待される。特に、超高齢社会において比重が増してくる在宅の訪問系の諸サービスについては大きな効果があるだろう。

例えば、従来からシルバー産業と呼ばれていた、身体的な衰えに対するニーズ、自由な時間を有効に楽しみたいというニーズ、健康を維持したというニーズ、社会とのつながりを求めるニーズなど、これらに対する新たなサービス提供の可能性はまだまだ大きなものがある。

経理・人事・管理・福利厚生・販売・物流など、ビジネス支援分野については、規模の小さな企業ほど、その負担が相対的に大きくなるので、地域において共同の情報処理システムを活用できる体制が不可欠である。この点については、自治体の主導する公共クラウドを新しい社会資本と捉えるべきである。

このように、高齢化の進む地域においても、介護をはじめ、様々な生活支援サービスの成長が求められている。同時に、子育て支援サービスなど女性の就業をサポートするサービスの充実も必要である。また、地産地消や環境保全の取り組みの中で改めて着目されるのが農業である。食料の安全保障の問題などと併せ、大きな可能性がある。

以上のような様々な可能性を価値に変え、地域の経済循環の拡大を実現するには、自治体に期待される役割は大きい。

このような状況の中で、自治体には、行政の守備範囲の中で公共サービスの効率的な提供を目標とする自治体経営から、地域資源の総量を拡大し住民のトータルの福祉（QOL）を向上させるため、金融機関等とも連携した「地域経営」への転換が求められる。

(2) 地域市場のデザインとスタートアップ支援

人口減少で需要の絶対量が乏しい地域においては、地域内の顧客（住民）との密着力を強化して、一人一人の住民の求める多様なサービスを一括して提供して満足度を高め個々のサービスコストを下げて提供するという「範囲の経済」による地域市場のデザインが重要である。

①人口減少地域にあっては、まず需要の存在を確認し、まとめる。
②既存の商店や企業が撤退したことにより失われた地域のサービスについては、そのニーズに加え、潜在的なニーズも併せて提供する。
③それらの多様なニーズの合計が底堅い需要となれば、地域内で持続的に提供できるビジネスモデルとして磨き上げる。
④地域市場の自由競争が考えにくいため、競争に代わる一定程度の公平の確保のため、ある程度、自治体による調整が必要である。
⑤顧客である住民に対する適切な価格設定を前提として、労働参加する平均的な必要技能を有する住民に対しても応分の賃金を支払えるように労働生産性を設定する。

　このような地域市場のデザインのうえで、地域市場でのスタートアップ支援については、以下のような考え方ができる。
①地域で雇用を生み出し、かつ、地域で原材料を調達するなど、地域経済効果が高く、事業化の必要性が認められる事業モデルである場合には、初期投資の支援を検討する。
②将来にわたって支援策頼みになると放漫な経営につながりかねないので、金融機関の厳

しい事前チェックを受けた上での初期投資支援を基本とする。

③ファイナンス上の支援策として、ノンリコース・プロジェクトファイナンス、メザニンファイナンス（劣後ローンなど、返済順位が低いが、リスクにあった金利や配当基準が設定）、疑似エクイティ（短期継続融資など優先的に返済しなければならない負債を後回しにして資本のように扱う）、エクイティ（公的ファンドや自治体による）、自治体の設備投資補助金などを状況に応じて検討する。

④財務内容の改善支援だけでなく、取引先や販売先の紹介、さらには従業員のスキルアップ支援など、地域企業の営業キャッシュフローを持続的に育ててゆく伴走型支援を行う。

⑤顧客である住民に接する「フロント業務」については、きめ細かく対応できるようデザインする。原材料の確保や支援システムの整備などの「バックオフィス業務」では、共同システムの構築など共同化・標準化を検討する（公共クラウド）。

❷ 地域経営の様々な手法

地域経営の手法としては、次に掲げるものをはじめ様々なものがある。

(1) 設備投資補助（ローカル10000プロジェクト）

① 初期投資支援のポイント

地方では、地銀、信金、信組には貸付けに回せる資金があるものの、採算が取れる貸付先が十分にないため、地域内で資金が循環していない状況がある。しかし、いったん事業が立ち上がれば、地域の雇用を創出し、地域の原材料を活用しながら、営業利益を確保することが期待できるビジネスモデルは多く存在する。ただし、税引き後利益と減価償却費による返済能力が初期の設備投資を賄うのに十分でなければ、金融機関からの融資が実行されないことになりかねない。将来の需要増が容易に見通せない人口減少地域ではなおさらである。

このため、地域資金を循環させる呼び水としての交付金を、初期の設備投資に提供す

ローカル10,000プロジェクトの概要

● 産学金官の連携により、地域資源と資金を活用して、雇用吸収力の大きく、地域課題対応や持続可能な事業の立ち上げを支援します。
● 特に、地域金融機関による融資等（無担保・無保証）と公費を活用することで、新たなビジネスモデルの創出が可能になります。

民間事業者等の初期投資費用
・地域資源を生かした持続可能な事業
・行政による地域課題への対応の代替となる事業
・高い新規性・モデル性がある事業

対象経費は、
・施設整備費
・機械装置費
・備品費

公費による交付額 ※1
国費
・原則1/2
・条件不利地域かつ財政力の弱い市町村の事業は2/3, 3/4
・新規性・モデル性の極めて高い事業は10/10
地方費

地域金融機関による融資等 ※2
・公費による交付額以上
・無担保（交付金事業による取得財産の担保権設定は除く）
・無保証

自己資金等

※1：上限2,500万円。融資額（又は出資額）が公費による交付額の1.5倍以上2倍未満の場合は、上限3,500万円。2倍以上の場合は、上限5,000 万円
※2：地域金融機関による融資の他に、地域活性化のためのファンド等による出資を受ける事業も試験的に対象

る「地域経済循環創造事業交付金」の制度がある。自治体が、必要な初期の設備投資必要額と金融機関の融資可能限度額（ノンリコースのプロジェクトファイナンス）との差額を補助することで、固定費を減らし事業の立ち上げ支援を行う「ローカル１００００プロジェクト」である。すでに４４０事業の事業化が実現している。総務省のホームページにおいて、優良事業例も公開されており、身近な需要を企業化した例が豊富にそろっ

図Ⅲ－6－1

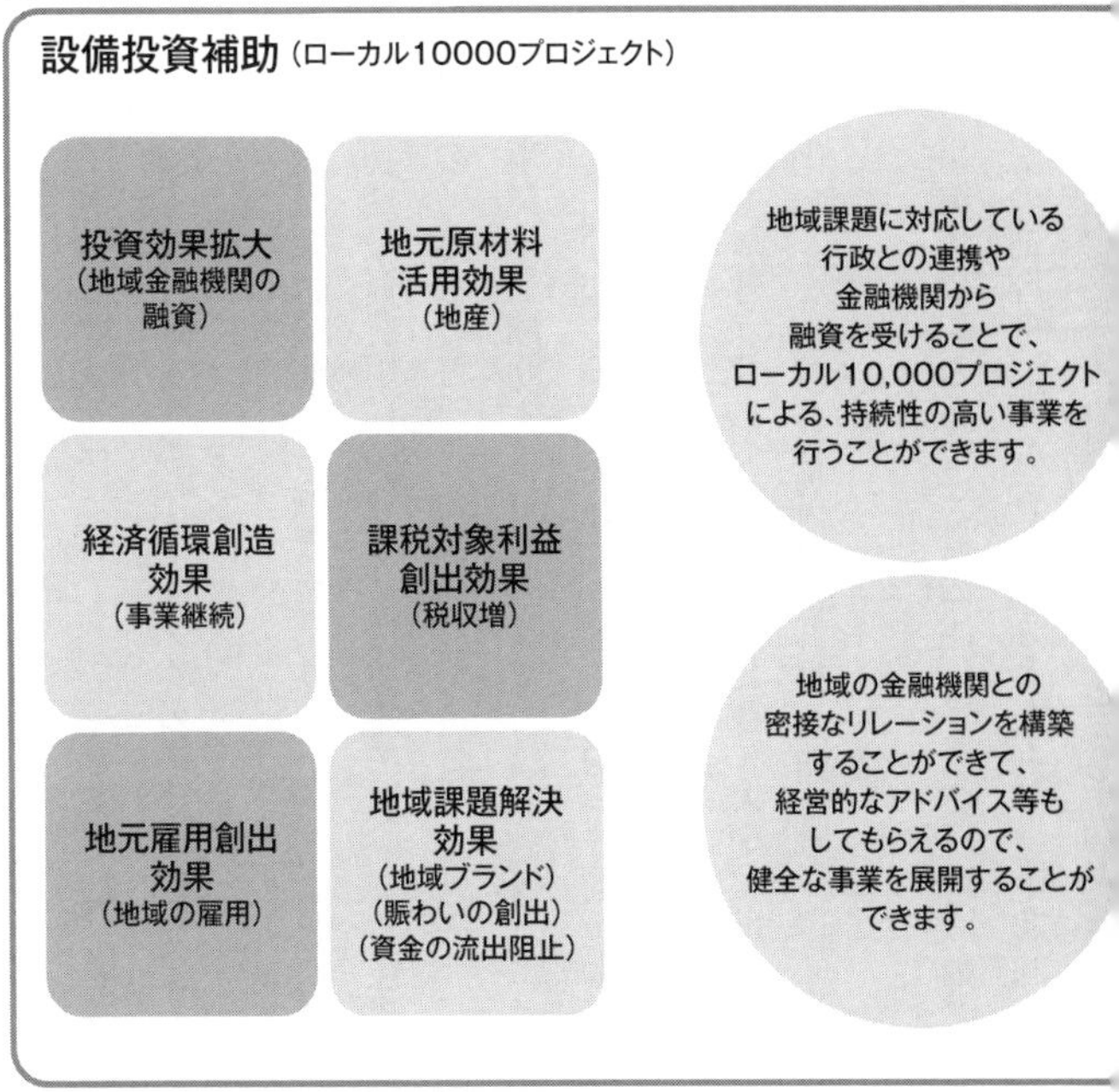
設備投資補助（ローカル10000プロジェクト）
投資効果拡大（地域金融機関の融資）
地元原材料活用効果（地産）
経済循環創造効果（事業継続）
課税対象利益創出効果（税収増）
地元雇用創出効果（地域の雇用）
地域課題解決効果（地域ブランド）（賑わいの創出）（資金の流出阻止）
地域課題に対応している行政との連携や金融機関から融資を受けることで、ローカル10,000プロジェクトによる、持続性の高い事業を行うことができます。
地域の金融機関との密接なリレーションを構築することができて、経営的なアドバイス等もしてもらえるので、健全な事業を展開することができます。

出所：総務省

てきている。各地域において、具体的に検討されることが期待される。（図Ⅲ－6－1）

以下に、地域経済循環創造事業交付金の特色を掲げる。地域政策としての初期投資支援に必要な着眼点が示されている。

ⅰ　地域活性化に資する事業について、当該事業の初期投資額に充当されるものとし、その後の事業の状況・成果等については、検証・研究を加え、産業界、大学界、地域金融機関等との連携により、各自治体が将来に富を生み出す仕組みづくりにつなげることを目的とするものであること。

ii　産学金官地域ラウンドテーブルを構築し、地域の資源と地域の資金を活用して、事業を起こし、雇用を生み出すモデルの構築を行う自治体を支援するものであること。

iii　地域金融機関から融資を受けて事業化に取り組む民間事業者が、事業化段階で必要となる初期投資費用について、自治体が助成する経費に対し、総務省が交付金として交付するものであること。

iv　事業体へ補助する自治体は、当該事業体の経営能力のほか、事業計画の妥当性（専門人材の確保、販路の確保、採算性等）について地域金融機関等と連携の上、十分な調査を行うこととし、当該事業の立ち上げ及び継続についてしっかりとフォローするものであること。併せて、事業化段階及び事業化後において助言・フォローを行う者や各関係者の役割を明確化し、これらの者が当該事業の経営悪化時等の助言・支援を行う体制を構築すること。

v　事業化後において、自治体、事業体、地域金融機関等の関係者間において事業の進捗・状況の把握や情報共有を行うとともに、定期的な検証を実施すること。

ⅵ　交付対象事業は、地域住民の資金の活用（地域金融機関の融資）を伴うものとし、当該地域金融機関による事業採算性の審査を経るものであること。この場合、自治体は、当該融資に係る事業体の債務について損失補償等は一切行わないこととし、当該地域金融機関により事業単位に信用力の審査を経るものであること。

ⅶ　本事業に係る交付金の前提となる民間投資（地域金融機関の融資）については、当該事業体の借入れ可能額と比較して、合理的な金額を確保した上で、本事業に係る交付金を申請するものであること。

※借入可能額＝（「税引き後利益」＋「減価償却費」）×返済期間

ⅷ　原則として、立ち上げ後の事業に係る人件費や原材料費等の経常支出については、地元の人材・資源を活用するものとし、計画段階でその確保のほか事業に内在するリスク及びその回避策について綿密な検討を行い、実施計画書に反映させること。

また、本事業において発生する地域経済の循環の効果については、投資効果のほか、経済循環創造効果、地元雇用直接効果、地元産業直接効果、課税対象利益等創出効果、地域課題解決効果について検証・研究していくものであること。（図Ⅲ－6－2）

②　地域経済循環のストーリー例

図Ⅲ－６－２

ローカル10,000プロジェクトの効果

投資効果

地域金融機関の融資が可能となり、自治体の補助額に対して、相当程度の初期投資効果があること。

（補助額+融資額）
―――――
補助額

経済循環創造効果

事業が立ち上がることで、地域金融機関の支援を受けつつ事業が継続する間、自治体の補助額に対して、相当程度の経済循環（売上）が創出されること。

売上高の累計
（事業継続期間*）
―――――
補助額

地元雇用創出効果

地域金融機関の支援を受けつつ事業が継続する間、自治体の補助額に対して、相当程度の雇用が創出されること。

地元雇用人件費の累計
（事業継続期間*）
―――――
補助額

地元原材料活用効果

地域金融機関の支援を受けつつ事業が継続する間、地元の産物を原材料として購入することにより、自治体の補助額に対して、相当程度の地元産業への直接効果が創出されること。

地元原材料費の累計の累計
（事業継続期間*）
―――――
補助額

課税対象利益等創出効果

地域金融機関の支援を受けつつ事業が継続する間、自治体の補助額に対して、相当程度の課税対象利益等が創出され、税収が期待できること。

課税対象利益等 の 累計
（税引前営業利益 + 減価償却費相当）　（事業継続期間*）
―――――
補助額

地域課題解決効果

上記までの効果に加え、事業化に伴い、本来であれば、公的事業として対応する必要があると考えられる様々な外部効果がもたらされること。

（例）・廃棄物等の商品化：廃棄物等の商品化（地場産品化）により、処理コストを減少させるとともに、地場産業へ波及

・一次産品等高付加価値化：一次産品等の高付加価値化による地域ブランドの確立

・地元資源活用にぎわい創出：地域の固有の文化や資源、高付加価値化サービスや商品によって、人々が集い、ビジネスが生まれる環境の創造

・流出資金域内還元：資金を域内で循環させ、雇用の創出と地域資源の活用

i　資金の流出を防ぐため地域内で代替サービスを構築

既にサービスが存在していて、顧客から確実な代金回収が見込める場合に、地域資源を活用したサービスに代替することで、資金の域外流出を防ぎ、地域での雇用や経済波及効果をもたらすものである。既存のキャッシュフローの中で、どのように低コストのビジネスモデルを構築するのか。既存のキャッシュフローを超えて、さらなる発展可能性をどう組み立てていくのか、がポイントとなる。

（例）木質チップ製造事業（北海道芦別市）

・事業の背景

芦別市は市域の約88%が森林であり、通年で燃料を使用する木質バイオマスボイラーの燃料としての木質チップの導入を図った。市内施設における従来の重油ボイラーの木質チップボイラーへの転換を機に事業化した。

・事業内容

芦別市が所有する健民センター群（温泉・宿泊施設・温水プール）に導入する木質チップボイラーの燃料となる木質チップを製造・販売する。木質チップの製造に当たっては、地域内の林地残材を活用する。

・**実施状況**

木質チップの供給先である芦別温泉スターライトホテルの利用量は、当初計画数量を上回っているが、原料を確保し安定した供給を行っている。

・**課題**

二酸化炭素の排出削減にもつながることから、納入先の拡大等を図ること。

ii 地域内で新サービスを構築

地域住民の手堅く見込める需要に対して、新サービスを構築する。事業の安定化のためにも他の事業との相乗効果を検討すること等により、さらなる発展可能性を探ることがポイントである。

(例) 竹パウダーと下水汚泥を活用したブランド堆肥の商品化（静岡県静岡市）

・**事業の背景**

下水汚泥の処理を産業廃棄物として焼却処理していたため、環境への負荷が課題であった。放置竹林は、地盤の脆弱化や農地への侵入をもたらし、農業等への悪影響が懸念されていた。放置竹林対策をボランティアレベルで実施していたが限界があった。

・**事業内容**

放置竹林から伐採し粉砕した竹パウダーと下水汚泥に、特殊な菌を投入して肥料を製造・販売する。

・**実施状況**

肥料の醗酵状態は良好である。地元のJA、スーパー、飲食店及び複合施設等との取引の広がりにより肥料の売り上げ増につながっているが、竹パウダーにする竹の搬入等も順調である。

・**課題**

高齢化が進む地域の中で、新卒職員の採用など、事業の継続への対策等にも配慮する。

ⅲ **地域内で域外需要に対応**（観光客など）

地域の外部の人たちにサービスを提供するモデルである。観光客向けの事業が典型であるが、既存の観光客などに新たにサービスを提供する場合と、新しいサービスで新たに域内へ交流人口を呼び込もうとする場合がある。当然、後者の方がハードルは高い。

（例）地元魚介類をメインとする飲食と対面販売の複合事業（福井県敦賀市）

・事業の背景

舞鶴若狭自動車道開通により敦賀市の観光客減が懸念されたことから、「日本海さかな街」内の店舗の魅力を高めることとした。

・事業内容

地元の魚介類を中心に店舗で調理・加工・実食・販売を行う。

・実施状況

物販ブースの売り上げが好調である。飲食ブースとの一体化が功を奏した。インバウンド客の売り上げにもつながった。

・課題

市外からの観光客への海産物のPRと敦賀市のPRにもつながっており、さらに充実させていく。

ⅳ　新商品などの域外販売

一次産品等の高付加価値化等を行い、地域外の市場に対して新商品などの販売を企画するもの。ある程度の見込みとリスク耐性の工夫が必要となる。

（例）「麦の里えべつ」の活性化（北海道江別市）

・事業の背景

米の減反転作奨励により江別市では小麦の作付けが始まる。春まき小麦「ハルユタカ」は、食味、風味の良さで人気が高い。天候により不作の年もあり、小麦の品質維持機能を備えた貯蔵施設を新設し、安定して小麦を提供できる仕組みづくりが求められていた。

・事業内容

冷却装置を備えた貯蔵施設の設置により、複数年単位で小麦を貯蔵・管理することで、収穫直後の品質を維持したまま、小麦を常時安定して供給する。研修室を併設し、製菓・製パン等の研修やブランド開発等のサポートを行う。

・実施状況

小ロットの製粉設備は国内でも珍しく、生産者や品種を限定した高付加価値小麦粉の製造依頼が継続している。

・課題

江別産小麦を使用した麺、パン、スイーツに係るメーカーや飲食店の魅力向上を図っていく。

③ ローカル10000プロジェクトに込められた未来（例）

（地域の気付きから未来を創る）

地域経済循環創造事業（ローカル10000）という事業名には、ある期待があった。その一例として初期（2013年度）の対象事業である「BDF普及による経済・エネルギー循環創造事業」を取り上げる（対象事業者：「自然と未来㈱」熊本県）。

廃食油の投棄は地下水汚染などの危険もあり、防止する必要がある。そのためには各家庭や飲食店、弁当店などから回収する仕組みを徹底させていく必要がある。集められた廃食油は、バイオディーゼル燃料に活用できる。自動車等の燃料として本格的に活用するには、高純度のものが求められるため、バイオディーゼル燃料精製の最終工程で減圧蒸留することで不純物を除去する蒸留装置や電気集塵装置等の設備投資に地域経済循環創造事業交付金が活用された。この事業が「経済・エネルギー循環創造事業」と名付けられ、同交付金の対象に選ばれた（2013年）のは、そこに二重の意義が認められたことにあった。

i　バイオディーゼル燃料を媒介とした地域経済循環の先行モデルを構築すること

B5（バイオディーゼル燃料5％を軽油と混合）は、一般的に公道での走行が認められており、輸送トラック、観光バスなどへの積極的な活用が求められる。このためには、ガソリンスタンド等において、バイオディーゼル燃料を提供できる体制を整えていく必要がある。さらに、ガソリンスタンド等に十分にバイオディーゼル燃料を提供できるよう精製プラントが充実していくことが必要である。なお、工事用の重機・発電機やイベントの発電機などは、30％混合や100％バイオディーゼル燃料でも自由に利用可能であるが、メーカーの保証を受けられずに事業者の自己責任で対応する必要がある。

すなわち、高純度バイオディーゼル燃料（BDF）の精製を軸として経済・エネルギー循環を図るためには、多くの関係者の理解を得る必要があった。その上で、次のように乗り越えなければならない様々な課題があった。

（ア）BDFを燃料として利用する事業者を確保しなければならない。このためには、コストと安定供給が要求されるため、自社だけでなく、BDF精製事業者を増やしていく必要がある。さらに、安定供給のためには、ガソリンスタンドなどの燃料提供方法の確保も重要である。

（イ）BDF精製の原料となる廃食油の回収システムを構築しなければならない。地下水の汚染防止等と併せて自分たちの地域の環境を守る意識を高めていくには、広く一般家庭からの回収が不可欠である。このため、自治体の役場や銀行の支店など、廃食油を持ち寄りやすい場所を数多く確保しなければならない。このため、自治体や金融機関などの協力が必要となる。さらに例えば、廃食油の回収などに自治会などが取り組んだうえで、その対価として自治会などの活動経費などに充てるため地域通貨が支払われ、さらなる地域循環につながるような仕組みづくり等も重要になってくる。

（ウ）一口にBDFと言っても作り方は様々であるので、まず、高純度のバイオディーゼル燃料を製造するプロセスの確立とその検証を行い、関係機関に認めてもらう必要がある。その上で、高純度バイオディーゼル燃料を継続して製造できることを保証していく仕組みも必要となってくる。なお、CO_2削減には、B5よりは30％混合や100％の方がはるかに効果がある。このため、B5だけでなく、30％混合や100％などの品質等についても、それらの検証と関係機関への説明等を行っていくことが求められる。

（エ）以上のような諸活動に加えて、そもそも食用油の原料となる大豆や菜の花（菜種）などを輸入している現状に対して、原料からの地産地消の必要性の理解を得ていく必要がある。耕作放棄地などの有効活用も含めて、地域での生活と産業のあり方を問うていく作業となる。

「BDF普及による経済・エネルギー循環創造事業」は、以上のような幅広い諸活動を含むものであった。また、これらの活動がなければ実験の範囲を超えることはできなかったのである。

ⅱ　現代の経済社会の行き詰まり感を払しょくする地域循環型社会のイメージを広く共有していくことによって、次の未来を創造していくこと

荒廃する地域の再生や少子高齢化問題に由来する諸課題、さらには食料やエネルギーの安全保障の問題を従来通りの視点で、政府の問題・財政の問題であると言うだけではどうにもならなくなっている状況がある。私たちの暮らし方や価値観が問われているのである。しかし、それを抽象的に議論するだけでは変わらない。グローバル経済化は地域経済に様々な矛盾を突き付け、東京などへのさらなる集中と地域の衰退をもたらした。その解決の鍵はやはり地域自体にある。

江戸時代の自治は、農民・職人・商人などの仕事を通じた地域社会があり、それらが、江戸幕府を支え、明治維新後の新たな国造りを支えていたと解されることは第1章で見たところである。そこには、地域でエネルギーも人もお金も循環する社会があった。産業革命をはじめ様々な進歩を経た今、改めて循環する地域社会をイメージすることが大切ではないか。

みんなでイメージしていくことによって、未来は創られていく。対象事業者の社名「自然と未来」にはそのようなメッセージがあった。高純度バイオディーゼル燃料の精製はその第一歩であった。環境を守り、エネルギーが創られ、お金も循環させていく。地域での人の動きの環も広がっていく。関係者のイメージの共有の中で地域循環型社会への行動が蓄積されていくことになる。

このような哲学と確実な歩みの存在が感じられ「BDF普及による経済・エネルギー循環創造事業」は地域経済循環創造事業交付金の対象となった。（もちろん他の対象事業も同様である）

なお、このような活動の一つとして、バイオディーゼル燃料とローカル鉄道を媒介とした地域活性化の取り組みがある。明知鉄道（本社：岐阜県恵那市）では、地球温暖化対策に向けた取り組みの一環として、バイオディーゼル燃料を30％混合させた燃料を使った実証実験を開始している。このバイオディーゼル燃料は地元の事業者によって高純度のものが製造される。

その原料となる廃食油については、広く自治会などによって回収体制が構築されている。例えば、廃食油をペットボトルに詰め替え、可燃ごみや資源ごみの日に地域のごみステーションに設置された専用のカゴにペットボトルのまま出し、それをバイオディーゼル燃料事業者が回収する仕組みである。この他にも、公共施設や集会所などの地域の拠点に専用の回収箱を設置したり、学校や幼稚園などの給食調理場からの回収、飲食店や食品加工場などで排出される廃食油の回収も行われる。

そして、明知鉄道が支払った燃料代（廃食油の代金）によって、自治会等に還流し、活動費等に充てられる。この仕組みによって、みんなが地元の明知鉄道を利用すれば自治会等の活動費の財源を生み出すことにもなるという、地域循環が構築されるのである。（図Ⅲ—6—3／図Ⅲ—6—4）

(2) 分散型エネルギーインフラプロジェクト

① 大規模集中型電源を巡る状況

現在は、ほとんどの電力がいわゆる大規模集中型電源でまかなわれている。火力・水力・原子力の大規模集中型発電所で発電された電力は、送電ロスを少なくするため超高圧変電所で昇圧されて送電線に送り出される。鉄道・大工場・ビル・住宅などに向けて順に変圧器で降圧され、広範囲に送配電網を形成しながら一般家庭にまで送られる仕組みになって

図Ⅲ－６－３

エネルギーも人もお金も循環する地域社会
展望の共有
現代経済社会の行き詰まり感を払しょくする
地域循環型社会のイメージを共有し、
未来を創っていく
バイオディーゼル燃料を媒介とした地域循環の先行モデル
食用油の原料となる
大豆や菜の花などを
耕作放棄地で栽培
（輸入から
地産地消へ）
廃食油を活用して、
高純度
バイオディーゼル
燃料を製造する
事業を
立ち上げ
自治体と地域金融機関
の連携支援
高純度燃料の精製と
評価、関係機関への
説明
自治会等の
活動
一般家庭等からの
廃食油の投棄による
地下水汚染防止の
ための回収
●
飲食店、
居酒屋等の
廃食油を
回収
地域
通貨
建設業、運送業、産
廃業など、トラックを
使う事業者や農業、
イベントなどの発電
機等、高純度バイオ
ディーゼル燃料の使
用者を増やしていく
＋ガソリンスタンドな
どの確保
地域ローカル鉄道に
販売
代金が
自治会等の活動の
財源に!!

出所：著者作成

いる。

大規模であることには、発電効率が高く、建設単価も低く、燃料供給やメンテナンスも比較的容易で、安定した電力供給に適しているなどの利点がある。一方、発電される電力と消費される電力とが一致しない場合には、周波数変動が生じ、最悪の場合には大規模停電を招く可能性があるため、電力の需要と供給を一致させるよう、発電所では電力の消費量に合わせて発電量を調整する（同時同量の原則）。このため、大規模集中型発電所の設備容量は、需要のピーク時を規準に建設されるため、稼働率に限界があるとされる。

また、燃料の利用効率でも、火力発電の場合、投入エネルギーを１００ポイントとすると、電気に変換されるのは一般的に50ポイント程度とされており、残りは未利用のまま排熱となる。さらに、送電ロスが5ポイントほどあるので、最終的に需要者に供給されるのは45ポイント程度とされる。

電力消費地から遠い場合が多い大規模集中型では、ひとたび事故が起きると被害が広範囲に及ぶ上、回復に長い時間を要する可能性がある。また、輸入に頼る火力発電所の化石燃料については、新興国などが大量に消費する傾向にある上、為替リスクも大きい。

そこで、一定程度分散型電源の割合を高める方向での議論が行われる。安定的な大規模

8 鳥獣対策	●エゾシカ肉及び加工品の店舗・Web 販売、エゾシカの一時養鹿施設を活用した観光牧場の開設
9 環境・エネルギー	●地域資源「ズリ」の活用による夕張再生エネルギー創造 ●もみ殻炭と発酵鶏糞を混合発酵させた肥料の製造販売および土壌改良剤としてのもみ殻くん炭の製造
10 バイオマス	●ハウス内環境制御と木質バイオマスエネルギーを活用した菌床しいたけ栽培 ●バイオマス資源を活用し EDLC と自然エネルギーを組み合わせた電源システム製品製造
11 廃棄物	●放任竹林から生産した「竹パウダー」と市内の「下水汚泥」の混合・発酵による高機能肥料の製造 ●地元石材「十和田石」の端材を活用した土壌改良剤の生産
12 子育て支援	●子育て中の女性がいきいきと働くための環境整備 ●保育サービス、子育てコンシェルジュ機能の提供と地域農家と連携した離乳食・アレルギー食対応製品の製造
13 福祉・教育	●地域住民、旅館、ホテル、福祉施設等の生ごみによる液体肥料製造と花壇苗・野菜苗の販売 ●再生資源物の海外流出抑制及び国内還流・地元でのリサイクル促進と障がい者の就労の場の提供
14 関係人口創出	●移住者や移住体験事業の滞在者の季節雇用、廃校利活用によるる地元原材料を使用した焼菓子製造 ●重要伝統的建造物群保存地区の古民家を活用したシェアオフィスのリノベーションと施設運営

図Ⅲ－６－４

事業分野別の主な活用事例

1 観光	●世界文化遺産「法隆寺」周辺まちあるき観光拠点によるハード・ソフト整備 ●自然の樹木や地形を活かした自然共生型のアドベンチャー施設の開設による交流人口の増加
2 商工	●徳島県産「阿波藍」の建材や皮革、木工製品等への応用による用途拡大と海外販路拡大 ●高校生と町と企業が協働する高機能スキンケア製品及び高機能食品の開発
3 地場産業創出	●豊岡鞄の直販による着地型観光の創出と産地及び豊岡鞄の知名度向上 ●伝統的工芸品による駅前スペースの空きビルをリノベーション、「伝統」「食」「交流」で賑わいと交流を創造
4 農業	●竹の子生産者の竹林整備支援及び出荷竹の子の全量買受けによる竹の子缶詰や加工食料品等の製造 ●熟成による『鹿児島「黒」乾燥野菜』の全国・アジア展開プロジェクト
5 畜産	●繁殖から肥育、と畜、加工までをすべて宮崎県内で行った「オール宮崎県産」牛肉の生産 ●地元ブランド豚の食事を提供し、地域の子育て世代や高齢者が気軽に集うコミュニティ・カフェの運営
6 林業	●カエデ樹液を活用したカエデ糖加工商品の発信拠点・観光拠点の整備 ●放置竹林による土壌改良材製造とそれを活かした農作物生産と農作物加工品製造
7 水産業	●県と高校の連携による但馬のハタハタ、ホタルイカの新規商品開発と観光地、域外への販路拡大 ●世界自然遺産「白神山地」から注ぐ冷温で豊かな水源を活かした生食用サーモン大規模養

集中型をベース電源としながら、分散型の併用を拡大する方向である。分散型のエネルギー源はそれぞれの地域で需要地の近くに存在するため、自立的で持続可能な地域エネルギーシステムとして構築されることが期待されている。

② エネルギーと地域を一体的に捉える

日本の電力業界の市場規模は20兆円を超えている。２０１６（平成28）年4月から電力の小売完全自由化等の電力システム改革が行われ、様々なサービス形態が可能となっている。さらに、環境（Environment）、社会（Social）、ガバナンス（Governance）に配慮した企業を選別して投資するESG投資が注目されている。

これらの点を勘案すれば、災害時も含めた地域エネルギーの自立を実現し、里山の保全や温室効果ガスの大幅削減につながる分散型エネルギーインフラプロジェクトへの取り組みが望まれるところである。

③ 自治体を中心とした取り組み

自治体を核として、需要家・地域エネルギー会社及び金融機関など、地域の総力を挙げて、地域ごとに最適化しながら、バイオマス（木質チップなど）・風力・廃棄物などの地域の資源を活用した地域エネルギー事業を次々と立ち上げて地域経済の好循環の拡大につなげようとする「分散型エネルギープロジェクト」が進められている。総務省のホームページにおいて、これまでの取り組み事例が紹介されている。

これらの取り組みは、災害時を含めた地域エネルギーの自立や温室効果ガスの大幅削減にも直結するもので、各地域での検討が望まれる。

(3) 自治会等のコミュニティ機能の横断的連携・強化

今後、高齢独居世帯の増加を含め、地域社会がさらに高齢化する。老々介護や閉じこもり、孤独死などの懸念が大きくなる中で、家族はもとより、ご近所や自治会などの地域コミュニティの相互扶助機能は一層低下する。高齢世帯では自動車での買い物もできなくなっていく。買い物やゴミ出し、郵便物の収受、資金管理など日常的な暮らしそのものに支障がでないような生活活動の確保を含め、家族や地域の代替機能の必要性が拡大する。これらの生活支援ニーズを充足できるサービスも、既存の自治会等のボランティア的活動に頼ることには限界がある。

全国に約30万存在する自治会等は、役員の高齢化、単身世帯や女性・高齢者雇用の増加傾向の中で、担い手不足が発生している。さらに、若年者層の新規転入者などの加入率も低下している。自治会等には、従来から清掃やゴミ出しなどの環境保全の仕事や、地域イベントへの参加、行政からの連絡事項の伝達などの機能が求められてきた。近年では、これらの機能に加え、児童虐待や孤立死など地域福祉の課題の深刻化への対応や、要援護者の避難支援や安否確認など防災上の対応の必要から、自治会等に求められる地域ニーズは高まっている。

これらのニーズに対応するためには、自治会等だけでなく、民生委員や消防団、NPOや企業・学校等を含め、多様な地域の活動主体との連携による地域コミュニティ機能の強化が必要である。こうした機能が持続的に維持されるためにも、多様な地域の活動主体が効果的に連携できるように調整する必要がある。すなわち、日常生活圏域において、これらの課題に対応できるような身近なビジネスモデルの構築である。仕事を通じて近隣の人たちや地域に尽くすという仕組みも必要であると思われる。ここでも、生産年齢人口の減少が続く中で、自立した高齢者の労働参加が期待される。ICTを活用した効率的な業務支援のプラットフォームのクラウドによる提供（公共クラウド）が不可欠となる。

自治会等には、今後とも、地域コミュニティにおいて中心的な役割を果たすことが期待される。一方、防災や高齢者・子どもの見守り、居場所づくりなど、増加する地域社会のニーズに対して、NPO等の様々な主体と横断的に連携し、機能強化を図る必要がある。このため、クラウドを活用した情報システムによるプラットフォームインフラを構築することと併せて、様々な地域コミュニティ機能のあり方とその担い手を整理し、協働するためのそれぞれの業務フローを明確にするなどのルールづくりが求められる。この場合、様々なコミュニティ機能を一種のソーシャルビジネスとして再定義し、地域における持続可能な助け合いと小さな経済循環を日常生活圏域に構築していく取り組みなども有効ではないかと思われる。

(4) 公共クラウド（地域市場の再構築を支える新たな社会資本）

地域内において生活支援機能を確保するためには、新たに事業を立ち上げることが求められる。この場合、基本は「競争」から「共創」という発想になる。具体的には、以下の通り。

・原材料の仕入れ先と顧客との情報共有など共通の情報基盤の上で行えるようにする。併せて、できるだけ地域内で連携範囲が拡大するような仕組みとする。
・競争に代わる公平の確保のためにも、共同システムなどの基盤整備には自治体による調整が一定程度必要となる（初期投資支援も含む）。これは民業圧迫とは異なる。

・その場合、顧客である住民に対する適切な価格設定を前提として、雇用する地域人材に対しても応分の賃金を支払えるように労働生産性を設定するなど、地域市場のデザインも重要になる。

事業化にあたり、消費者である住民とじかに接する「フロント業務」については、各事業者においてきめ細かい対応を検討されることが望ましい。事業者の創意工夫が活かされる中で、自治体による事業立ち上げ後の取引先や販売先の紹介など、地域企業の営業キャッシュフローを持続的に育ててゆく伴走型支援も重要である。その際には、地域内の経済循環規模が大きくなるよう、お互いに仕事を提供し合うという視点も必要かもしれない。

一方、原材料の確保や支援システムの整備など、「バックオフィス業務」では、標準化・共同化に忠実なデザインが有効な場合が多いことから、共同システムを検討すべきである。地域市場内の事業としては「範囲の経済」の工夫を徹底させてゆくが、設備としては「規模の経済」効果が働くものがある。このような設備等は、地域の経済循環のプラットフォームとしての基幹インフラとも言えるので、自治体が連携の核となる必要があろう。基幹インフラの存在が、個々のサービスの初期投資支援ともなる。

基幹インフラとしては、中小企業向けのクラウド会計サービス等、全国的にオンラインで実用化されている汎用サービスを活用する方法もある。さらに、例えば、高齢世帯などのニーズに即応できるようなタクシーの共同配車システムやバスのリアルタイム運行情報システムなども、地域の基幹インフラと捉えることもできる。地域での広範な共同利用に活用されるクラウドサービスは、いわば地域の経済活動を支えるデータ流通の道路ともいえる社会資本である。「公共クラウド」と呼ぶに相応しい。このようなサービスの構築についても、自治体の役割が不可欠であろう。自治体主導で、地域共通の情報システム基盤を構築したうえで、様々な共通アプリを導入するという方法もある。

高齢者など消費者サイドの基幹インフラもあり得る。わが国の金融や不動産の資産は高齢世帯に集中していると言われる。しかし、高齢化による将来の負担増の程度は見えにくい。年金や貯蓄、あるいは不動産の流動化等により活用できる資金とともに、適切な医療・介護や生活支援サービスの組み合わせが明確でなく、煩雑な決済手続きをサポートする体制も不十分である。

高齢者に係る適切な資産管理の下、利用可能な資金の活用により、医療・介護や、その周辺サービスであるクリーニング、買い物支援、タクシー利用等の生活支援サービスについても一括決済が可能で、かつ、遠方の親族を含め、適切にサービス利用と決済状況等の確認ができる仕組みがあれば、中堅高齢者の将来収支も見通すことが可能となる。高齢者のＱＯＬ（生活の質）の向上と医療・介護・生活支援といった地域の様々なサービスが充実し、それぞれの住民の状況に応じてオンデマンドでサービスが提供されることが地域経済の活性化に直結するものと考えられる。サービス業とＩＣＴの活用による生産性の向上との親和性は高い。新たな社会資本といえる公共クラウドを活用した稼ぐインフラづくりには自治体の主導的な取り組みが求められる。

(5) 公共施設の多角的民間利用

公共施設の地理的利便性や所与の需要を前提に、民間開放を進めることは、地域内の遊休不動産を活用した新規開業などの支援となる。役所・図書館・公園など、一定の集客力も需要見込みにつながる。総務省の「公共施設オープンリノベーション事業」など、様々な先行事例が登場している。

なお、いすみ市のサンライズガーデン（旧市営プール）は、リノベーションの後「コワーキングコミュニティhinode」として２０１７年5月にオープンした。hinodeは創業支援の場であり、クラウドソーシングを活用した働く場所として、スタートアップ支援の無償貸付期間を経て、２０２０年4月からは、有償貸付事業となっている。また、hinodeで働く人たちは移住をされた方々であり、移住者の雇用促進策としても有効である。

(6) ＤＭＯ（観光地域づくり法人）

観光地域づくり法人ＤＭＯ（Destination Management/Marketing Organization）は行政と民間が連携して観光のマーケティング、プロモーション、マネジメントを行う組織である。

従来の観光行政では、地域の自治体と観光協会が連携して観光振興が図られた。公平性の観点から特定の観光事業者との連携や特定の観光商品に関わることができず、マーケティングやプロモーションの専門家と組むこともできにくかった。ＤＭＯは、マーケティングやプロモーションはもとより、観光事業者や観光客向けの自主事業を行うことによって収益を上げ、観光地経営を企業経営のように行うことができる。さらにＤＭＯには、地域における既存の観光資源の魅力を高めたり、地域に存在する様々な資源を観光に活用する手法の新たな開発が期待される。観光政策においても、地域の自主性が重要である。

なお、観光業については、従来型の団体旅行から個人旅行志向へといった、顧客ニーズの変化への対応、コロナ下で悪化した収益性を改善する体質強化が必要である。このための取り組みとしては、滞在環境の上質化や観光地の面的再生、収益の多角化などが考えられる。

(7) デジタル地域通貨

① デジタル地域通貨のメリット

デジタル地域通貨については、技術的には十分実用化が可能である。住民の立場からは、現金を持ち運ぶ手間や紛失盗難等のリスクがないこと、お釣りや小銭の受け渡しなどが不要になり、レジ等の効率化が図れること、スマホやパソコンと併せて活用することで、使用上限設定や購入履歴等の参照機能が可能となるなどの利点がある。商店などの立場からも、現金のやりとりや釣銭準備等が不要になること、レジ締め作業などが簡素化されること、売上金の保管（夜間金庫等）作業や盗難リスクが無くなるなどの利点がある。

自治体としても、「ボランティアポイント」や「健康ポイント」などの政策的インセンティブが低コストで容易に行えること、給与のデジタル支払いなどへ活用すれば、地域内の経済循環に直結すること、コロナ禍等の非常時における給付及び経済対策などが迅速に行えること、地域金融機関が運用主体になれば地域内経済循環につながること、などが期待される。

②デジタル地域通貨と老後の不安解消

今後、高齢独居世帯の増加が見込まれる中で、盗難や不正行為から高齢者の資産を守りながら、総合一括決済などで高齢者の負担を軽減する必要が認識されている。高齢者の活動が主に地域に限られることを考慮すれば、デジタル地域通貨の活用によって高齢者の生活を守る効果も期待される。

食材や日用品の買い物だけでなく、医療・介護をはじめとする日常生活における様々な支払いの手間は、特に高齢世帯において、大きな負担となっている。さらに、キャッシュレス化の中で、コスト圧縮を図るため、各金融機関において、支店やATMを廃止していく動きが出ている。特に人口の少ない地方では、従来の決済のやり方のままでは日常生活が困難になる地域が一層増えることが予想される。このような現象は、地域の商店減少と高齢化による、いわゆる「買い物難民」の増加だけでなく、生活基盤の存亡に関わる問題である。

そこで、いずれも地域における信用度の高い自治体と地域金融機関が、連携してデジタル地域通貨を活用し、高齢世帯をはじめとする住民へのサービス提供と決済とを支援する

「地域総合決済サービス」の構築が期待される。高齢者等の利用者はチャージ段階でのみ現金を移動させるので、それが上限設定となる。買い物等の履歴情報は支払い指示としてデータが残るので、誤用や悪用のリスクが小さい。高齢者に係る適切な資産管理の下、利用可能な資金の活用により、医療・介護や、その周辺サービスであるクリーニング、買い物支援、タクシー利用等についても一括決済が可能となり、かつ、遠方の親族を含め、適切にサービス利用と決済状況等の確認ができる。

高齢化の進む地方においても預貯金残高は増加する傾向にあるが、その理由には買い物等が困難であること等も含まれている。したがって、右のような仕組みを構築することで、高齢者の利便性向上と併せ、地域経済の好循環の拡大にも資することが期待される。

③ 片道利用から循環利用へ

いわゆる「地域通貨」は、バブル崩壊後、金融機関の貸出が非常に厳格化され、地域の企業などにとって資金調達環境が悪化した当時に、「地域でお金を回す」という発想で取り組みが増えた。

地域通貨は誰でも発行ができ、参加者間の合意のもとで財やサービスの対価として使用できる。例えば、ボランティア活動に対し、一定の評価により地域通貨が交付されると、それで地域の店で地産の野菜が買えるといったものである。地産の野菜を買った段階でボランティア活動の報奨を得たことになる。しかし、地域の店が手にした地域通貨で仕入れの代金とかに活用できるか、となると難しくなる。このような地域通貨は社会貢献活動の実績評価のようなものとして、ボランティア同士の間で、ボランティア的サービスの交換媒体なものに止まるのが一般的であろう。さらに、運営コスト負担の問題もある。

そこで、「地域振興券」的な運用を地域通貨と称する場合が多い。自治体や商店街などが発行した地域通貨は、一定の地域内の参加商店などで使える。参加商店は手に入れた地域通貨を自治体や商店街で法定通貨（円）に交換してもらう、という片道利用である。交換のために必要な原資である法定通貨（円）は自治体や商店街が負担する。自治体や商店街にとっては、資金の流出を防ぎながら、地域経済活動を刺激するものとして位置づけられる。

また、地域通貨を手にした参加商店がそれを法定通貨（円）に交換せずに、地産の野菜の購入費用に使えるという仕組みがあってもいい。この場合、今度は地産の野菜を地域通貨との交換で売った人が、手にした地域通貨を公共施設の利用料として使えるという仕組みがあれば、片道利用から循環利用に踏み出すことになる。この循環利用を動かすエンジンは、地域通貨と交換された公共施設の利用料相当を決算上は無償での利用としてカウントすることである。公共施設の利用料収入が減少した分の法定通貨（円）相当は、自治体が負担することになる。ただ、公共施設の利用が魅力的でなければ、循環のエンジンとしての力は小さくなる。

参加者間で地域通貨として流通するが、どのタイミングでも法定通貨（円）と交換できる、という建付けもあり得る。この場合の地域通貨は実質的には自治体や商店街の債務証書のようなものになろう。法定通貨（円）の流通をサポートするという位置づけだろう。

(8) 地域商社機能の充実

自治体が行う「地方商社機能」としては、地域の事業者に対して、生産から販売に至るサポートを行う「産業支援センター」の設置や東京などでの「アンテナショップ」の出店などの取り組みが行われている。今後、新たな事業デザインを描くとなると、自治体は、特に「需要の確保」に大きな役割を果たすことが期待される。域内市場産業については、地域内住民の理解と安定した需要の確保が必要であり、域外市場産業については地域外の需要へのアプローチが求められる。

これらは、地域資源を基に、地域内外のマーケティングを行い、地域内の生産者のネットワークと営業力を有する販売者（顧客）とをつなぎ、生産者とともに商品を創っていくといった活動とも言える。生産者と市場をつなぐ機能である。併せて、生産と流通の効果的効率的な事業体の構築が課題である。地域内の事業体や住民を巻き込みながらプロジェクトを推進するには、自治体に期待されるところが大きいと思われる。

(9) 金融機関、商工会、商工会議所等と連携した伴走型支援

いったん事業が立ち上がったとしても、初めから安定した需要が確保されるとは限らない。経営現場においては、日常業務に追われ経営上の諸課題について、その原因把握や解決策を特定するための時間を割くことができないと言われる。事業の全体像を俯瞰しつつ、特に、資金ショートしないように早め早めの対策を講じるためには、自治体による伴走型支援が重要である。

具体的には、金融機関や商工会、商工会議所などの専門家が財務諸表を把握し、コスト管理、販路開拓などの技術的助言を行う。課題発見と解決方法については、地域の諸事業者に共通の構造的問題も多いと思われることから、各自治体においても、積極的に関与す

ることが期待される。併せて、融資先の企業の社員に対するリスキリングなどの技術的支援にも取り組むことで、債務の返済可能性の向上とともに社員のスキルアップが図られる。

次節からは、先進的な二つの事例を、より深く掘り下げてみたい。

③ 林業振興に直結する山間過疎地域の活性化モデル

(1) 放置竹林とバーク(杉の樹皮)を燃料としたバイオマスエネルギーの有効活用事例

① プロジェクトの特色

地域の迷惑物となっている放置竹林と製材の過程で発生する産業廃棄物であるバーク(杉の樹皮)を熱電併給の燃料として、近隣における熱需要施設などと連携することで、地域での立地に適した工場等との一体整備を図るというプロジェクトである。熊本県南関町が、総務省の「地域経済循環創造事業交付金」の交付を受けて実施した「竹の総合利用と竹の高付加価値化による地域創生事業」における竹のバイオマス燃料化の取り組みから進展したものである。令和2年度「新エネ大賞」経済産業大臣賞を受賞している。

② 工場等の需要と一体となったバイオマスORC（オーガニック・ランキン・サイクル）熱電併給で非常に高いエネルギー効率

一般的にエネルギーとして思い浮かべるのは電気だろう。しかし、実際には、産業部門の7割、家庭部門でのエネルギー需要の3分の2は「熱」需要である。蒸気等の熱エネルギーで一旦発電し、その電気を再び熱に変換するよりは、熱を熱のまま活用する方が効率的である。ただし、熱を運ぶためには熱供給管のネットワークが必要となる。熱供給管でのエネルギーの送付は、電線によるエネルギー送配電に比べて劣化が著しい。また、エネルギー利用密度の高い都市部における新たな熱供給管ネットワークの整備は非常に高いコストを要する。わが国では、熱供給管等の共通地域インフラを誰がどのように整備し、運営するのかという課題がある。

同プロジェクトは、個別のエネルギー需要と一体となったユニット型の熱供給事業によって、この課題を解決した。できるだけまとまった熱需要を有する工場やデータセンターと一体となった熱供給プラントを設置することで、熱供給管等のインフラコストやマーケティングコストを抑えるとともに、非常に高いエネルギー効率を実現し、事業性の確保を図っている。

同様のプロジェクトは、地代が低廉で一定規模の広大な用地があれば、雇用を生む一体型プラントを設置できる。このため過疎地振興策としても効果的である。木質ペレット工場を一体的に整備すれば、地域内のバイオマスボイラーの燃料を提供できるため、地域の一体的なカーボンニュートラルの有効な手法にもなり得る。エネルギー燃料コストの域外流出を防ぎ、地域内の雇用につなげるモデルである。（図Ⅲ－６－５）

③ 地域の放置竹や廃材を原料とすることの公共性

ⅰ　放置竹林問題

竹は3年で成竹となる成長の旺盛な森林バイオマスであり、国内で広範囲に成育している緑資源である。かつて、竹材や筍を得るために管理された竹林では、竹林の周囲は深さ1m程度の空堀を掘り巡らすなどの繁殖対策がなされていた。しかし輸入品の筍が出回って筍栽培が経済的に成立しなくなり、竹材の需要も減少すると、各地の竹林は管理されなくなっていった。

放置された竹は、周囲の里山に拡大し生物多様性を低下させる恐れがあることから『竹公害』とも呼ばれ、その拡大が危惧されている。竹の進出により、生態系が単純化してし

図Ⅲ－６－５

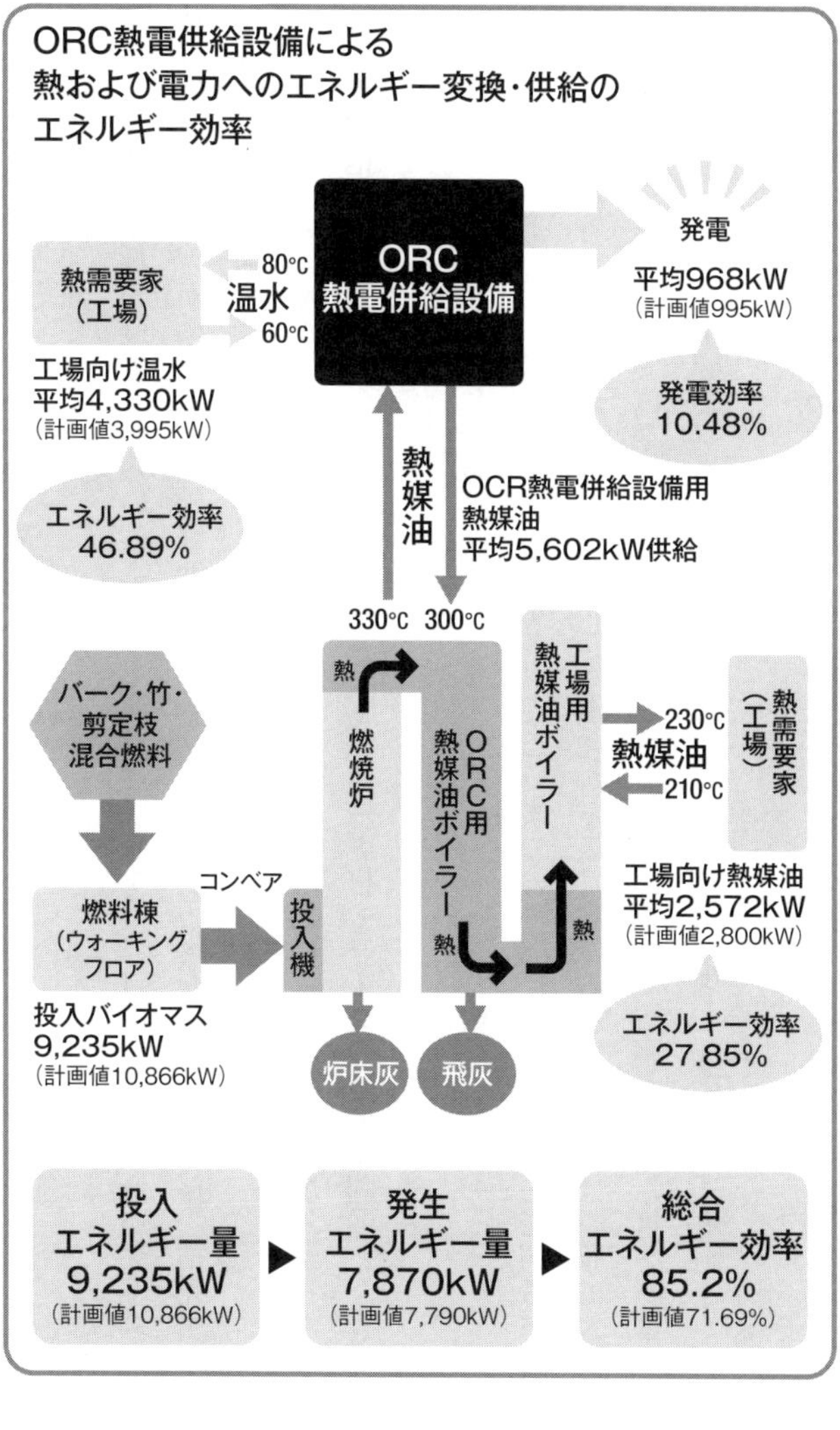
ORC熱電供給設備による
熱および電力へのエネルギー変換・供給の
エネルギー効率
ORC
熱電併給設備
発電
平均968kW
(計画値995kW)
発電効率
10.48%
熱需要家
(工場)
80℃
温水
60℃
工場向け温水
平均4,330kW
(計画値3,995kW)
エネルギー効率
46.89%
熱媒油
OCR熱電併給設備用
熱媒油
平均5,602kW供給
330℃
300℃
バーク・竹・
剪定枝
混合燃料
燃料棟
(ウォーキング
フロア)
コンベア
投入機
投入バイオマス
9,235kW
(計画値10,866kW)
熱
燃焼炉
ORC用
熱媒油ボイラー
工場用
熱媒油ボイラー
230℃
熱媒油
210℃
熱需要家
(工場)
工場向け熱媒油
平均2,572kW
(計画値2,800kW)
エネルギー効率
27.85%
炉床灰
飛灰
投入
エネルギー量
9,235kW
(計画値10,866kW)
発生
エネルギー量
7,870kW
(計画値7,790kW)
総合
エネルギー効率
85.2%
(計画値71.69%)

まうことや、土壌保持力が低いため崖崩れが起きやすくなるなど、各種の害が発生することが現在問題視されている。

また、他の樹種が侵入しづらい人工林にも容易に侵入する。竹より樹高が低いケースではほぼ全てのスギが枯死し、樹高の高いスギ・ヒノキ林でも水吸収の競争に負け、枯死する。

ii バーク（樹皮）処理問題

平成12年度の「廃棄物の処理及び清掃に関する法律」改正による廃棄物の焼却禁止などの規制強化に伴い、製材工場や原木市場で発生する残廃材やバークの処理が問題となっている。

iii 竹やバークを燃料とする公共性

放置竹林対策としては、12月から翌年2月くらいまでの冬場に高さ1ｍほどで切る方法等がある。真竹などの細めの竹なら翌年には根元から抜ける。孟宗竹の場合は肉厚で太さもあるため、抜けるまでに1～2年かかることもある。切ったり抜いたりした竹を廃棄するためには、多くの手間とコストを要する。製材工場や原木市場で発生する残廃材やバークも、同様である。

iv 燃料への活用のための工夫

・竹を燃料として利用する課題

竹は油分が多く着火性に優れるものの、他の木質バイオマスと比較してカリウムとシリカが多く、焼却灰が低融点化して溶ける「クリンカトラブル」を生じるため、これまではほとんど燃料として活用されていなかった。

・バークを燃料として利用する課題

製材工場では丸太加工、製材品加工の過程でバーク、木片などの端材、おが屑、かんな屑などの工場残材が大量に発生している。しかしバークは吸水しやすいため水分を多量に含み、単独では完全に燃焼させることが難しい。また、バークは繊維状でありその繊維の引っ張り強度が強いため、燃料の搬送系で絡まりやすくトラブルを生じやすい。特に土場バークは吸湿による高含水率と泥や土の付着が多く、堆肥以外に利用用途がなかった。

・竹とバークの燃料化の工夫

竹とバークの混焼比率の最適化を図り、燃焼温度や運転モードを工夫することで、クリンカの発生の抑制、塩素による腐食対策を行い、竹とバークを併せてのエネルギー利用を実現した。

④ 燃料の収集上の工夫（低コスト化）

ⅰ　安定した収集体制の確立

年間330日、24時間稼働を行うバイオマスプラントでは、必要な原料使用量は年間を通じて季節変動はなく一定である。原材料である竹を安定調達するために、活動拠点となる南関町、地元の建設会社などと連携体制を構築している。中でも南関町からは、竹林の地権者に対して地元説明会の開催や「竹林の整備及び管理に関する協定」の締結に当たっての調整など、安定調達のための全面的な協力を得ている。また、同様にバークについても、森林組合や製材所など広域連携企業による原料収集体制を構築している。

ⅱ　竹の収集方法

竹は中空であることから運搬での歩留まりが悪くなる。そのことから、近隣市町村の建設業者等の協力業者を得て、整備した前線基地でまず買い取りを行うこととした。幹材や枝葉は、その場で、分割やチッピングといった一次加工を行った後、大型車にて運搬を行うことで、コスト低減を図っている。

ⅲ　バークの収集方法

熊本県内の6か所の製材所や森林組合から調達を行っている。調達先別にバークの形状が異なるため、70㎥の大型車にて搬入を行っている。製材所等ではバークは利用用途が無く、産業廃棄物として処分をしているのが現状であり、ぜひ持っていってほしいとの要望が多い。

(2) ORC熱電併給設備による熱及び電力へのエネルギー変換・供給

① プラントの概要

本プラントは、国内初の竹を有効利用した「バイオマス燃焼炉」と「ORC熱電併給設備」を組み合わせたバイオマスプラントであり、年間8000t程度の竹と2万t程度のバークを使用する。電気出力は995kW、熱出力は6795kW（熱媒油供給2800kW、温水供給3995kW）である。電気のみでなく熱エネルギーも同時に供給することでエネルギー効率を高めている。

② 燃料技術とエネルギー変換技術

KOHLBACH社製の燃焼炉は、高含水率の木質バイオマスでも燃焼可能であることが特徴である。また、TURBODEN製のORC熱電併給設備は320℃以下の熱媒油で発電が可能であり、竹の塩素による腐食の影響を受けにくいといった特徴がある。欧州では300基以上の稼働実績があるプラントである。欧州での主な熱需要としては、地域熱（住宅向け）、ペレット工場、木材乾燥、温浴施設のほか、複合商業施設、空港などの冷暖房等がある。

③バイオマスORC熱電併給プラントの収支構造

1MW規模のORC熱電併給設備で、その発生エネルギーについて、電気の総量、熱の65%以上が販売できれば、年間7000万円程度の粗利が確保できる見通しである。原材料の調達システムの見直し等により、原材料単価はさらに検討の余地がある。今後、ORC熱電併給プラントの国内での普及の増加等による、イニシャルコストやランニングコストの低減も期待される。それまでの間は、NEDO（国立研究開発法人新エネルギー・産業技術総合開発機構）等による設備投資助成が引き続き必要であろうと思われる。本プロジェクトもNEDOからの助成を受けている（※）。

※前提条件　稼働時間：24時間×330日　原材料：竹30%、バーク70%の混焼で、竹7500円／t：バーク3500円／t

なお、バイオマス発電設備の運用コスト（減価償却費を除く）の約半分が燃料購入費である。燃料輸送の効率化や産業廃棄物として対価を受け取ること等により、さらなる採算性

向上の可能性がある。（図Ⅲ－6－6）

④ 経済性の向上（今後の課題を含む）

i 初期投資コストの低減

1MW規模のORC熱電併給設備の整備に係る総事業費としては、基礎土木工事約5900万円、建屋等建築工事約7100万円、受電キュービクル約5700万円、機械設備（燃料搬送装置・燃焼炉・ORC熱電併給設備・工事費等）約12億5000万円で、総初期投資費約14億3700万円である。現在の見込みでは、年間約7000万円の資金が残るので、20年程度で回収可能ではある。

カーボンニュートラルの動向等を踏まえ、プラント需要の増加も見込まれる。プラントの国産化等と併せ、初期投資費の低廉化も期待できるだろう。

ii 有利なプライシング

現状のプランは、今の電気料金や重油価格と比較して有利な価格付けを行っている。今後、カーボンニュートラルや円安等の影響により、より有利なプライシングが可能となる可能性もある。前述のように産廃処理費として対価を得て竹やバークを収集し、その分を

エネルギー課販売価格の設定

売電価格の設定について

電力販売価格は、系統販売単価から基本料金を引いた金額である。12円／kWh程度に設定。基本料金分を安く販売することで、隣接工場の電気料金削減メリットがある。

売熱価格の設定について

熱の販売価格は、直近10年間の最低価格より若干低い5.5円／kWh程度に設定。重油価格は変動することが予想されるが、価格を固定することで熱需要家の長期的な収支見通しが立てやすくなるとともに、重油価格がアップする場合はメリットとなる。

電気料金

系統からの購入価格　約17円／kWh

▼

ORCからの供給価格　約12円／kWh

電気料金が約3割減

熱料金

化石燃料価格　約8円／kWh

▼

ORCからの供給価格　約5.5円／kWh

熱料金が約3割減

エネルギー料金が約3割減となり、事業採算性が向上。
さらにバイオマスの活用によるCO_2排出削減効果もあり

市場価格より安価で供給することで、
エネルギー需要家の採算性の向上につながる

価格低下に反映させることも可能だ。

iii　規制緩和によるメンテナンス負担の低減

既存の電気事業法の適用によれば、無人運転が規制されており、コストが欧州比で1・5倍以上となっている。無人運転の安全性の検証を進め、規制緩和が可能となればメンテナンス負担が低減されることになる。

国内では、発電規模700kW以上のORC設備が存在しないことを理由に、既存のB

図Ⅲ－6－6

ORC熱電併給設備による熱及び電力の活用例

エネルギーの利用方法の検討及び合理的な価格設定の考え方と顧客の事業継続性

ORC熱電併給設備の特徴として、
発電量の約4倍の温水による熱エネルギーが発生する。
この温水の有効活用方法として、木質ペレットプラントや
データセンターのエネルギー源などに利用できる。

電気の販売　熱の販売

ペレットプラント	【原材料の乾燥熱源として利用】 ペレット成型時のおが粉は入荷時は50%程度の水分率であり、これを10%以下まで乾燥させる。 40,000t／年規模のプラントを運転できるエネルギー量が供給可能
データセンター	【冷却用冷房の熱源として利用】 温水から冷風に熱交換を行い、データセンター内の空調設備（冷房）として利用する。 10,000㎡規模のプラントを運転できるエネルギー量が供給可能

TG発電（汽力式発電）の電気事業法の規格がそのまま適用される。そのため、特徴である無人運転は不可能となる。また、熱媒体が低圧であるにもかかわらず熱交換器、配管類にも高圧が対象の同電気事業法が適用されることから、本プラントを運用する上で様々な法規制に則った運用を行う必要がある。電気事業法が改正され、低圧に対する規制緩和が実施されれば、事業費の低減による事業採算性の向上が見込まれる。

現在の電気事業法では、24時間常駐監視が義務付けられており、2名体制の3交代でのプラント運転が必要である。規制が緩和され、夜間の無人運転化が可能となれば、人件費を約半分に低減できる。

ORC熱電併給設備の最大の特徴はメンテナンスフリーとされている。電気事業法の改正があれば年間のメンテナンス費用が3分の2程度までに抑えられるものと考えられる。

iv 運転方法の最適化（ICTを活用したエネルギーマネジメント）

バイオマスエネルギーを最大限活用するため、エネルギーマネジメントシステムによる、エネルギー使用量のリアルタイム監視を行うことで、エネルギー製造量、供給量の最適化を図ることが可能である。

(3) 地域内のエネルギー自立の基幹インフラへ

熱電併給設備に隣接し、できるだけ24時間稼働する効果的な需要者を確保することで、経済性を向上させることができる。

このプロジェクトは、①竹やバークを収集し、燃料として整えること、②①を燃料として熱電併給すること、③②の熱と電気を活用して製品を作ること——の3つの仕事で構成される。

当初、このプロジェクトでは、①で余った竹材を用いて建材としての竹集成材を製造することを③の仕事としていた。しかし、集成材プラントが上手く稼働しなかったり、新型コロナウイルスの影響でマーケットが事実上閉鎖されるなどの状況下で、一度法人の整理が必要となった。その後、③の仕事をCO_2削減のための重油に代替する工場向けの燃料としての木質チップを大量に出荷するビジネスモデルに再構築された。このため、大量のチップが必要となり、売電していた電気をチップ製造機（大型チッパー）を稼働させるエネルギーとして内部利用することとし、大量の熱で大量の木質チップを乾燥させて製品化されることとなった。その結果、より林業振興に直結する山間過疎地域の活性化モデルを示すこととなった。

本プロジェクトのORC熱電併給設備は、工場等のエネルギーの需要家との一体整備により、地域の未利用のバイオマス資源である竹やバークを燃料として現金化し、雇用を創出するという経済循環のプラットフォームの機能を果たす基幹インフラである。併設される工場が木質ペレット工場であれば、地域内の各家庭や施設等のバイオマスボイラーの燃料を提供することができ、地域内のエネルギー自立の基幹インフラとしての意義も出てくる。用地の確保ができれば、全国の過疎地等においても、事業化が可能である。

❹ デジタル地域通貨の可能性（都城市マイナポイント事業を例に）

(1) 都城市マイナポイント事業の概要

① 目的

新型コロナウイルス感染症により疲弊した地域経済の活性化とマイナンバーカード普及をさらに進めるため、マイナンバーカードを活用して地域通貨を給付する。

従来より、紙ベースの地域振興券事業を実施していたが、紙ベースには様々な非効率要因があった（＊）。今回、地域振興券をデジタル化し、マイキープラットフォーム（総務省運用）を活用することで、利用者の手続負担軽減及び迅速な給付を図った。併せて、市内の店舗及び利用者双方のキャッシュレス決済の普及促進が図られた（総務省の自治体マイナポイント事業に参加して実施された）。

なお、マイナンバーカードの交付については、制度開始時から、都城方式と呼ばれる申請補助を実施。電子母子手帳等の利活用も進めており、人口に対するマイナンバーカード交付枚数率は90・1％（令和5年1月）で、「特別区・市」で全国1位となっている。

＊紙ベースでの給付における主な課題　i券のデザイン・印刷、ii住民資格の確認、iii世帯人員毎の封入、iv対面での確認を必要とする形式での郵送、v届けた・届いていないの行き違い、vi返送された券の管理、vii換金の手集計及び現物確認など

②事業概要

i　マイナンバーカード取得済みの都城市民に対し、7000円分のポイントを地域通貨として給付。

・本人が申請日時点で都城市民であることを、マイキープラットフォームを通じて確認

（市外転出者でマイナンバーカードの券面未更新の場合があるため、市の台帳との突合も実施）

ii　市内キャッシュレスサービス推進

・地域通貨アプリの開発にあたっては、高齢者等のデジタル弱者にも使いやすいユー

ザーインターフェイス等に留意

・日本青年会議所吸収協議会の協力を得て、参加店舗開拓を強力に推進

・丁寧なアプリの設定支援や操作講習を実施

iii **店舗にＱＲコードを置き、ＱＲ決済を実施**

・利用者は地域通貨アプリで店舗ＱＲを読み取り、アプリに金額を入力

・各店舗は店舗管理システムと決済完了メール等で決済状況を確認

・市内４１７店舗が参加

iv **2週間に1度、市が決済データを基に振込処理を実施**

・振り込みには請求書は不要

・現時点ではチャージ機能は実装していない

③ **留意点**

i **地域通貨発行段階での住民への手続支援が必要であること**

・マイナンバーカードの発行

・マイキーＩＤの設定

・地域通貨アプリのインストール
・自治体マイナポイントの申請

ii　地域通貨の利用段階での店側と顧客側への手続支援が必要であること

・店舗の登録とQRコードの配布と管理
・利用者のアプリ操作

iii　地域通貨の精算業務は、市の事務として実施したが、本来、地域金融機関の業務とする方が適切であると思われること

(2) デジタル地域通貨導入により想定されるメリット

① 住民の視点

・現金を持ち運ぶ手間や紛失盗難等のリスクが無い
・お釣りや小銭の受け渡しなどが不要となり、レジ等の効率化を図ることができる
・スマホやPCと併せて活用することで、使用上限設定や購入履歴等の参照機能が可能となる

② 商店の視点

・現金のやり取りや釣銭準備等が不要になる
・レジ締め作業などが簡素化される
・売上金の保管（夜間金庫等）作業や盗難リスクが無くなる

③自治体の視点

・ボランティアポイントや健康ポイントなどの政策的インセンティブが低コストで容易に実施可能となる
・給与のデジタル支払いなどへの対応にも活用すれば、地域内の経済循環に直結する
・コロナ禍等の非常時における給付及び経済対策等が迅速に行える
・地域金融機関が運用主体になれば、地域内での経済循環の創造にもつながる

(3) 地域の経済循環の基盤となり得る仕組みを構築する際の留意点

①地域通貨として継続的に運用される仕組みを構築する必要があること。
②地域通貨の流通量を増やすには、住民等利用者による「チャージ」を可能とする必要がある。これは住民等の銀行口座からチャージ金額を引き落として、運用事業者の口座に振り込むことになるので、地域での顧客が多い地域金融機関との連携が必要であること。

③持続可能な仕組みとするため、店舗手数料の徴収は必要になるが、他の通常のキャッシュレス決済よりも低額になるような工夫が求められる。このため、送金と口座管理を担う地域金融機関が運用事業者となることを検討すべきであること。

④正確な本人確認のため、マイナンバーカードの活用が適切であること。

⑤ボランティアや健康活動など、政策的インセンティブのためには、原則として地域通貨の給付を活用すること。

⑥地域内の商店等での決済に限定するため、地域通貨アプリの活用の検討が必要であること。

第7章　地域DXの進め方

1 変わる住民の暮らしと行政（千葉市行政デジタル化推進指針を例に）

(1)「千葉市行政デジタル化推進指針」の考え方と取り組み方針

新型コロナウイルス感染症の拡大を契機に、様々な分野で非接触・非対面を可能とするデジタル化が急速に進展した。令和3年9月には「デジタル社会形成基本法」が施行され、行政のデジタル化が進んでいる。千葉市においても、令和3年に「千葉市情報通信技術を活用した行政の推進等に関する条例」が改正され、その第2条に次のようなデジタル技術を活用した行政推進の3原則が規定された。

①デジタルファースト原則（個々の手続き・サービスが一貫してデジタルで完結する）
②ワンスオンリー原則（一度出した情報は、二度提出することを不要とする）
③コネクテッド・ワンストップ原則（民間サービスを含め、複数の手続き・サービスがどこからでも1か所で実現する）

その上で、市民サービスをより一層向上させるとともに、今後想定される人口減少・人口構造の変化、大規模災害や感染症リスクに伴う行政上の課題を解決するため、千葉市における行政デジタル化の基本的な考え方や分野ごとの取り組み方針、推進体制等を示す「千葉市行政デジタル化推進指針」が令和4年3月に策定された。

デジタル技術の活用等により行政改革を進めることとしている「千葉市行政改革推進指針」（令和4年3月改正）及びテクノロジーの活用等によりスマートシティの実現を目指す「千葉市スマートシティ推進ビジョン」（令和4年3月策定）についても、それぞれの指針やビジョンに基づく具体的な取り組みを進める際には、「千葉市行政デジタル化指針」を参照するものとされている。

デジタル化は道具中心ではなく、人を中心に進めることが重要だとの観点から、地域課題を解決し、市民生活をより便利で豊かに、そして市民、職員の負担軽減や困りごとを解決するために活用し、温もりのあるものにする「あなたに寄り添うデジタル化」を目指すこととされている。その上で、次の4つの基本的な考え方が定められた。

①あらゆる分野でのデジタル化

市民への行政サービスに直接関わる全ての分野に加え、内部事務を含む行政運営全体を高度化・効率化するため、行政のあらゆる分野でデジタル化を進めることとされている。

②利用者視点に基づくデジタル化

利用者となる市民や職員にとって使いやすいツールとするため、利用者視点を重視したデジタル化を進めることとされている。

③公平で倫理的なデジタル化

ＡＩやデータを無秩序に利用した場合、判断結果に偏りが見られたり、本来の目的とは異なる、意図しない形でサービスが提供されたりするおそれがある。このため、不公平や差別が生じないように配慮したデジタル化を進めることとされている。

④誰もが安心して安全に利用できるデジタル化

近年、ランサムウェアによる金銭要求、標的型攻撃や不正ログインによる機密情報の窃取、内部不正による情報漏洩等の被害が多発しているほか、企業等における大規模なシステム障害も発生しており、社会のデジタル化に対する不安につながっているという認識が示されている。そのため、情報セキュリティ上の脅威への対策や保有するデータの適正管理・利用を徹底することにより、デジタル化の進展に対する市民の不安を低減し、誰もが安心して安全にデジタルを利用できる環境を整備することとされている。

このような4つの基本的な考え方を踏まえ、行政運営を市民・事業者等への行政サービスの提供、外部との連携、市役所の内部事務の遂行の3つの場面に大別し、それらを支える環境整備と合わせて、次のようにデジタル技術を活用することによる取り組み方針が定められている。

方針①市民・事業者等への行政サービスの提供

利用者の視点に立ち、個々のニーズを踏まえた行政サービスを提供する

方針②外部との連携

多様な主体と共創し、課題を解決する

方針③内部事務の遂行

市役所の業務を効率化・高度化し、職員の力を最大限発揮できるようにする

以上の3つの方針を支える取り組み方針として次が定められている。

方針④デジタル化を推進するための環境を整備する

(2) 取り組み方針に基づく主な取り組み項目

〈方針①について〉

i 現状と課題：紙資料の提出、対面での手続・相談等、オンラインで完結しない手続等が多数存在すること。市民・事業者等に、行政サービスに関する検索や受給のための手続の負担が生じていること。行政サービスの提供に当たり、申請が前提になっているものが多いこと。1つのライフイベントに基づく複数の手続きで、同じような記述を強いていること。事業によって申請書等の書式が異なること。

ii 取り組み項目と想定される主な具体的事例

・いつでも、どこからでも、誰でも手軽に手続きを可能にする

→手続の完全オンライン化、キャッシュレス決済の対象手続・決済手段の拡充、タブレット端末を利用した窓口受付、市のホームページから関連するオンライン申請手続への誘導、オンライン申請の利用方法の動画案内や入力例の掲載、簡単にオンライン申請できるようなフォーマットの整備、市内各所への出張によるマイナンバ

ーカード交付申請受付

・どこからでも相談等を可能にする

↓市民・事業者等との面談や相談のオンライン対応、会議やセミナー、イベントのオンライン開催

・市民・事業者等の負担感なく必要な情報・行政サービスを提供する

↓（情報提供）一人一人のニーズに合わせた情報提供、属性やライフイベントに応じた必要な行政手続の案内、住民情報等の市が保有するデータを活用したプッシュ型での行政サービスに関する情報提供、（行政サービスの提供）複数の手続のワンストップ（1回の手続に集約）化、住民情報等の市が保有するデータを活用したプッシュ型（申請なし）での補助金等の給付

・個々の状況に応じたきめ細かいサービスを提供する

↓デジタルに不慣れな方への学ぶ機会の提供、窓口での多言語対応や資料の読み上げ対応、多言語での情報発信等外国人や障害者等向けのサービスにおけるＡＩ等のデジタル技術の活用、各種コンシェルジュ業務（要望への対応や案内）へのＡＩの活用、文化財や観光資源等のデジタルアーカイブ化によるバーチャルコンテンツの提

供、窓口や施設の混雑状況の発信

〈方針②について〉

i　現状と課題：共創の手段としてオンラインコミュニケーション等のデジタル技術の活用が期待されていること。オープンデータを公開しているが、機械判読が可能なものが少なく、活用に適していないものが多く含まれていること。

ii　取り組み項目と想定される主な具体的事例

・多様な主体の意見・情報・ノウハウ等を活かし、行政課題の解決につなげる

→オンラインによる市民・事業者等との対話会の開催、ＡＩを活用したＳＮＳ上の情報収集・分析、市が保有するデータの利活用を希望する事業者との意見交換、市民・事業者等から地域課題解決の提案等をリアルタイムで受け付けるためのデジタル技術の活用

・多様な主体による公益的な活動を支えるとともに、公共性の高いサービスの創出につなげる

→市が保有するデータの積極的なオープンデータ化（民間部門のオープンデータ化についても支援）、地域コミュニティの公益的な活動におけるデジタルの活用の支援、

住民情報や法人等情報を含むビッグデータについて適切な加工をした上で提供、利活用が見込まれるデータから優先したフォーマットの標準化

〈方針③について〉

ⅰ　現状と課題：紙資料のシステム入力作業や検索に時間を費やしていること。大量の定型業務の処理に時間を要していること。多岐にわたる法令や事務処理要領等の確認に時間を要していること。

ⅱ　取り組み項目と想定される主な具体的事例

・業務を効率化する（ペーパーレスへの移行期）

→手続きによって異なる書式のレイアウト・項目の標準化、庁内のあらゆる事務事業におけるペーパーレス化

・業務を効率化する

→ＡＩチャットボットの活用による市民・事業者等や職員からの問い合わせへの自動応答、画像のＡＩ解析やセンサーの活用によるインフラの異常検知、デジタル技術を活用した現場の状況確認・分析、ＡＩを活用した事務処理誤りのチェック、職員間のやりとりにおけるｗｅｂ会議ツールやチャットツールの活用、タブレット端

末を活用した現場業務における即時的なデータ入力・確認、地図情報や統計情報等の庁内データを連携する仕組みづくりと効果的な活用
・データ分析の結果に基づき企画立案する
→官民ビッグデータの分析による事業へのナッジの活用

〈方針④について〉

i　取り組み方針1～3を推進していくには、それを支える環境整備が必要なことから、情報基盤、情報セキュリティ、人材の各分野において環境整備を進めること。

ii　取り組み項目と想定される主な具体的事例

（情報基盤の最適化・高度化）

・効率的な行政運営を支える情報基盤を整備運用する
→クラウドサービスの活用、システムと情報システム機器の最適化、ＡＩチャットボットの活用に向けたナレッジデータベースの構築

・職員の柔軟な働き方を支える環境を整備する
→業務用端末のモバイル化、業務の進捗状況の把握を容易にするためのタスク管理ツールの導入、業務用端末による内線通話利用、公私分計サービス・アプリの活用

（情報セキュリティ対策の徹底）

・**情報資産を守る情報セキュリティ対策を行う**

↓情報セキュリティポリシー等の随時見直し、情報セキュリティのリテラシー向上を目的とした研修の実施、高度な情報セキュリティ基盤の整備、外部サービスを利用する際に確保すべき情報セキュリティ対策の考え方の整理及び運用

（人材育成と外部人材の活用）

・**社会変化や技術の進展に対応する人材を育成する**

↓職員の知識や技術を底上げする、民間企業等との人事交流、デジタル化をけん引する人材の育成

・**高度な技術を有する外部人材を活用する**

↓副業・兼業可能な外部人材の活用、民間企業との人事交流、プロジェクトにおける外部人材の活用、データ分析ＵＩ・ＵＸデザイン等、高度な専門技術を要する分野における外部専門人材の組織横断的な活用

(3) すでに始まっている取り組み

このような方針は、行政デジタル化推進指針策定前から目指されており、代表的なものとして区役所窓口改革の推進など、次のような取り組みが行われている。

〈区役所窓口改革〉

① ワンストップ窓口の設置

ライフイベントに関わる手続きを可能な限り一括で受け付けるとともに、コンシェルジュにより各種手続きの適切な案内が実施される。市民が複数窓口を回る時間を削減し、類似事項を何度も記入する手間がなくなり、手続きの煩わしさ・分かりづらさの解消が図られている。なお、ワンストップ窓口では職員のサポートのもとで申請を行うことができる。

（図Ⅲ－7－1）

② 事務センターへの業務の集約化

それまで各窓口のバックヤードで個別に行われていた事務を一括して集中的に行う拠点が設けられ、システム入力業務などが効率化された。

③ セルフ化の実施

図Ⅲ－７－１

出所：千葉市役所HP

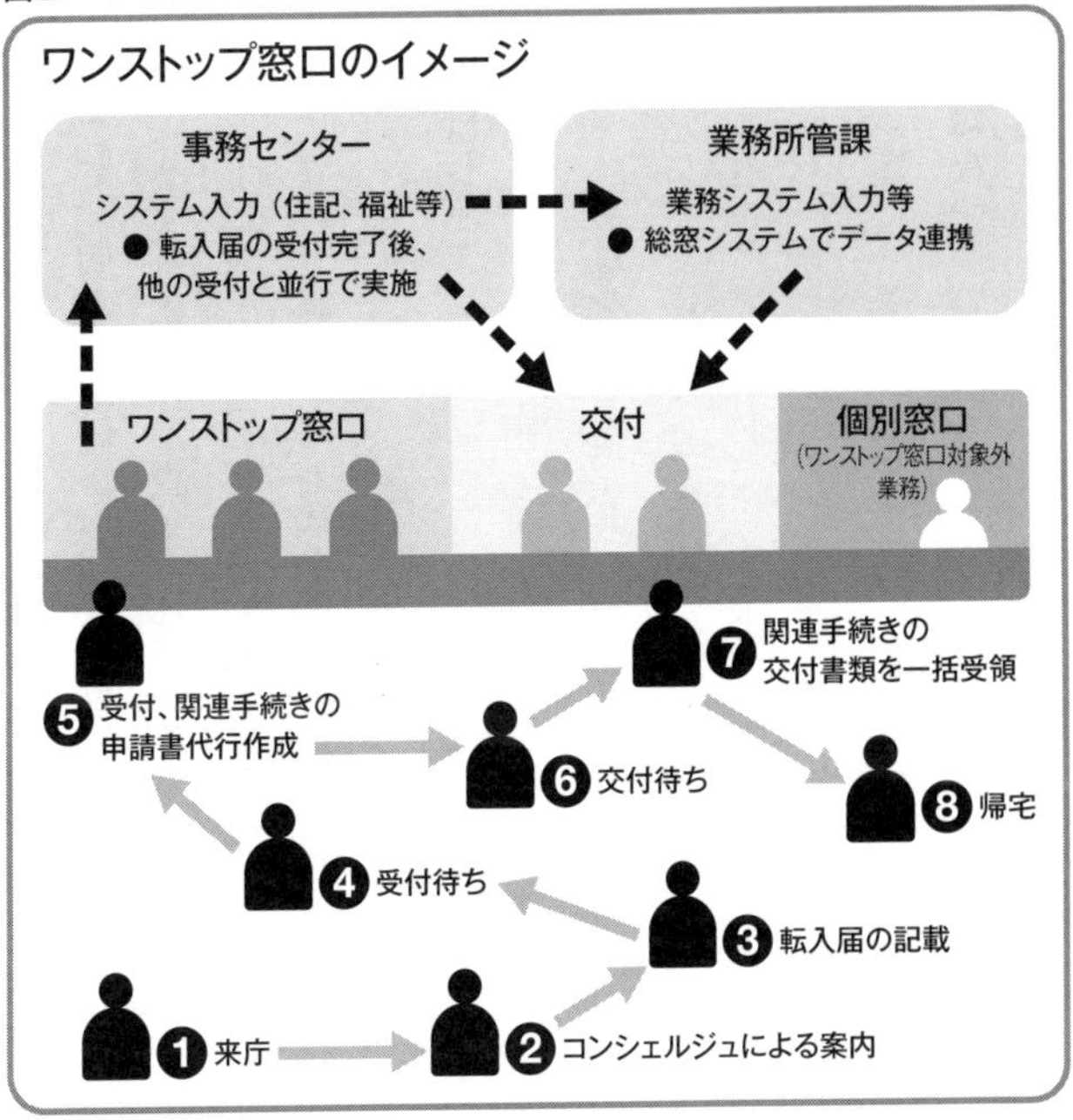

職員が行っていた申請内容の入力事務を、市民が事前申請やコンビニ交付で行うことで、来庁時の受付時間短縮や来庁不要となるなど、市民負担の軽減が図られた。

〈市民へのプッシュ型通知サービス〉

このような区役所窓口改革と併せて、市民へのプッシュ型通知サービスを行っている。

市役所で提供されている各種支援サービスなどは、申請が前提となっている。サービスが必要な人に対して受給漏れが発生しないようにするという課題があった。
そこで、個々の市民から同意を得て、一人一人の市民に合った支援サービス等を抽出しお知らせする仕組みが設けられた。その結果、市民は自ら検索などで調べなくても受給できるサービスを把握し、申請することが可能になった。このような仕組みこそ、利用者の視点に立ち、個々のニーズを踏まえた行政サービスの提供と言えるだろう。

〈ちばレポ〉

また、デジタル技術の活用は多様な主体と共創し、課題を解決する手段ともなる。一例として「ちばレポ」を紹介したい。
「道路に穴があいている」とか、「公園のベンチが壊れている」とか、市民が発見した「まちの課題」をレポートできる仕組みである。スマートフォンにアプリをインストールし、レポーター登録しておけば、通勤や散歩の途中でも地図上の位置情報や写真と併せて、気軽に「こまったレポート」として送信できる。課題解決の途中経過もアプリで確認できるようになっている。

さらに、デジタル技術の活用は様々な関係者が連携して産業の高度化をも可能にしていくだろう。例えば、千葉市においては、次のようなスマートフードチェーンに向けた取り組みも始まっている。

〈スマートフードチェーンに向けた取り組み〉

千葉市では農業の生産現場のＤＸ化に向けた取り組みとして、農業技師を対象に、生産・経営・市況等の様々なデータの分析・活用能力を養成し、スマート農業機器の普及と合わせた、産地としてのデータ活用型農業を推進している。

具体的には、産地の「環境センサー」や「栽培管理システム」のデータなど、複数のデータを集計・見える化し、多様な分析を実施することにより、データに裏付けられた農業経営、生産などを目指している。

このような取り組みを皮切りに、将来的には、生産サイドが有する収穫量や品質、気象状況などのデータと、販売・消費サイドが有する市況、需要、消費者の購買情報などのデータを連携・集積する。産地と市場が結び付くことで、生産者にとっては需要予測・廃棄ロスの削減、物流・生産の業務効率化を実現し、消費者にとっては生産者や産地情報の見える化とともに、安心して農産物をより高品質で購入できることを目指されている。ＤＸ

によって、生産者と消費者が直接結ばれることによってウィン-ウィンの関係性が構築されることが期待される。

〈幕張新都心版ＭａａＳの取り組み〉

幕張新都心の現状は、多くの人がＪＲ海浜幕張駅と目的の施設との単純往復となっている。新都心に集まる多様な施設間の移動の負担などを減らすことで、回遊性の向上による賑わいの創出により、幕張新都心全体のさらなる活性化が図られている。そのため、幕張新都心版ＭａａＳの導入が検討されている。様々な施設に関する情報提供と移動の最適経路設定、さらには交通サービスなどの予約と決済を一括して可能とするＭａａＳを導入することで、エリア全体で一つの施設のように自由に移動し、活用することが可能となる。ＭａａＳとの連携は幕張新都心だけでなく、高齢者への移動支援をはじめ様々な暮らしのシーンにも応用可能であり、今後の展開が期待される。

❷ 工程例その１（医療・介護サービスを中心に）

(1) 介護保険サービスの業務に係る段階的ＤＸ

ＤＸ（デジタルトランスフォーメーション）という時流の中で自分たちの仕事の在り方や生活の仕方に改めて着目し、超高齢時代を乗り切るための工夫に取り組むことは不可欠であろう。ただ、ＤＸといっても、全てがビッグデータとＡＩを活用して抜本的に変革されるというものではない。ＤＸとは、デジタルデータやデジタル技術を活用して企業活動だけでなく、私たちの社会をより住みやすく、生活をより良きものに向上させていく運動論である。まずは、現状を振り返り、段階的に取り組む必要がある。一般的に次のような段階があると指摘される。

第１段階：デジタイゼーション（アナログデータのデジタル化）
第２段階：デジタライゼーション（個別の業務プロセスのデジタル化）
第３段階：デジタルトランスフォーメーション（組織横断的な全体の業務プロセスのデジタル化・顧客起点のビジネスモデルの変革）

ここでは、超高齢時代を乗り切る地域再生の処方箋を検討するという視点から、介護保険サービスや医療保険サービス等に素材を求め、具体的な取り組みを検討することとしたい。

介護保険サービスの実施に関しては、主に、ケアプラン作成・交付、個別サービス計画書作成・交付、サービス実施の記録・実績確定処理、給付管理と介護報酬の請求、利用者への請求などといったプロセスがある。これらの業務フローを検証し、DXの観点から、より無駄なく、より高品質のサービスを段階的に作り上げていくことが重要である。

第1段階：事業所ごとに業務支援ソフトを個別に導入する段階

〈目的〉

事業所ごとの紙資料のデジタル化による資料管理の効率化を図る。主に保険請求データを効率的に作成するためのデジタル化となる。（複数の事業所を運営する法人等では、さらなる効率化への動機が存在するが、個別事業所をからなる法人等では、この段階で留まる場合も多い）

i　基本情報の個別入力

事業所毎に基本的な情報管理を行うため、全体としては膨大な作業の重複が存在してい

る。（氏名・生年月日・住所・主治医・担当ケアマネジャー・要介護度・保険情報・請求先等）

ii　データのやり取りはアナログ

情報連携は全てプリントアウトした紙媒体（郵送・FAX等）となる。その紙媒体を見ながら多くの転記作業が発生する。例えば、ケアマネジャーは、サービス担当者会議の結果等を踏まえ、ケアプラン・提供票を介護システム上で作成し、プリントアウトしてサービス事業所に送付する（郵送・FAX等）。サービス事業所においては、送られてきたケアプラン・提供票をもとに個別サービス計画書を介護システムで作成し、プリントアウトしてケアマネジャーに送付する（郵送・FAX等）。予定と実績をそれぞれのシステムへ入力してプリントアウトし、紙媒体でやり取りし、また、それぞれのシステムに入力するといった具合である。

iii　個別のスケジュール管理

スケジュール管理は紙やExcelで行われるので、煩雑な上に漏れも多くなりがちである。

iv　業務ごとの実績管理

サービス事業所において、手書きで記録したサービス実施記録を確認して介護システムへの実績入力を行い、まとまった実績はプリントアウトしてケアマネジャーに送付（郵送・

ＦＡＸ等）する。この実施記録を記入する作業は、サービスが終了した後に行うことから、介護作業の記憶を遡る必要があり、記録漏れなどが発生する可能性がある。また、複数のサービス事業所を運営する法人等において、サービスごとの帳票の様式が異なるなど、担当者が事業所を変わると対応が困難な場合も多い。

v　介護報酬請求等へのまとめ作業

ケアマネジャーは、サービス事業所より送付された実績をもとに介護システムに入力し給付管理を行う。複数のサービス事業所を運営する法人等では、各サービス事業所の利用者請求データを利用者毎に改めて集計し請求データを作成する必要がある。

第2段階：事務センターを設置し、統合されたデータベースで管理する段階

〈目的〉

バックオフィス業務の集中処理による介護報酬請求業務の効率化を図る。サービス現場本来の実務の流れに沿ったデータ入力による業務管理支援機能を備える。

i　基本情報の一括入力

基本情報は一度の入力で共通して活用されるので、対象者を特定するための重複作業が

解消される。

ii　デジタルデータでやり取りの自動化

情報はデジタル化され、システムで連携されるので、転記作業等が解消される。例えば、ケアマネジャーが作成するケアプラン・提供票や、サービス事業所が作成する個別サービス計画書等については、一度の入力によりシステム内で自動反映され関係者に周知される。個々の訪問介護士等に対しては、サービスの対象となる利用者に係る必要な指示を行うので、業務管理も容易になる。

iii　スケジュールの一括管理

スケジュール管理も一元化され、常に最新のスケジュールの共有が図られ、急な変更にも対応できる。

iv　実績管理等間接業務の集約化

サービス現場では、本来の実務の流れに沿って記録を入力するだけで必要な帳票等が整うことになる。現場の生産性の向上に寄与する。介護士等がサービスの実績を入力することにより、介護保険サービスを提供していることを示す根拠データが蓄積される。ケアマネジャーは、自動的に反映された実績を確認することにより給付管理が可能となる。（た

だし、ケアマネジャーとサービス事業所が異なる法人等の場合は、郵送・FAXとなりがちである）

Ⅴ　介護報酬請求等の一括請求

介護報酬請求についてはCSVデータ等で一括請求する。利用者請求は、利用者ごとの一括請求データを出力するだけで郵送することが可能になる。（納付は口座振替を活用できる）

第3段階：利用者（顧客であり、患者の場合もある）に関連するデータが集約され、医療や介護、生活支援等のサービスを利用者本位で提供することを容易にする段階

第1段階は、アナログデータのデジタル化の工程であり、第2段階は、ケアプラン等で指示されたサービスの実施を管理し、蓄積された実績で効率的に介護報酬請求等につなげようとする、一連の業務プロセスのデジタル化の工程であった。第3段階では、組織横断的な全体の業務プロセスのデジタル化・顧客起点のビジネスモデルの変革を検討することになる。

この場合まず着目したいのは、サービス提供時の利用者の状態の記録である。医師の指示により行われる訪問看護や訪問リハビリでは、実際に実施したサービスの実績報告とともに、利用者のバイタルサイン（体温、脈拍、血圧、SpO_2〈経皮的動脈血酸素飽和度＝血中の酸

素の量〉、呼吸）や食事・水分摂取・排泄の状況、利用者の様子などが記録されることが通常である。身体部位の絵図（シェーマ図）として記録されるものもある。医師の指示に依らない訪問介護においても、バイタルサインは測定しなくても、利用者の様子等は記録されている。通所介護をみても、医師の指示に基づくデイケア（通所リハビリ）だけでなく、医師の指示に依らないデイサービスにおいても、バイタルサインの測定・記録や利用者の様子は記録されている。

これらの記録は、電子カルテにおける診療記録様式のＳＯＡＰ方式におけるＳ（主訴）とＯ（客観）に相当する情報である。現状では、介護サービスを実施するに当たり利用者に異常がないかどうかを確認するためのプロセスとして、医療など他職種との情報共有は図られておらず、紙ベースの記録も多いと思われる。患者・利用者の家族への連絡用として手書きノートや紙の記録が用いられることも多い。

これらの記録がデジタルデータ化され、顧客（利用者であり、患者の場合もある）に関連するデータとして集約されれば、医療や介護、生活支援等の質の高いサービスを利用者本位で提供することに大きな貢献ができるものと期待される。

サービスを提供しながら利用者のバイタルサインや様子などの記録をデジタル入力して

いくことはサービスの質の低下や不慣れな付帯作業を招きかねない。したがって、音声入力やIoT機器を活用しバイタルチェック等のデータを自動で蓄積する仕組みの導入などの工夫が求められる。

(2) 顧客起点のビジネスモデルと地域再生DX

① 病院情報システムの現状

i 病院情報システムの導入

従来の病院完結型医療を支えてきた病院情報システムを概観した後、今後の地域完結型医療（介護等と連携する地域包括ケアシステムを含む）に望まれる方向性を考えてみたい。

病院情報システムとしては、診療報酬請求のオンライン化とともにレセプト請求作業を効率化する「医事会計システム」の導入が進んだ。次に、各部門への医師の指示の伝達プロセスを効率化するとともに、保険診療のルールに従って医療を提供していることを示す根拠資料を蓄積することにもなる「オーダリングシステム」の導入が図られた。また、「医療用画像管理システム（PACS）」の導入により、レントゲン写真等のフィルムレスも進んだ。これらは、ペーパーレス化と併せた業務の効率化と病院内の情報共有化を推進した。

その後、「電子カルテ」の導入が推進されている。

ii　電子カルテへの情報登録

電子カルテは、患者個人の診療録を電子的に作成・保存・表示するものである。その主な機能としては、患者の診療録としての機能とともに、スタッフごとの受け持ち患者リスト、病棟別患者リスト、診療科別患者リストによって指示を集約する機能がある。

電子カルテに登録される非医療情報としては、患者姓名、生年月日、性別、住所のような患者個人を特定する情報とともに、緊急連絡先等の患者を支援する環境に関する情報がある。患者プロファイルとして、身長、体重、血液型、アレルギー情報、生活習慣情報、既往歴等の患者の身体・生活履歴から得られる情報なども登録される。

診療記録の代表的な様式としてSOAP方式がある。患者にとって健康上の問題となっている内容を中心として記述される（Problem-Oriented Medical Record）。SはSubjectで主観的データ（主訴）である。患者が感じたことや訴えたこと（おなかが痛い、体がだるい、熱っぽいなど）、家族が話したこと等が記入される。OはObjectで客観的データである。検査・測定等により得られた情報や診察・看護で得られた情報も記録される。バイタルサイン（脈拍、血圧、呼吸、体温などの生命兆候のこと）や患者の表情などがある。Aは

Assessmentで評価である。主観的データや客観的データを踏まえた分析などが記入される。Ｐは Planで、評価に基づき決定した治療方針、生活指導などが記入される。

記録内容としては、医師の診察や所見、治療計画はテキストデータのほか、シェーマ（身体部位の絵図）として入力される。検査結果などの数値データ、腰部X線などの画像データ、同意書などのスキャンデータ、ＰＤＦ形式などのレポートデータがある。

継続的な診療に資するため、時系列的な記述の形式が使われることもある。

記載すべき内容についてテンプレートを用いて入力することにより、データベースへの蓄積後、項目ごとに集計することや設定したルールに基づいて内容をチェックすることが容易になる。

診療記録は登録日時、認証された入力者名、記録の種類や検査等のイベント日時も登録される。

ⅲ　電子カルテの活用

〈診療記録〉

照会される情報は、患者単位や業務単位で抽出される。例えば、患者の診療録は、医師が再診時に、初診、病歴、診療歴、入退院歴、入退院サマリを時系列に俯瞰でき、直近の診察内容について迅速に確認する場合に活用される。病棟単位の患者の処方一覧は、看護師が朝食後の服薬確認を行う際に活用される。

〈グラフ等の活用〉

入院患者については、血圧、脈拍、体温、呼吸数等のバイタルサインの情報をグラフで表示し、注射や薬の投与歴、処置・検査の実施、食事、水分の摂取量、尿量などの情報を時系列的に記録・参照して活用される。

〈クリニカルパス〉

入院から退院までの治療・検査のスケジュールを時間軸に沿って記述した計画表であるクリニカルパスについては、オーバービューや日めくり画面などを活用して状況を把握する。

②垂直的連携だけでなく水平的連携も求められる時代

急性期病床（一般病床）による病院完結型医療は、複数の慢性疾患を抱えながらＱＯＬの向上を目指す高齢者医療には必ずしもフィットしないことから、急性期→回復期→在宅といった機能別の医療機関等が垂直的連携して、早期の在宅復帰を目指す地域完結型医療への転換が図られている。

超高齢時代を迎えると、「時々入院ほぼ在宅」という高齢者の状況を踏まえ、医療や介護などを通した長期ケアが求められる。そのため地域包括ケアシステムの整備が進められる。医師、看護師、薬剤師、介護士など、多職種による水的平連携も求められる。医療の患者であり同時に介護の利用者でもある本人を中心にして、関係する多職種のスタッフが効果的に連携する仕組み、さらには、サービスの開始から看取りまでの長期にわたってケアを継続的に行うための仕組みが求められる。

例えば、在宅医療は本来非効率である。患者の自宅への移動時間が必要である。患者宅に到着しても、前回の診察との間の状態を把握しなければならない。服薬管理はできているのか、前回から今回までの間に何らかの変化がなかったのかを聞き取らなければならない。その上で、治療方針や生活様式の設定などを行うことになる。患者の側からすれば、診療から診療までの間に急性増悪となる恐れもある。患者側が何らかの異常を感じた場合に、その都度臨時往診を求めると、その対応も困難を極めることになる。これらの状況について情報システムを活用しながら、改善に努めていく必要がある。

一般に在宅医療を担うクリニックは、2人以下の医師で運営されることが多い。日程の都合で、他のクリニックの医師に訪問診療を頼むこともある。患者の急性増悪により、後方支援病院に入院手配することもある。複数のクリニックの医師がチームを組んで訪問診療に取り組み、検討し合うこともある。別の法人が運営する訪問看護ステーションなどと連携することもある。法人や組織を越えて地域で電子カルテを共有することも大きな論点となる。なお、24時間365日体制で往診や訪問看護が可能で、緊急時に後方支援病院への入院手配ができるなどの要件を満たす「在宅療養支援診療所」という制度もある。

③ 地域再生DXによる水平的連携の実現と地域市場の拡大

訪問医療での対応がより一層求められていく。一般的に症状が安定していれば、訪問診療は2週間に1度程度であろう。その間における患者の状況も入院時に準じて常時チェックできることが望ましい。同居家族がいれば、その家族及び本人が兆候の察知に努める。介護保険サービスとして行われる訪問の看護師やセラピストが、介護サービスの利用者としての当該患者のもとを訪問する場合も多い。訪問薬剤師などの場合もある。通所のデイサービスやデイケアのスタッフが利用者に接する時間も多い。これら多職種のスタッフもバイタルサインや利用者の様子などの情報を把握する。配食などの在宅サービスの機会にも高齢者の異変が把握されることもある。

これらの情報を電子カルテの「主観的データ（S）」や「客観的データ（O）」として併

せて表示することができないものであろうか。時系列のグラフ等も活用しながら医師等によるオンラインでの確認が可能となる。医師の視点だけでなく、看護師、介護士、薬剤師などの視点を併せて記録することにもなる。患者・利用者本人やその家族による自宅でのセルフチェックや服薬状況なども併せて表示できるようになれば、切れ目なく経過記録を可能にする仕組みになることが期待される。

高齢者は長期にわたって、基本在宅ながら時々入院が必要となる。様々なデータが在宅でも連続して把握され、医療機関等でのチェックを受けることができれば、安心ではないだろうか。同じ疾病と診断されても、その進行状況は一人一人異なるはずである。その人固有の連続したデータを活用すれば、その人固有の兆候の分析が可能となることが期待される。その結果、早めの処置が可能となればより安心である。独居高齢者も増加していく中で、ほぼ在宅で安心して暮らすためには、必要な場合に臨時往診や急性増悪での入院など適切な対応ができなければならない。高齢者の状況を継続的に把握して悪化の予防や兆候を察知できることが望まれる。各患者に特有の症状の記録が積み重なりビッグデータとして蓄積されることになれば、ＡＩの効果的な活用にもつながる。

在宅患者（利用者）を中心として多職種を連携させるツールとしては、クラウド化された電子カルテが有効だと思われる。クラウド化された電子カルテからは、診療情報提供書（紹介状）や検査結果、画像データもデジタル連携が可能となるので、急性期⇒回復期⇒在宅医療（外来を含む）といった垂直的連携にも効果的である。紙ベースが多い診療情報提供書（紹介状）や他の医療機関等との情報共有のための入退院情報や地域連携クリニカルパスなども、クラウド化された電子カルテがあれば作成が容易になりデジタルでの情報共有も可能となる。なお、クラウド化されたサービスは様々に実用化されている。個々の医療機関等は自分で情報システムを構築・保有する必要も少なくなっている。利用コストも低減化している。

在宅高齢者の増加は、介護保険サービスだけでなく、在宅配食サービスや買物支援等、様々なサービス市場の拡大を予想させる。在宅と入院を繰り返す高齢者の場合、これらのサービスの決済や資金管理に混乱が生じる可能性が高い。例えば、独居高齢者が勧誘を受け医療保険に加入しても、緊急入院後に連絡先不明ということで保険会社から契約を解除され、結局、保険金の給付を受けないということも発生する。資産管理にも支障が生じる。決済や資金管理・資産管理については、地域包括ケアセンターのサポートにも限界がある。これらの適切なサポートの仕組みは、在宅高齢者のＱＯＬの向上と地域経済循環のために

出所：:令和4年11月28日 第93回社会保障審議会医療部会資料より

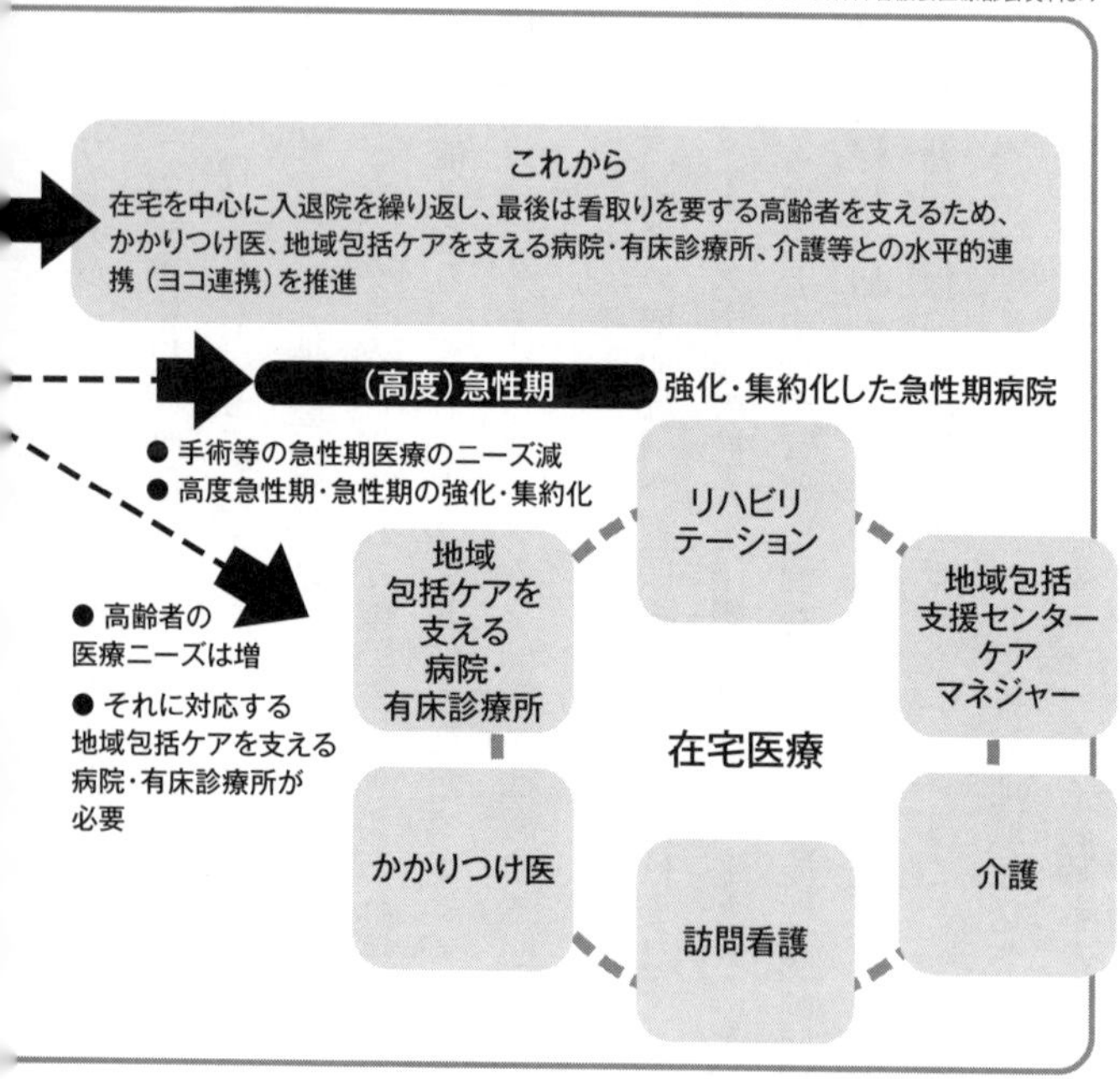

これから
在宅を中心に入退院を繰り返し、最後は看取りを要する高齢者を支えるため、かかりつけ医、地域包括ケアを支える病院・有床診療所、介護等との水平的連携（ヨコ連携）を推進
（高度）急性期
強化・集約化した急性期病院
● 手術等の急性期医療のニーズ減
● 高度急性期・急性期の強化・集約化
● 高齢者の医療ニーズは増
● それに対応する地域包括ケアを支える病院・有床診療所が必要
リハビリテーション
地域包括ケアを支える病院・有床診療所
地域包括支援センター ケアマネジャー
在宅医療
かかりつけ医
訪問看護
介護

は必要なことであろう。

訪問医療のような訪問系のサービスについては、移動時間等の短縮も求められる。高齢者のニーズを踏まえて、各スタッフの予定管理等をナビゲーションアプリと連動させた連携システムの構築なども効果的であろう。（図Ⅲ－7－2）

図Ⅲ－7－2

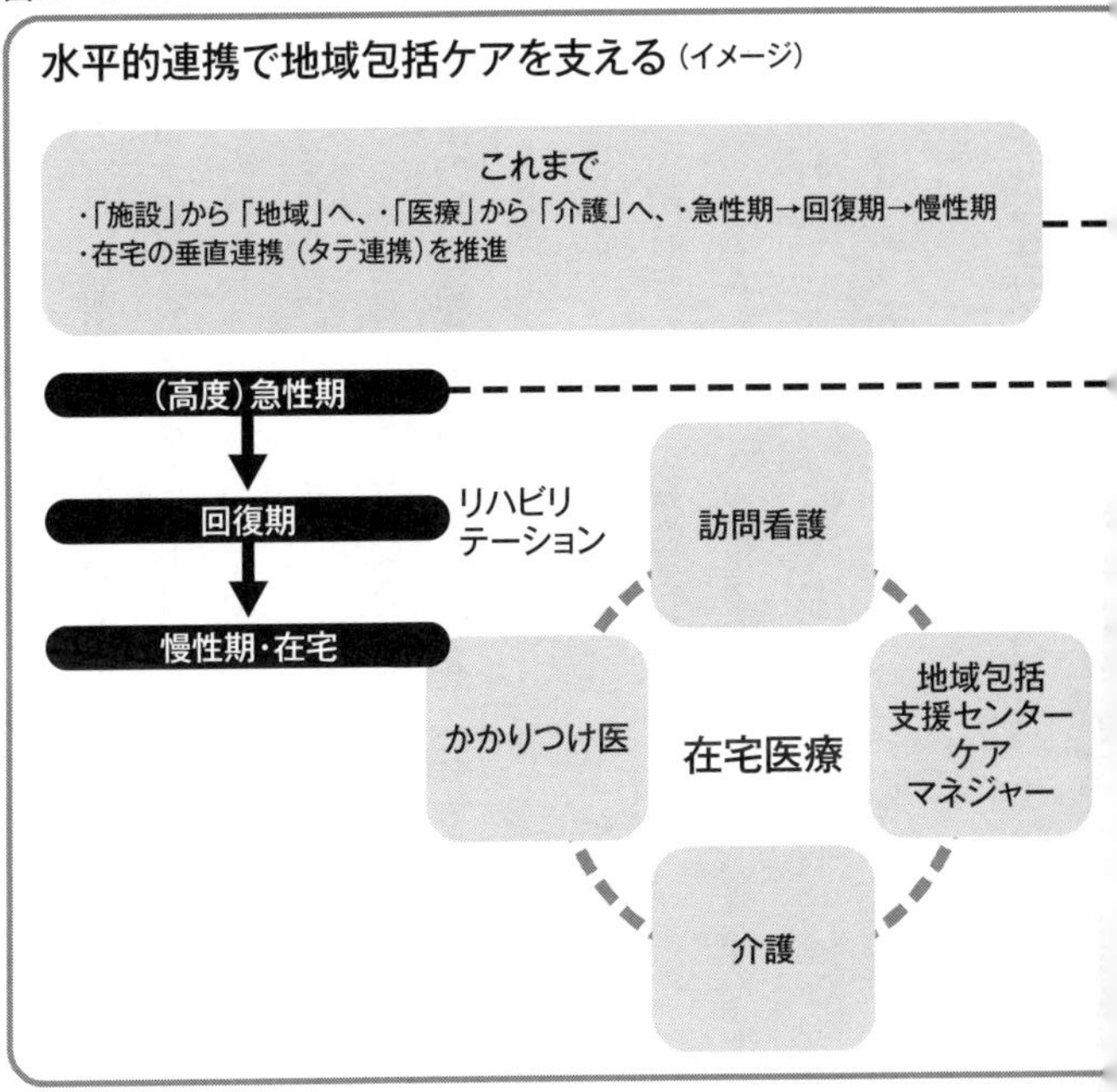

❸ 工程例その2（教育：大正大学を例に）

今後、少なくとも20年は少子高齢化が続く現状において、従来のビジネスモデルの在り方を見直そうとする大正大学のDXの検討事例を紹介する。

(1) DX推進の背景

① 既存システムの課題

既存の学務システムの老朽化、複雑化に対し、新システムへの導入が必要であると思われた。同システムには、各部門の業務対応のためにカスタマイズが行われ、全体最適やデータの有効活用という視点が不足していた。

② コロナ禍におけるリモート体験

コロナ禍におけるリモート授業やリモート業務の体験から、オンラインの活用と、デジタル化された教材やミニテスト等の学習履歴の蓄積等に、大きな可能性を感じたことで、LMS（学習管理システム）の導入の必要性が認識された。

③ 今後の社会動態を踏まえたビジネスモデルの検討

今後も長期間にわたる少子高齢化の状況が続くことが明白な中で、各大学とも、サービスとして提供する大学教育について、改めて顧客は誰で、どのようなサービスを提供できるのかを検討する必要が認識されている。

学務システムやLMSの新規導入に際して、既存の業務システムの簡素化を徹底し（「守りのIT投資」の視点）、そこで捻出できた人材でITを活用した新たなビジネスモデルの構築やサービスを開始するための「攻めのIT投資」の推進エンジンとすることが考えられた。

④ 新たな学生サービスの構築の方向性（エンロールマネジメント）

個々の学生に対して学力・就職・生活など、大学入学から卒業後まで多様な面からサポートし、卒業後の転職支援やリスキリング等を含めた生涯支援により大きな価値を大学が提供できるようにする必要がある。

このため、大学は個々の学生を起点として、変化し続けるニーズや行動パターンに柔軟に対応できるよう、必要なデータを確保しながら、変化に対応できるシステムであることが必要となった。

⑤ 超高齢社会における大正大学の使命

団塊の世代が80歳を超える2030年前後から、わが国は毎年160万人から170万人が死亡する多死時代を迎える。高齢者になれば、多くの疾病を併発している場合が多い。すなわち、超高齢時代とは、老いと病の中で、死を身近なものとして見つめながら生きて行く人々が多い時代である。

生老病死という四苦の老病死に直面して苦しんでいる人々を前に、総合的な仏教の大学として「智慧と慈悲の実践」を建学の理念に持つ大正大学は、これらの人々に正面から向き合う人間を育成できる。同時に、リモート教育などを通じて、直接、これらの人々に接し、その時々の情報をデータとして収集し、その結果に基づいて常にサービスをアップデ

ートしていくことにより、社会問題の解決に貢献することが求められるのではないか。（社会人学習の観点）

(2) 現行システム及び現行業務内容の現状分析

新しい業務システムの導入に際しては、業務プロセスの大胆な簡素化を実行するため、人材や資金等のリソースの再配分が必要となる。

まず、現行のシステム及び業務内容を分析し、問題点の抽出と対応方向の確認を行った。基本的な分析手法としては、学務システムが保有する各データについて、データの発生源と実際のデータ入力者等を確認していくことで、一つのデータの多段階入力や同じデータの多重入力等を発見し、それらの部分については、原則として発生源入力やデータの共有化等を図ることにより、対応策の整理につなげることとした。

(3) ＤＸ推進の具体的方針の策定

ＤＸ推進の背景や現行システム及び業務内容の分析を踏まえ、今後、ＤＸ作業を進めて行くための具体的な方針を列挙した。この際、今後の柔軟な対応を可能とするため、パッケージシステムについては、極力カスタマイズせずに利用し、複数のパッケージやクラウドサービスを組み合わせることや、ＬＭＳについても、グローバルに通用するオープンソースを利用することにより、共同運用のメリットを享受することを心掛ける等の柔軟な導入が重要であることに留意した。具体的なＤＸ推進の段取りは次の通りである。

① 更新に伴う学務システムの意義を再認識すること

Ａ　学務システムは顧客管理システムである

ⅰ　学生毎に、入学前（高校・入学試験等）、在学中、及び卒業後のデータを横串で管理

ⅱ　正しいデータを保有している者がデジタルデータとして入力することが原則（発生源入力）⇐

・氏名住所等の属性データは学生自身の入力が望ましい

・教育上の課題等については教員による入力が望ましい（ＬＭＳの活用と学務システムとの連携）

・職員には入学金や授業料の納付管理等のほか、時間割データ等学生の在学環境に係るデータの適切な管理が求められる

ⅲ　一度入力されたデジタルデータは使い倒す⇐

・入試時に志願者によって入力されたデジタルデータ等は、特に変更が無い場合は在

学中から卒業後まで活用する

B　デジタル化は省力化である

i　データ連携や発生源入力による多重入力の削減

ii　デジタル化による多様な集計業務等の省力化

iii　データの加工・再利用による作業の高度化（AIによる機械学習も視野に）

C　学務システムは経営管理ツールである

i　入試動向や在学生のニーズ把握、さらには卒業生とのコミュニケーション等によるマーケティングを可能とする

ii　資金管理と学生の教育支援等の効果を連携して把握する

iii　i及びiiを踏まえ、大学経営をデータによるPDCAサイクルで推進する

②デジタルデータ利用による新たなサービス向上の検討

A　職員による対応

i　在学中の日常活動等の支援力の向上（オンデマンドでの様々な相談等に対応）

ii　学習支援力の向上（LMS導入等によりきめ細やかな学習進捗の見える化・データ分析）

iii　進路支援力の向上（就職希望と適正マッチング等）

B　教員による対応

ⅰ　多様な教材の作成・管理支援力の向上

ⅱ　学生とのコミュニケーション力の向上

ⅲ　データ分析等による教育・研究支援力の向上（Institutional Research等）

③　DXは新たな顧客獲得ツールであること

A　潜在的な顧客の発掘

ⅰ　入学前、在学中、卒業後の学生とのコミュニケーションデータを蓄積することにより、リカレント教育だけでなく、新たなサービスを求める顧客としての学生・卒業生を発見する

ⅱ　社会人向けの講演・研修等の参加データ等を蓄積することにより、サラリーマン等の社会人層のニーズを汲み取り新たな顧客として発見する

ⅲ　卒業生とのコミュニケーションデータ等を蓄積することにより、人生、老いること、死ぬこと等を見つめ、心の安寧を求める方々との出会いを図る

B　大正大学のビジネスモデルの変革の支援

ⅰ　エンロールマネジメントの本格実施

ii　社会人教育の本格実施

iii　これからの時代に相応しい人間形成の提唱、社会・時代への提言等

C　新しい学務システムやLMSを通じた新業務モデルの支援可能性の検討

i　新たな業務改革について、新しいパッケージシステムがどこまで対応できるのかを検証する

ii　デジタル化による省力等を踏まえ、検討を開始するビジネスモデルを決定

iii　決定した新業務につき、パッケージで対応できない部分が存在した場合の対応については、必要性とコストの比較等により次のように判断

・業務のやり方を変えることの検討
・他のクラウドサービス等の活用の検討
・手作業等の活用
・アドオン（カスタマイズ）の検討
・当面は諦める（継続検討）

④　業務プロセスの再設計

これまで当たり前のこととされていた業務プロセスの中には、前例を踏襲しているだけ

で、実は見直しによって効率化可能なものや、過去から積み重ねられてきた個別ルールによって、かえって非効率となっているものが潜んでいる。デジタルを前提とし、顧客起点で見直しを行うことで、大幅な生産性の向上や新たな価値創造が期待できる。

⑤ 新しいビジネスモデルの検討

i　エンロールマネジメント

現行の業務改革により生み出されるリソースを充てる。そのうえで、学生に対する大正大学の使命（仕事）は何かを改めて考える。現状において仏教系、福祉系、地域系それぞれの授業を提供している。これらに、時代の流れに対応した総合的な知識と人格育成のサービス提供を更に加味していくことが重要である。

少子高齢化の急激な進行は、豊かな地域包括ケアサービスが各地で求められ、医療・介護だけではなく高齢者が中心となる地域社会となる。住民に人生の喜びを提供できる人材が求められる。卒業後においても、そのような悩みや疑問等にも対応できることなどが今後の検討事項となってくるであろう。

ii　社会人学習

大正大学の使命は、智慧と慈悲の実践（自利・利他）にある。今後は、多死社会であり、日本各地が老・病・死のある地域となる。高齢者の持つ複雑な諸問題に向き合い、人生の最終段階に向けて、高齢者とその家族が充実した「生ききる」ことができるようにサポートできる人材を育てることが重要である。

これまでの実社会における価値観が喪失される60歳代以上の人々に、苦しみからの解脱の意義などを提供していくことが求められているのではないか。

学習サービスの流通チャネルとして、卒業生との連携などが効果的であると考えられる。

第Ⅳ部

老後の不安解消と地域経済循環拡大に向けた地域再生DX

第8章

サービス循環による地域市場の再構築

❶ 地域が抱える構造的な課題

長らく東京一極集中が問題視されてきた。東京への転入超過数の大半は大学進学時及び卒業後の就職時であり、希望する「雇用」の機会が地方に確保されていないことが大きな要因と思われる。また、流動化する世界経済の動きは地方へも大きな影響を与えた。東西冷戦の終結による中国等世界市場の拡大とグローバル経済化に伴い、低賃金諸国への海外生産シフトによる地方の産業空洞化といった現象も起きた。地方から職場が失われ、東京などへの転出により人口が減少すれば、地方の需要の更なる落ち込みとなり、既存企業の行き詰まりによる雇用の喪失と人口減少をもたらすという負のスパイラルが生じている。

日本の生産年齢人口は1995年、総人口は2008年をピークに、それぞれ減少に転じた。一方、65歳以上の高齢者人口の割合は、1985年に10％程度であったが、2020年には28・7％（3617万人）と、急速に高まってきている。

本来（ライフサイクルの観点からみると）、高齢化は、貯蓄をする勤労者層が減少し、貯蓄を取り崩す高齢者層が増加することを意味し、国全体でみた貯蓄は減少することが想定される。ところが、第4章でもみたように、全国の国内銀行の個人預金残高（ゆうちょ除く）では、2022年3月の数値は2000年1月の数値の1・95倍になっている。この傾向は各都道府県単位でも同様であった。

自分の寿命が以前に想定していたよりも延びることになれば、貯蓄の取り崩しを抑制し、引退せずに働き続けて貯蓄を積み増すといった行動をとる可能性が出てくる。勤労意欲のある高齢者は多いものと思われる。ただ、地域の負のスパイラルの下で、高齢者が望めば雇用が確保されるとは考えにくい。

一般的には、勤労所得がなく年金収入だけに頼る高齢者だけの世帯においては、今後の医療・介護にどれだけのお金が掛かるか分からないので、年金収入を使い切った上で貯蓄を取り崩すという行動は取りにくい。できるだけ現金を使わないよう暮らす中で年金収入を残し、結果として個人預金残高が増加しているのではないか。

　高齢化が進む地域で、皆が現金支出を抑えると、当然、需要も減るのでますます仕事も減ってゆく。金融機関の預金残高が増えても、貸出先を増やすことは難しい。結果的に、個人の預金残高と国債の発行残高が共に増加してゆく中で、経済は縮小しているというのが、地方の現実の姿ではないだろうか。

　人口減少と少子高齢化による超高齢時代においては、地域における消費者・働き手・地域コミュニティの担い手が減少していく。地域市場における需要と供給の両面で縮小が加速する。小売り、飲食サービス、理容業など地域住民に必要となる生活必需品や生活関連サービスを提供し、住民の生活を支える機能を果たす役割を担っている事業所等が減少している。このままでは、地域住民が必要とする生活関連サービスの事業は、その継続が困難になる。生活インフラとも言える地域金融機関、教育機関、水道・電気・ガス等でも、円滑な事業継続が困難になる恐れが大きい。都道府県単位で見れば、２０４０年代まで65歳以上の人口は全国的に増加し今後も高齢化が進行していく。65歳以上人口も減少し始めている人口５万人未満の都市では人口減少そのものに拍車がかかる。地域が抱える様々な課題は構造的に深刻化している。

公共交通が縮小する一方、運転免許証を返納した高齢者は多くなる。独居高齢世帯も増加する。地域経済が縮小していく中で、医療介護だけでなく様々な生活関連サービスの必要性は多様化し増大する。

地域が抱える構造的な課題は、実は、新たに膨大なニーズを生み出している。求められるのは、これらのニーズを需要として受け止め、住民サービスを徹底していくことにより地域市場の再構築と雇用の拡大を生み出していく取り組みである。誰も決して見捨てられることはない、という安心を地域で確保する必要もある。住民サービスを徹底するトータルライフケアの体制を構築しなければならない。地域市場を再構築するとともに、高齢者自身が社会とのつながりを確保する必要もある。

このため、資源、金融、データなどを地域内で循環させて、潜在需要を掘り起こしながら多様なサービスを生み出し、雇用と所得につなげてゆく地域再生モデルを持続的に作り上げていかなければならない。

❷ 地域包括ケアシステムにおけるサービス循環

(1) 利用者が希望するサービスの可能性

介護は、長期ケアである。その現場は、長期にわたる利用者の生活の場である。このことは、自宅であろうが施設であろうが変わらない。医療サービスでは「混合医療」は認められないが、介護は公的な介護保険サービスに加え、保険外サービスとして各個人のニーズに個別に応えていくことは可能だ(混合介護)。

長期ケアの内容は、日常生活に密着しているので、利用者本人が決めるのが原則である。また、長期ケアは家族が行っているケアを代替する要素が大きい。医療のように専門職制度によって質を確保するだけでなく、利用者が希望するサービスを自由に提供することも求められる。特に、利用者の希望するサービスをオンデマンドで提供するには、介護保険制度内での対応は難しいであろう。様々なサービスに対する大きな潜在的ニーズが存在する可能性がある。このことは、地域における新たな仕事と雇用を生み出す可能性を意味している。

混合介護とは、1～3割の自己負担で利用できる介護保険サービスと、全額自己負担である保険外サービスとを併用することである。例えば、同居家族の分の調理・洗濯・買い物、利用者が使用する居室以外の掃除、庭の草むしりや花木の水やり、ペットの散歩等の世話、窓拭きや大掃除、配食サービスなど、本人のケアに直接関わらないことや日常生活の範囲を超えるサービスに対するニーズは、保険外サービスとして対応することが検討される。混合介護は、利用者にとっての利便性の向上ばかりでなく事業者としても多様なサービス事業を効率的に提供できるのではないか、との期待がある。

利用者とすれば、自己負担分だけで利用できる介護保険サービスに比べて、保険外サービスには割高感があるだろう。保険外サービスの拡大は資金力のある高齢者しか利用できないサービスが増えるという観点から、介護保険制度の公平性の確保に課題があるとの論点もある。このため、①介護保険サービスと保険外サービスが明確に区分されていること②利用者等に対し、あらかじめサービスの内容等を説明し、同意を得ていること――が求められていた。一方、保険サービスと保険外サービスとの線引きに厳格な管理が求められると、サービス事業者側の負担が増えることになる。

(2) 介護保険サービスと保険外サービスを組み合わせて提供する場合

2018年9月28日の厚生労働省からの通知では、「介護保険サービスと保険外サービスを同時一体的に提供すること」「特定の介護職員によるサービスを受けるための指名料」「繁忙期・繁忙時間帯に介護サービスを受けるための時間指定料としての利用者の自費負担による上乗せ料金を徴収すること」については認められていない。これは、単に生活支援の利便性のために「自立支援・重度化防止」という介護保険の目的にそぐわないサービスの提供を助長するおそれがあること、家族への生活支援サービスを目的として介護保険を利用しようとするなど、利用者本人のニーズにかかわらず家族の意向によってサービス提供が左右されるおそれがあること、指名料・時間指定料を支払える利用者へのサービス提供が優先され、社会保険制度として求められる公平性を確保できなくなるおそれがあること等が指摘されているためである。

① 訪問介護と組み合わせて提供する場合の例

ただ、同通知では、サービスの提供時間を明確に分けることで、訪問介護と保険外サービスを組み合わせて提供する場合の例が示された。

i 訪問介護の対象とならないサービスを利用者本人に提供する例

・訪問介護の提供の前後や提供時間の合間に、草むしり、ペットの世話のサービスを提供すること
・訪問介護として外出支援をした後、引き続き、利用者が趣味や娯楽のために立ち寄る場所に同行すること
・訪問介護の通院等乗降介助として受診等の手続を提供した後に、引き続き、介護報酬の算定対象とならない院内介助を提供すること

ii　同居家族に対するサービスの提供の例

・訪問介護の提供の前後や提供時間の合間に、同居家族の部屋の掃除、同居家族のための買い物のサービスを提供すること。（利用者本人分の料理と同居家族分の料理を同時に調理するといった、訪問介護と保険外サービスを同時一体的に提供することは認めない）

②　通所介護と組み合わせて提供する場合の例

さらに、通所介護（デイサービス）では、様々なサービスを保険内サービスとして提供できるため、保険外サービスとして利用者から保険給付とは別に徴収することは、基本的に認められないが、次のものは介護保険外サービスとして提供可能とされた。
・事業所内において、理美容サービス又は健康診断、予防接種若しくは採血（巡回健

診等）を行うこと

・利用者個人の希望により通所介護事業所から外出する際に、保険外サービスとして個別に同行支援を行うこと（機能訓練の一環として通所介護計画に位置付けられた外出以外に、利用者個人の希望により、保険外サービスとして、個別に通所事業所からの外出を支援するもの。外出中には、利用者の希望に応じた多様な分野の活動に参加可能）

・物販・移動販売やレンタルサービス

・買い物等代行サービス

③ 通所介護を提供していない休日や夜間等に事業所の人員や設備を活用して、保険外サービスを提供する場合の例

・通所介護事業所の設備を、通所介護サービスを提供していない時間帯に、地域交流会や住民向け説明会等に活用すること

・通所介護事業所の人員・設備を、通所介護サービスを提供していない夜間及び深夜に、宿泊サービスに活用すること

④ 通所介護の利用者と保険外サービスの利用者の双方に対してサービスを提供する場合の例

ⅰ　**両サービスの利用者が混在する場合**

・通所介護事業所において、通所介護の利用者とそれ以外の地域住民が混在している状況下で、体操教室等を実施すること

ⅱ　**通所介護と保険外サービスの利用者が混在せず、通所介護とは別の時間帯や、別の場所・人員により、保険外サービスを提供する場合**

・通所介護事業所において、通所介護とは別室で、通所介護に従事する職員とは別の人員が、地域住民向けのサービスを提供すること

(3) モデル事業の実施

2018（平成30）年4月より2021（令和3）年3月まで、東京都豊島区で混合介護のモデル事業が実施された。その成果として次のような報告が行われている。

選択的介護モデル事業報告書（令和3年3月）

東京都及び豊島区が平成30年8月から令和3年3月まで実施した選択的介護モデル事業（介護保険サービスと保険外サービスを組み合わせて提供する試行事業）の実施内容及び成果が取りまとめられている。（一部抜粋）

〈平成30年度モデル事業の内容〉

指定訪問介護サービスと保険外サービスを明確に区分し、組み合わせて提供するサービスを「居宅内」「居宅外」「見守り」の3区分で実施した。なお、「居宅内」「居宅外」のサービスは、月に1回以上、指定訪問介護サービスと保険外サービスの連続提供を必須とした。

① 居宅内のサービス：日常生活の支援

訪問介護の提供の前後や提供時間の合間に、生活援助を中心とした保険外サービスを提供するサービス

（利用例）書類の確認・分別、日用品以外の買い物、ペットの世話、庭掃除や客間の片づけ、電球・蛍光灯の付け替え、電子機器の操作確認、本人と一緒に食事をする、本人の話し相手、宅配・ネット注文サポート、同居家族分の家事、本人が行う同居家族分の家事の支援など

② 居宅外のサービス：外出の支援

訪問介護の提供の前後や提供時間の合間に、利用者の意向に合わせた外出支援を行うサービス

（利用例）日用品以外の買い物への同行、趣味等（区民ひろばや図書館等）への同行、（介護給付では認められない）散歩、友人等のお見舞いの同行、お墓参りへの同行、自宅を起点と

しない外出先への送迎、（介護給付では認められない）院内介助など

③見守り等のサービス：カメラやセンサーを活用した支援

利用者の自宅に設置したカメラやセンサーで24時間見守りを行い、必要に応じてヘルパーが電話による連絡や訪問を行うサービス

（利用例）Webカメラを利用した利用者の状況把握と必要に応じたヘルパーの訪問、ICTセンサーによる生活環境（室温や身体状況等）や利用者の状態の把握など

〈令和元年度モデル事業の内容〉

指定通所介護サービス・指定居宅介護支援と保険外サービスを明確に区分し、組み合わせて提供するサービスを「デイサービスでの健康・療養支援サービス」「IoT機器等を活用した在宅支援サービス」の2区分で実施した。

①デイサービスでの健康・療養支援サービス

薬剤師・管理栄養士がデイサービスを訪問して、お薬相談、薬のお届け、健康相談・栄養相談を行うサービス

②IoT機器等を活用した在宅支援サービス

デイサービス・居宅介護支援の利用者宅に、センサー機器等を設置して、利用者の生活リズムを把握し、適切な生活リズムの維持・回復のための支援及び家族や関係する多職種での情報共有を行うサービス

(4) 超高齢時代の地域の基幹産業の可能性

地域医療構想では、急性期の病床に人的・物的資源を集中する一方で、退院後は地域包括ケアシステムを受け皿として構築することが前提となっている。特に、高齢者の慢性疾患については、病気と共存しながらＱＯＬの維持向上を図るために、病院完結型から地域完結型の医療への転換が求められている。

慢性疾患を有する高齢者などの多様なニーズに対応するには、医療と介護だけでなく、生活支援が必要となる。高齢独居世帯が増加している現状においてはなおさらである。

介護保険法で各市町村に配置される生活支援コーディネーターの役割としては、市町村全域で行う場合や日常生活圏域（中学校区域など）で行うものが想定される。期待される取り組みとしては次のようなものがある。

①地域のニーズと資源の状況の見える化、問題提起

②地縁組織など多様な主体への協力依頼などの働きかけ
③関係者のネットワーク化
④目指す地域の姿・方針の共有、意識の統一
⑤生活支援の担い手の養成やサービスの開発（組織化し、担い手を支援活動につなげる機能）
⑥ニーズとサービスのマッチング

なお、地域包括ケアシステムは、医療や介護に生活支援サービスを加えた上、高齢者だけでなく地域住民全てを対象として考えていくことが大切である。すなわち、超高齢時代における地域再生や地域の持続性の問題そのものでもある。

患者・利用者を消費者として捉えると、移動などの既存のインフラを活用できない買い物弱者である。一方、消費者としての患者・利用者の所在は明らかである。様々な要望をまとめて受注し、まとめて必要なときに提供する方法を介護スタッフの力も借りながら構築すれば、「範囲の経済」の原則に沿った効率的な市場が成立することが可能となる。この場合、患者・利用者、特に地域の在宅高齢者の生活を総合的に支援するという立場からは、公的保険の対象となり得るサービスと市場において保険外で提供されるサービスとの連携が不可欠となる。

超高齢化が進む地域においてこのような市場を構築していく努力が地域の経済循環にもつながっていくのではないだろうか。超高齢時代の地域の基幹産業のモデルとしても期待できる可能性がある。

地域包括ケアシステムをサービス循環のモデルとして考えてみる。急性期病床の後は、回復期リハビリテーション病棟や生活訓練にも配意した介護老人保健施設において、円滑な在宅復帰支援のためのサービスが提供される。在宅復帰後には、慢性疾患を有する高齢者には、定期的な訪問診療サービスが提供される。訪問診療の対象となる高齢者の在宅療養は、家族による随時の介護が前提となる。しかし、核家族化や一人暮らし高齢者など、様々な状況が存在する。家族介護の負担を軽減し、高齢者の自宅での暮らしを支援するため、在宅介護サービスがあり、訪問看護、デイサービス、ホームヘルプ、訪問リハビリテーション、デイケア（通所リハビリ）がある。

どうしても自宅では随時の介護が確保できない患者・利用者については、介護老人福祉施設（特別養護老人ホーム）、ケアハウス、有料老人ホーム、サービス付き高齢者向け住宅などがある。

さらに、住み慣れた場所で最後まで自分らしく暮らし続けるためには、自立した高齢者に対しても、疾病予防と介護予防の一体的サービスが提供されることが望まれる。従来のサービスは、一般的に年齢が高くなるとともに、病院→在宅医療→在宅介護→施設入所という流れが見られる。一方、70代から80代前半の自立した高齢者に対するサービスが十分でない実状もある。また、独居高齢者などが自分らしい生活を送るためには、医療・介護だけでなく、その人その人に必要な生活支援が必要である。配食やクリーニングなどの家事支援サービスから、ペットの管理などについても一連のサービスとして一括して提供されることが望ましい。また、買い物やゴミ出し、郵便物の収受など、日常的な生活活動の確保を含め、家族や地域の代替機能も生活支援サービスとしてのニーズがある。

今後の超高齢時代におけるサービス提供側の人手不足等を考慮すれば、慢性疾患を有しつつ、生活支援を必要とする高齢者に対して、ICTを活用した遠隔ケアや遠隔医療を活用しながら、セルフマネジメントによる自己管理を求めていくことも重要な検討事項になる。動かないこと（生活が不活発）による廃用症候群や低栄養のリスク（筋力・運動能力の低下・免疫力の低下・低血糖による意識障害）を防ぐ、口を清潔にする（口腔ケア：誤嚥性肺炎の予防）、また、生活習慣病である脳血管疾患、心臓病、糖尿病の予防など、高齢者が自ら考え実行することをサポートする取り組みが重要である。医療・介護の公的サービスの患者・利用者の平均年齢はかなり高くなっており、高齢者が自立して生活している段階で、このような伴走型支援のヘルスケアサービスが必要ではないか。これらは、働くために健康な身体と健全な暮らしをサポートする取り組みでもある。

同居の家族があれば継続的に見守ることができるが、今後、高齢独居世帯は増加する一方である。高齢者の死因の多くは、悪性新生物（がん）、心疾患、脳血管疾患や肺炎である。これらは、生活習慣が影響するとともに、初期段階では自覚症状がない場合が多いとされる。医療・介護サービス事業者側においても、これまでの経験やデータを活かしながら、できるだけ早い段階から高齢者にヘルスケアサービスを提供することで、その人その人の状況に応じた新たなサービスが創られていくことが期待される。

いずれにせよ、医療・介護・生活支援という多様なサービスを提供する事業体とサービスを受ける住民が互いに交流し、より良いサービスが提供できるように育てていくことが大切である。

③ サービス循環とまちづくり

筆者（私）の実家は、約50年前に計画的に郊外に開発された住宅地である。私の両親を含め、皆さん30代半ばくらいの方々の世帯であった。中学・高校を経て、私は実家を離れた。時折、帰省するたびに、お子さんが離れてご夫婦だけという家が増えていったように思う。30年ほど経過すると、車で5分くらいのところに郊外型の大型ショッピングモールが開業した。週末は車でごった返すようになった。車で5分ほどで何でも揃うようになったので、生活は便利になったように感じた。ただ、帰省の度に、近所の本屋さんとか、食料品店とか、徒歩圏内の商店がポツリポツリと姿を消していた。

近年になり、父親が運転できなくなると、わが家の自動車は私の帰省の際の専用になった。そうそう帰省はできない。まとめ買いが無くなると、両親は近所のコンビニで食材を求めるようになった。時々、近所の比較的若い方に車で買い物に連れて行っていただいていた。ただ、周りはほとんど両親と同世代なので、その方に大きな負担がかかっており、申し訳なかった。老夫婦の朝食は、なんとか歩けるところにある喫茶店でのモーニングだった。日課の外出も兼ねての楽しみだったようだ。やがて、その喫茶店も閉店した。歩けなくなった父親が施設でお世話になると、母親が歩いて15分程の鉄道の駅からバスを乗り継いで着替えなどを持参するようになった。日常生活圏内での生活環境が厳しくなる中、亡くなる方もあり、ちらほら空き家も目立つようになってきた。

このような光景は、日本各地の至る所で目にするものではないだろうか。戦後の人口増加・高度経済成長・核家族化の波の中で、住宅地にもライフサイクルが生じている。高齢化した住宅地において、今後は、訪問系のサービスの充実が求められるだろう。訪問診療・訪問看護・訪問介護などである。散見されるようになった空き家は、これらのサービス拠点としての活用もあり得るのではないか。

例えば、通所介護サービスのデイサービスやデイケアは、市街地の外に大型の施設を擁し、朝夕、迎え送りするといった形態も多かった。これからは、空き家を活用し、できれば徒歩圏内で、訪問診療・訪問看護などと密接に連携したデイサービスもあり得る。併せて、要介護にはなっていない近隣の高齢者に対する介護予防・疾病予防のサービス提供の拠点ともなり得る。公的な健康保険や介護保険だけでなく、自費サービスについても、丹念に住民のニーズに対応できる無理の無いビジネスモデルの構築が日常生活圏における相互扶助的な経済循環につながる。

これらの中に、住まいの修繕やクリーニング、補聴器などの使い方や健康的な調理法などの情報提供、ゴミ出しなどの日常生活の支援機能をも有する新しい商店街機能の組み込みも期待できる。インターネット通販サイトでは得られない楽しくて痒い所に手が届く買い物支援の視点である。

また、空き家を子育て世帯の住宅へ円滑に賃貸できる仕組みなどを構築し、住宅の世代間循環を図っていくという観点も重要である。地域内デイサービスの拠点や子育て世帯の住宅としてリフォームなどを行う事業資金を地域金融機関により地域の資金が活用されるなどにより、より広い地域内経済循環にもつながる。さらに、各種地域内サービスの拠点は、徒歩圏内の元気な高齢者に対して、雇用の場を提供することも期待できる。

このようなエリアマネジメントと地域包括ケアシステムが連動することによって、相互扶助的な経済循環が日常生活圏域に構築されていく。小さな地域再生の積み重ねがより大きな地域の再生になることを忘れてはならないだろう。

地域活動のデジタル化の推進は、エリアマネジメントの有効な手法と考えられる。例えば、従来の紙媒体の回覧板や掲示板の代替・保管をはじめとする自治会等における情報共有の強化といった側面だけでなく、地域コミュニティの様々な主体の活動が見える化されることにより、効果的な相互連携が可能となり、高齢者や子どもの見守りや、被災住民のリアルタイムでの安否確認といった新たなサービスが可能となってくる。超高齢時代において一人一人に寄り添うまちづくりを実践するために不可欠なことであると考えられる。

④ 社会保障としての地域交通インフラという視点

(1) 地域交通(物流)に対するニーズの増大

医療・介護に代表される対人サービスは、サービスの提供と受益が同じ場所で同時に発生するところに特色がある。これまでは、大病院に代表されるように、サービス利用者側一人一人がサービス提供者の所に移動し一括してサービスを受けることが合理的であると考えられてきた。このような場合には、大病院のようなサービス提供場所を乗降場所とする公共交通機関などが活用されてきた。

一方、これからの超高齢時代においては、訪問診療や訪問看護などに代表されるように患者や利用者の所在の場所にサービス提供者側が移動して回るという形態に大きく転換されようとしている。物流についても、買い物支援に代表されるように、ＢｔｏＣのきめ細やかなサービスがますます求められてくるであろう。地域交通（物流）に対するニーズは増大することが予想される。

ところが、超高齢時代を迎えて地域交通インフラの脆弱化という課題が顕在化している。電車やバスなどの地域公共交通は、自動車による移動の増大や本格的な人口減少などにより縮小傾向にある。また、高齢者の自動車運転には年齢の壁の存在が指摘され、高齢ドライバーの運転免許証返納の動きも加速している。さらに、徒歩圏内でも、地方では商店街等の衰退に歯止めがかからない現状がある。

このような中で、地域交通（物流）に対するニーズの増大に対して様々な手法を検討していかねばならない。

(2) 訪問系サービス

住み慣れた場所で自分らしい暮らしを最後まで続けることができるような環境作りが地域包括ケアシステム等として目指されている。そこでは、病院完結型の医療から地域完結型の医療への転換の場合のように、医療・介護などのサービス提供側が高齢者などのサービス利用者の居所に移動してサービスを提供する訪問系のサービスが求められている。

医療・介護系の訪問サービスには、訪問診療・訪問看護・訪問薬剤師・訪問リハ・訪問介護（ホームヘルプ）の他、送迎サービスを前提としたデイサービスやデイケアなどがある。併せて、買い物等についても、自宅で受け取るオンライン販売や移動販売などの充実が求められるだろう。移動販売については、要望のあったお客さんの玄関先で対応するなどにより、お客のニーズとのマッチングを図るとともに、後方支援のマーケットなどと連携することにより在庫リスクを負わないような工夫が求められる。

これらの訪問系サービスについては、一人の利用者に多数のサービス事業者がアクセスすることになるので、多角的なサービスを同時に提供することができないかの検討が重要である。併せて、サービス事業者間での情報共有を図り、漏れの無いようサービスを実施しなければならない。このため、一人の利用者に係る複数の事業者間での必要な情報共有の仕組みが、特に高齢独居世帯などに対して求められる。

なお、デイサービス等については、送迎の対価が介護報酬に包括されている場合は、送迎は自己の生業と密接不可分な輸送と解され、道路運送法の許可又は登録を要しない。その上で、デイサービス等の利用を目的とする送迎に併せて、利用者からの依頼に応じてスーパーマーケットや病院における支援（買い物等支援）を保険外サービスとして行う場合は、次の①及び②に該当することにより、買い物等支援の利用者負担に運送の対価が含まれないことが明らかである場合には、道路運送法の許可又は登録を要しない。

①送迎の途中で、送迎の一環として、商店等へ立ち寄る場合であること。（商店等へ立ち寄らない送迎の場合に通常選択されると考えられる一般的な経路を逸脱しない範囲で行われるもの）

②以下のすべてに該当することにより、買い物等支援が送迎とは独立したサービスであると認められる場合。

・買い物等支援における利用者負担は、当該支援を利用する場合のみに発生すること
・買い物等支援を利用するか否かは、利用者が選択するものであること
・買い物等支援の利用者負担について、移動する距離や時間等で差を設けていないこと

(3) ドア・ツー・ドアの移動サービス

地域おける主要な交通手段である乗り合いバスや鉄道の輸送人員については、コロナの

影響で大きく減少したが、それ以前も近年は厳しい状況が続いている。

一般路線バスの経営状況が厳しくなる中で、地域の足を確保するため次のような公共交通システムの導入が図られている。

① コミュニティバス

交通空白地域・不便地域の解消等を図るため、市町村等が主体的に計画し運行するバスである。一般乗合旅客自動車運送事業者に委託して運送を行う乗合バス（乗合タクシーを含む）と、市町村自らが自家用有償旅客運送者の登録を受けて行う市町村運営有償運送の場合がある。2020年度には、全国で1367市区町村で導入され、コミュニティバスの事例数は3610に達している。

② デマンド交通

利用者の要望に応じて、機動的にルートを迂回したり、利用希望のある地点まで送迎するバスや乗合タクシー等である。予約型の輸送サービスで需要に応じた運行を行う。2020年度には、全国で1573市町村においてデマンド型乗合タクシーが導入されている。また、バス・タクシー事業者による輸送サービスの提供が困難であり、かつ、地域に必要な旅客輸送を確保するため地域の関係者間で協議が調っている場合に、市町村やN

PO等による自家用車を使用した有償運送を可能とする自家用有償旅客運送が、2020年度末現在、3137団体において実施されている。

定時定路線の乗合バスは一定の初期費用が必要であるが、需要の大小によるコストの変動はあまり大きくないとされる。一方、デマンド交通は、需要が多い場合には結果的に定時定路線方式よりもコスト的に不利になりがちである。実情に応じた柔軟な対応が求められる。

また、デマンド交通にもいくつかの運行方式が考えられる。

①定路線型：所定のバス停等で乗降を行うが、空のバスを解消するため、予約があった場合のみ運行する。

②迂回ルート型：定路線型を基本に、バス停等まで遠い地域に迂回ルートを設定し、予約に応じて所定の乗降場所まで迂回させる。

③自由経路型：予め乗降場所を多数設置した上で、運行ルートは定めず、予約に応じて所定の乗降場所の間を最短経路で結ぶ。

④ドア・ツー・ドア型：運行エリアは定めるものの、運行ルートやバス停等を定めず、予約があったところにドア・ツー・ドアのサービスを提供する。

超高齢時代においては、以上のような様々な運行手法が登場する中で、運行事業者側のコストや利用者の所要時間を踏まえながら最適な運行方法を構築し、できればドア・ツー・ドアのサービスが提供されることが望まれる。その観点からは、現実化されつつあるMaaSと呼ばれるサービスのあり方に注目すべきであろう。Mobility as a Serviceの略で、地域住民などの一人一人の移動ニーズに対応して、複数の公共交通やそれ以外の移動サービスを最適に組み合わせて経路検索・予約・決済・情報提供等を一括で行うサービスである。既にある交通・物流手段として、地域鉄道やバス・タクシーなどの地域交通事業者の他に、患者・利用者の送迎や訪問ドクターなどの移動のための医療・介護事業者の車両がある。また、新聞配達、郵便配達、宅配事業などの車両やスクールバス等もある。それぞれ別々の目的のために活動しているこれらの既存交通インフラを連携・多目的化させ、MaaSのシステムによって効率的に活動させる方向での検討が有効である。(図Ⅳ—8—1／図Ⅳ—8—2)

これらの交通インフラの運用やそれらのインフラを活用した見守りサービスなどに期待されるのが、元気な地域の高齢者の労働参加である。

住民のQOLの向上と交流や消費活動の活性化のためにも、訪問系サービスの充実と併

図Ⅳ－８－１

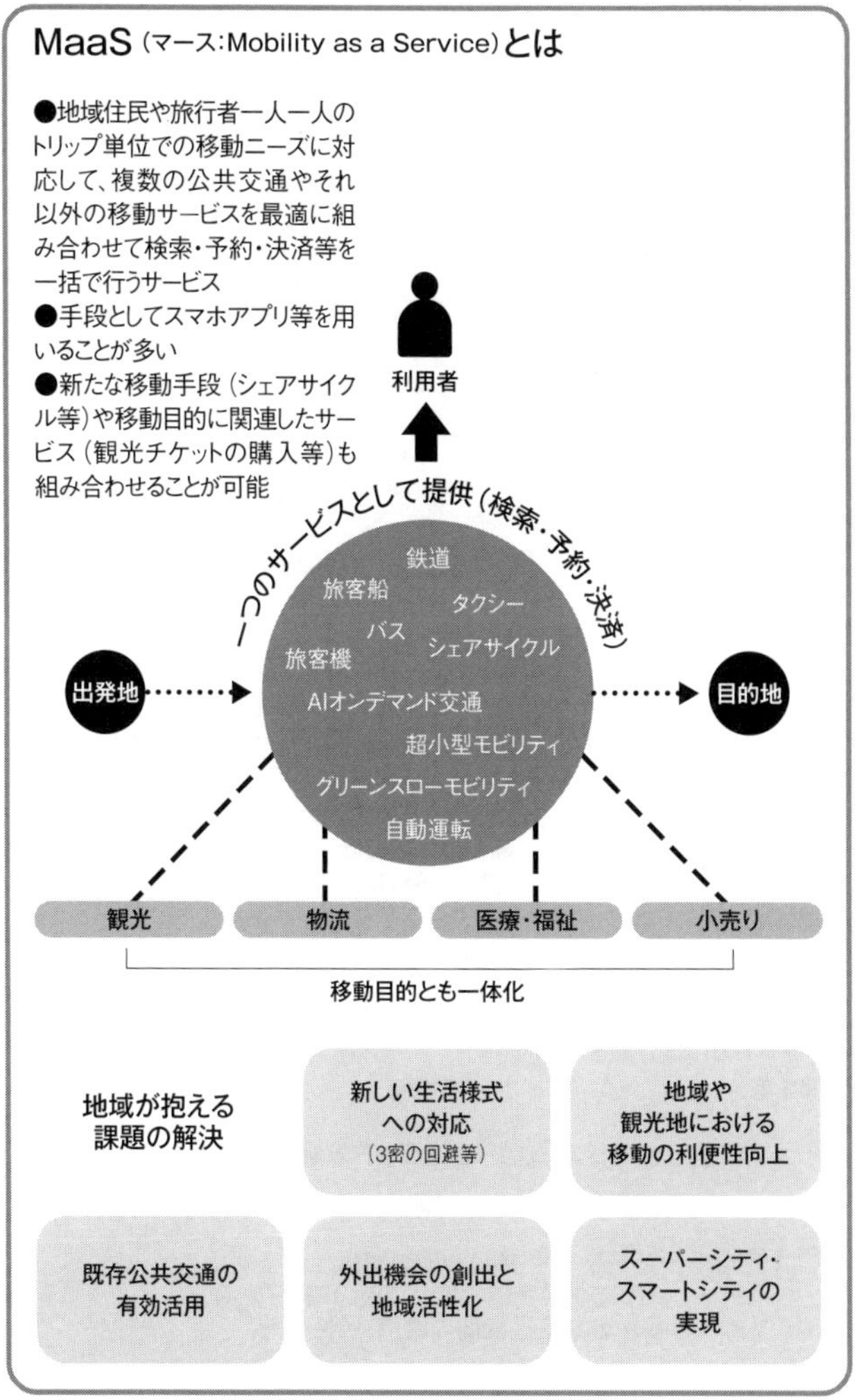
MaaS（マース:Mobility as a Service）とは
●地域住民や旅行者一人一人のトリップ単位での移動ニーズに対応して、複数の公共交通やそれ以外の移動サービスを最適に組み合わせて検索・予約・決済等を一括で行うサービス
●手段としてスマホアプリ等を用いることが多い
●新たな移動手段（シェアサイクル等）や移動目的に関連したサービス（観光チケットの購入等）も組み合わせることが可能
利用者
一つのサービスとして提供（検索・予約・決済）
鉄道
旅客船
タクシー
バス
旅客機
シェアサイクル
AIオンデマンド交通
超小型モビリティ
グリーンスローモビリティ
自動運転
出発地
目的地
観光
物流
医療・福祉
小売り
移動目的とも一体化
地域が抱える課題の解決
新しい生活様式への対応
（3密の回避等）
地域や観光地における移動の利便性向上
既存公共交通の有効活用
外出機会の創出と地域活性化
スーパーシティ・スマートシティの実現

出所:国土交通省「日本版MaaSの推進に係る最新の動向」（令和3年）

図Ⅳ−8−2

“日本版MaaS”の推進

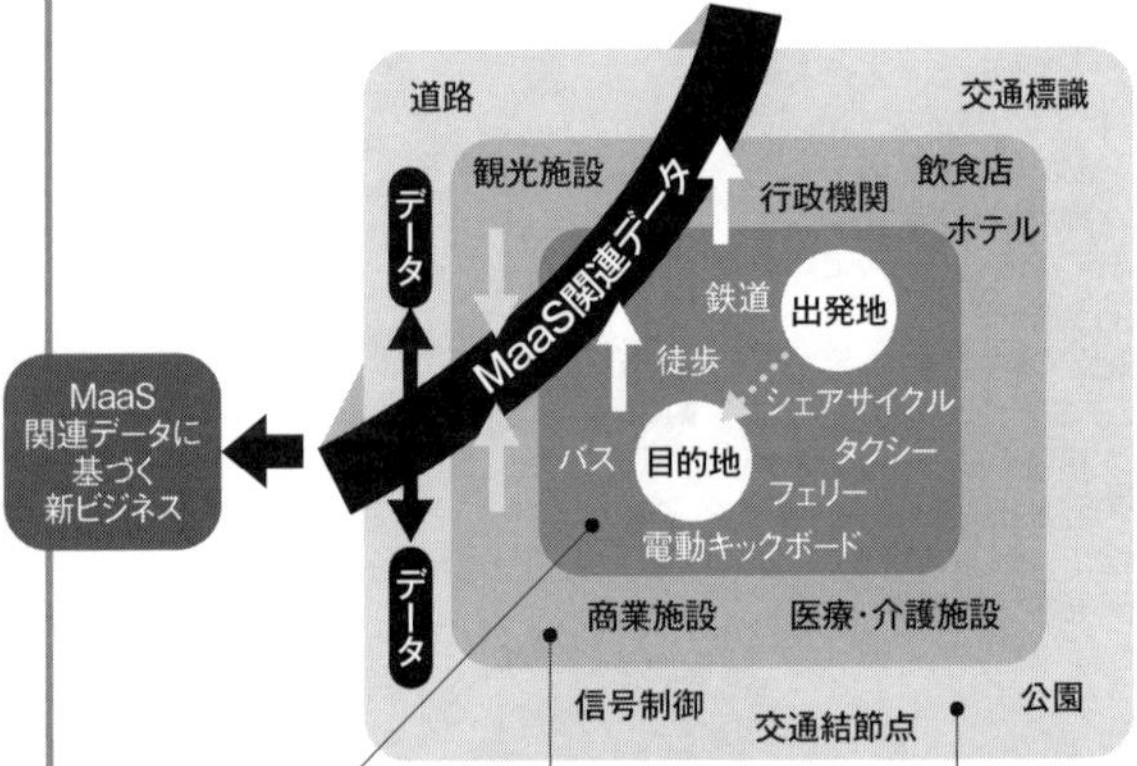

● コアなMaaS
公共交通、新型輸送サービス等の複数の移動手段を最適に組み合わせて検索・予約・決済を一括で行い、ストレスレスな移動を実現
● 公共交通事業者（鉄道、バス、タクシー、フェリー等）
● 新型輸送サービス（電動キックボード、シェアサイクル等）の運営事業者

● MaaS＋生活・観光サービス
病院やホテルの予約、商業施設や美術館の割引・イベント情報配信等、生活サービスと連携し、移動の高付加価値化を図り、移動を喚起
● 観光施設事業者
● 商業施設運営事業者
● 医療施設運営法人
● 美術館・博物館運営法人
● ホテル事業者

● MaaS＋社会インフラ
道路・交通結節点の整備、信号制御の見直し等、インフラ整備やまちづくりと連携し、交通渋滞や持続可能なまちづくり等の社会課題を解決
● 地方自治体
● 警察
● まちづくり団体

全国各地でのMaaSの普及⇒日本版MaaSの実現

▼

地域課題の解決
（地域や観光地の移動手段の確保・充実、
公共交通機関の維持・活性化等）

出所：国土交通省

せて、移動サービスの確保が必要となる。

(4) 徒歩圏内サービス

高齢者の外出を促す必用からも徒歩圏内でのサービスの確保も望まれるところである。ショッピングモールは大型過ぎるけれども、小型のドラッグストアやコンビニにおいて商品がより多様化された店舗とか、徒歩圏内のデイサービスで健康管理の相談等も行える場所とか、それらが複合的に存在する施設など、地域地域の需要に応じた工夫が求められる。配達サービスも併せて実施されることも必用であろう。準徒歩圏内の施設としては、地域の駅舎等に検診センターを合築するなどの工夫があり得るだろう。

いずれにせよ、医療や介護が確保されるとともに、自立した高齢者住民を含め、その外出を促す移動の手段を確保することにより、交流が増え、消費活動にもつながることは、住民のQOLの向上と地域経済活性化に直結するだけでなく、疾病予防と介護予防の一体的取り組みとしても有効であると思われる。社会保障としての地域交通インフラという視点は人口減少や高齢化が進む中で、暮らしやすい地域を維持するために不可欠のものであろう。

第9章　トータルライフケアと地域再生DXプラットフォーマー（公共クラウド）

❶ トータルライフケアの特色

(1) ヘルスケアサポート

「地域の実情に応じて、高齢者が、可能な限り、住み慣れた地域でその有する能力に応じ自立した日常生活を営むことができるよう、医療、介護、介護予防、住まい及び自立した日常生活の支援が包括的に確保される体制」という地域包括ケアシステムは、住民の人生の最後を見守る「看取り」までのトータルなライフケアの存在を必要とする。何か容態の急変があった場合にその時その時のサービスに止まらず、長期にわたって、その人の人生に伴走する継続的なサービスであることが望まれる。医療・介護サービスはもとより、日常生活圏域において、トータルライフケアに関わるサービス事業者が十分に確保されることが求められる。それらのサービス提供が尽くされることが、住み慣れた地域で暮らす高齢者のＱＯＬの向上と老後の不安解消につながる。さらに、地域市場の再構築・地域経済の活性化にもつながることで持続的で循環的にサービスが維持される。超高齢時代の地域政策の大きな目標となる。

かつて田中角栄は『日本列島改造論』の中で、「社会保障が拡充されて人びとに老後の不安がなくなれば、増加する所得を使って豊かな消費生活を楽しめるようになる。（中略）成長活用型の経済運営は『福祉が成長を生み、成長が福祉を約束する』という好循環をつくることができる」とした。現在は、経済成長力こそ衰えたといえども、当時に比べ、はるかに大きな経済規模がある。日本列島改造論のような発想とエネルギーは現在においても応用する価値があるのではないか。

医療・介護をはじめ様々な生活支援サービスにおいて多様化増大するニーズを需要として受け止め、超高齢時代に相応しいビジネスモデルを構築してゆくことで、新たな経済循環に変換しなければならない。そこでは、デジタル技術をはじめとして田中角栄の時代には存在しなかった様々な手法を活用できるだろう。「地域再生ＤＸ」とは、このように老後の不安解消と地域経済好循環の創造に取り組むことである。

例えば、医療の患者・介護の利用者や消費者が、病院や商店街等といったサービス拠点に訪れて集約的にサービスの提供を受けるという従来のビジネスモデルは、転換を迫られている。その代表的なモデルが病院完結型の医療から地域完結型の医療への転換であった。そこで求められるのは、患者・利用者に対する訪問型のサービスの構築であった。患者であり、利用者でもある一人一人の高齢者のニーズに合わせて、医療・介護の連携が図られる。多職種のスタッフがＱＯＬの向上を目指し、協力して患者・利用者起点のサービスを作り上げる。限られた人材の中でこのようなサービス提供体制を可能とするためには、一人の顧客（患者・利用者）に対する多職種のスタッフが効率的にシフトを組み、同じ顧客に関する情報を共有しつつ、互いに補いながら多角的にサービスを提供していく必要がある。

同時にそこでは住まいのあり方も問われてくる。高齢独居世帯が増える中で、自立した高齢者には、日々のバイタルサインのセルフチェックや動脈硬化などにつながらないような食事の工夫や適切な運動などが求められる。自分で血圧管理手帳などに記入しながら続けていくだけでは継続も困難である。そこで、自宅での取り組みをＷｅｂ画面で伴走支援しながら、時折、健康状態の相談ができるようなサービスも必要となってくるであろう。Ｗｅｂでの支援にとどまらず、例えば、空き家をリフォームした健康支援拠点において、気軽に相談や問診に応じるとともに、リハビリを含めた健康指導を行うようなサービスも有益であろう。しかし、より密着した医療・介護サービスが必要な方々に対しては、特別な環境下で住む場所を確保しなければならない。容体が急変するリスクのある方々については、慢性期病床や介護医療院のような施設対応が必要な場合も多いのではないか。容体が比較的安定した方々についても、特定施設入居者生活介護の指定を受けた介護付きホームにおいて、日常生活上の世話などを確保した上で、診療所等と十分連携を図る必要がある場合も増えるだろう。また、診療所に併設された住まいなども求められよう。

(2) ライフサポート

ＱＯＬの向上という共通の目的の追求は、医療・介護サービスにとどまらず、買い物支援や配食サービスや様々な生活支援サービスを要請していくだろう。しかし、需要と供給の両面で縮小している地域で独自に事業を立ち上げることは困難が多い。医療・介護サービスの新たなサービス提供のモデルチェンジに併せて構築される情報基盤などを活用して様々な生活支援サービスを載せていくという手法も現実的な手法として有効であると思われる。（範囲の経済）

高齢者に対する支援サービスの多様化は、これらのサービスに対する決済（支払い）が煩雑になる。また、将来的に十分な資金確保の見通しがないと、サービス購入に躊躇せざるを得ない。すなわち、高齢化に伴う支出増に対して、年金や貯蓄、あるいは不動産の流動化などによって将来にわたり、自分にはどの程度支出能力があるのかを判断すること、適切な医療・介護・生活支援のサービスを選択すること、これらの決済を適切に実施することが必要である。

ところが、高齢化に伴う支出増に対して、煩雑な決済手続き負担が発生するが、独居高齢世帯の増加などの状況では、それらをサポートする体制が存在しない場合が多い。（図Ⅳ－9－1）

認知症患者の財産管理については、「成年後見制度」がある。しかし、日本における認知症患者数は増加の一途をたどっており、厚生労働省の推計によれば2020年時点で約631万人、2025年には約730万人、2050年には約1000万人にも上るとさ

図Ⅳ－９－１

高齢化社会がもたらす
都市部・地方を問わず全住民が直面する
生活資金管理の課題

高齢化に伴う支出増
老人ホーム等の介護費や医療費負担等により、2か月に1回の年金収入では、やがて賄えなくなる。

煩雑な決済手続き負担の発生
支出は医療、介護、生活費、家の管理など多岐にわたる一方、年収は年金、預貯金の切り崩し、不動産収入リバースモーゲージなどを組み合わせて調達。

サポート人材の不在
核家族化が進み、都会で働く子供に生活資金管理を任せられない。医療機関や金融機関も人手が不足。

収入決裁手続き負担

年金
2か月に1回、2人分

預貯金
切り崩し

↕ 収入と各種支払いのタイミングがバラバラで、金額も変動しマチマチ

支出決裁手続き負担

夫
・介護施設月間利用料
・介護施設追加利用費用
・住宅ローン返済
・通信費

妻
・光熱費
・食費などの生活費
・デイサービス利用料
・通信費

※いちいち銀行に行ってお金を引き出し、それぞれの支払先へ振込／持参

出所：著者作成

れている。２０３０年には認知症患者が保有する金融資産が２００兆円にも上るとの試算もある（第一生命経済研究所 調査研究本部 経済調査部〈２０１８年8月28日公表〉）。

認知症の進行した患者やその家族にとって、成年後見制度は欠かせない制度であろう。しかし、２０２０年の認知症患者数（６３１万人）に対する成年後見制度の利用者数（23万９９３３人）の割合は約３・８％に過ぎない。

成年後見制度が普及しない要因として、財産の不正利用という問題がある。また、専門職の後見人や後見監督人が選任されると、家庭裁判所において決定される報酬を支払う必要がある。月あたり数万円、年間で数十万円にも及ぶという。成年後見制度では財産の使途が限定的・制約的になるため、財産の活用が難しくなるというデメリットも指摘されている。成年後見制度の利用を検討する親族等が使いにくさを感じ、制度の普及が進んでいないとの意見もある。

高齢者にかかる適切な資産管理の下、利用可能な資金の活用により、医療・介護、クリーニング、買い物支援、タクシー利用など様々な生活支援サービスについても、一括決済が可能で、かつ、遠方の親族を含め、適切にサービス利用と決済状況等の確認ができる仕組みがあれば、自立した中堅高齢者を含め、それぞれの高齢者の将来収支を見通すことが可能となる。医療・介護・生活支援といった地域の様々なサービスが充実し、高齢者をはじめ住民のQOLの向上と地域経済活性化に直結する基幹インフラになることが期待される。（図Ⅳ—9—2）

❷ トータルライフケアを支援するシステムのイメージ

高齢者のケアは長期にわたる。高齢者のこのような生活情報とともに、医師や訪問看護師、あるいはデイサービスセンターなどで把握された、脈拍・血圧・呼吸・体温などバイタルサインのデータや、その高齢者の体調などの状況のデータが連続して長期間にわたり蓄積されることが期待される。このデータ分析により、高齢者一人一人に応じた変化が早いうちに把握され対応が可能となってくる。そうなれば、高齢者の生活習慣と体調との関連なども把握することができるだろう。超高齢時代においては、住民の身体と生活の健全性を確保するために、このようなトータルライフケアシステムを構築していくことが求められるのではないだろうか。

図Ⅳ－９－２

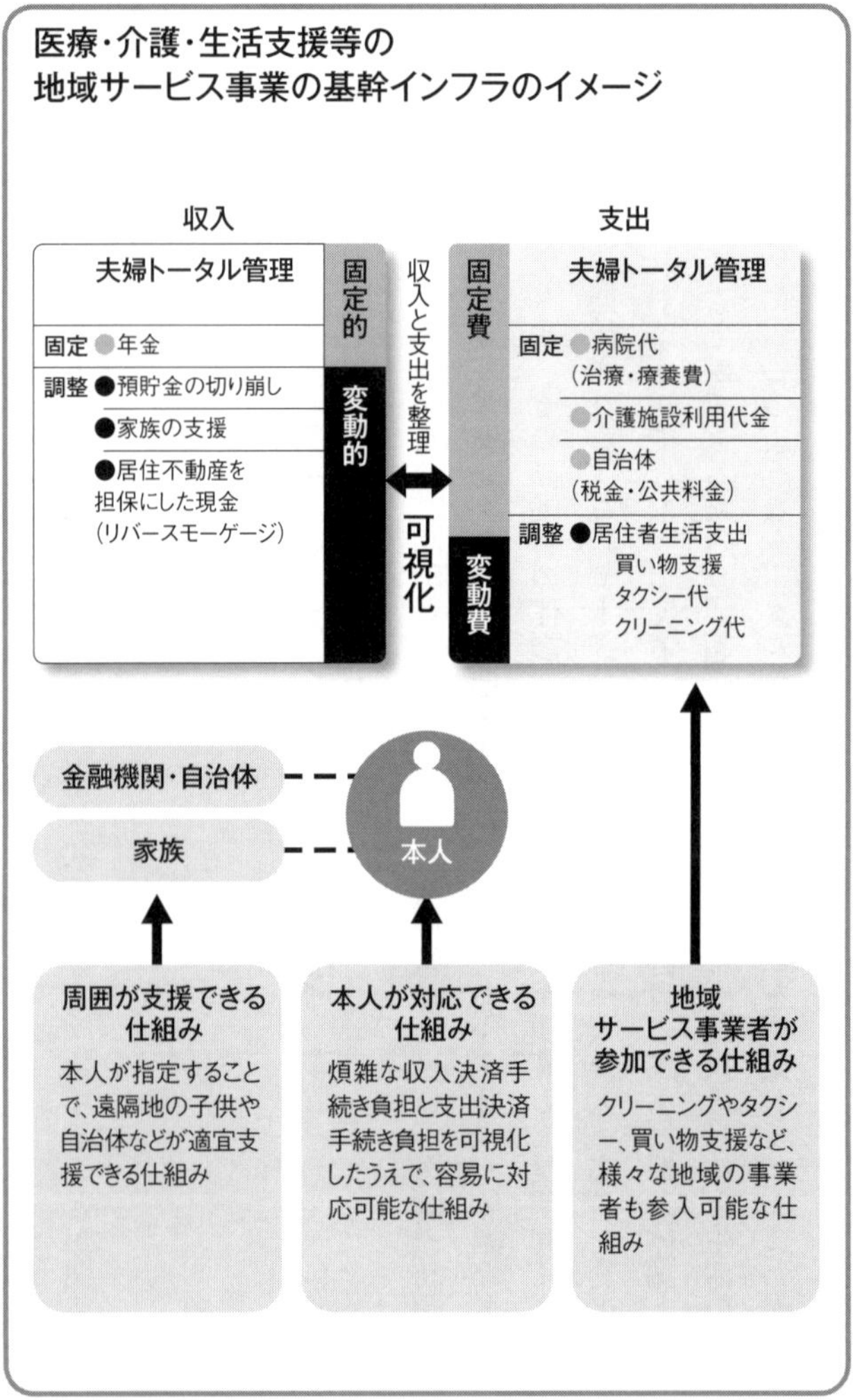
医療・介護・生活支援等の
地域サービス事業の基幹インフラのイメージ
収入
支出
夫婦トータル管理
固定 年金
調整 預貯金の切り崩し
家族の支援
居住不動産を担保にした現金（リバースモーゲージ）
固定的
変動的
収入と支出を整理
可視化
固定費
変動費
夫婦トータル管理
固定 病院代（治療・療養費）
介護施設利用代金
自治体（税金・公共料金）
調整 居住者生活支出
買い物支援
タクシー代
クリーニング代
金融機関・自治体
家族
本人
周囲が支援できる仕組み
本人が指定することで、遠隔地の子供や自治体などが適宜支援できる仕組み
本人が対応できる仕組み
煩雑な収入決済手続き負担と支出決済手続き負担を可視化したうえで、容易に対応可能な仕組み
地域サービス事業者が参加できる仕組み
クリーニングやタクシー、買い物支援など、様々な地域の事業者も参入可能な仕組み

出所：著者作成

トータルライフケアを支援するシステムとしては、まず、医療や介護などの既存システムのデータを収集・蓄積し、一人一人の対象者を継続して見守り、必要に応じて随時の対応を可能とするものが求められる。図Ⅳ－9－3のように、医療や介護サービスによって発生する対象者の健康状態・様子、バイタルサインなどの「ヘルスケア情報」や生活支援サービスによって発生する様々な「ライフサポート情報」がある。

まずは、既存システムが保有するデータを棚卸し、活用するデータを選定する。日常生活の支援サービスについては、今後、充実するものが多いので、ライフサポート情報については今後の展開も含めて活用データを決める必要がある。

ヘルスケア情報については、介護予防・疾病予防の段階の方々に対するサービスが今後充実してくると思われるので、できるだけ早い段階の対象者にも対応できるように活用データを決めておく必要がある。既存の業務への影響をできるだけ少なくするとともに、将来にわたって様々な住民ニーズに合わせて機能を順次拡張できる構造とした上で、小さく立ち上げて育てていくという手法が適切ではないか。

この場合、例えば「データレイク（Data Lake）」の活用などが検討される。データレイクとは、多様なデータソースからデータの加工や変換をせずに、元の形式のままデータを

出所：著者作成

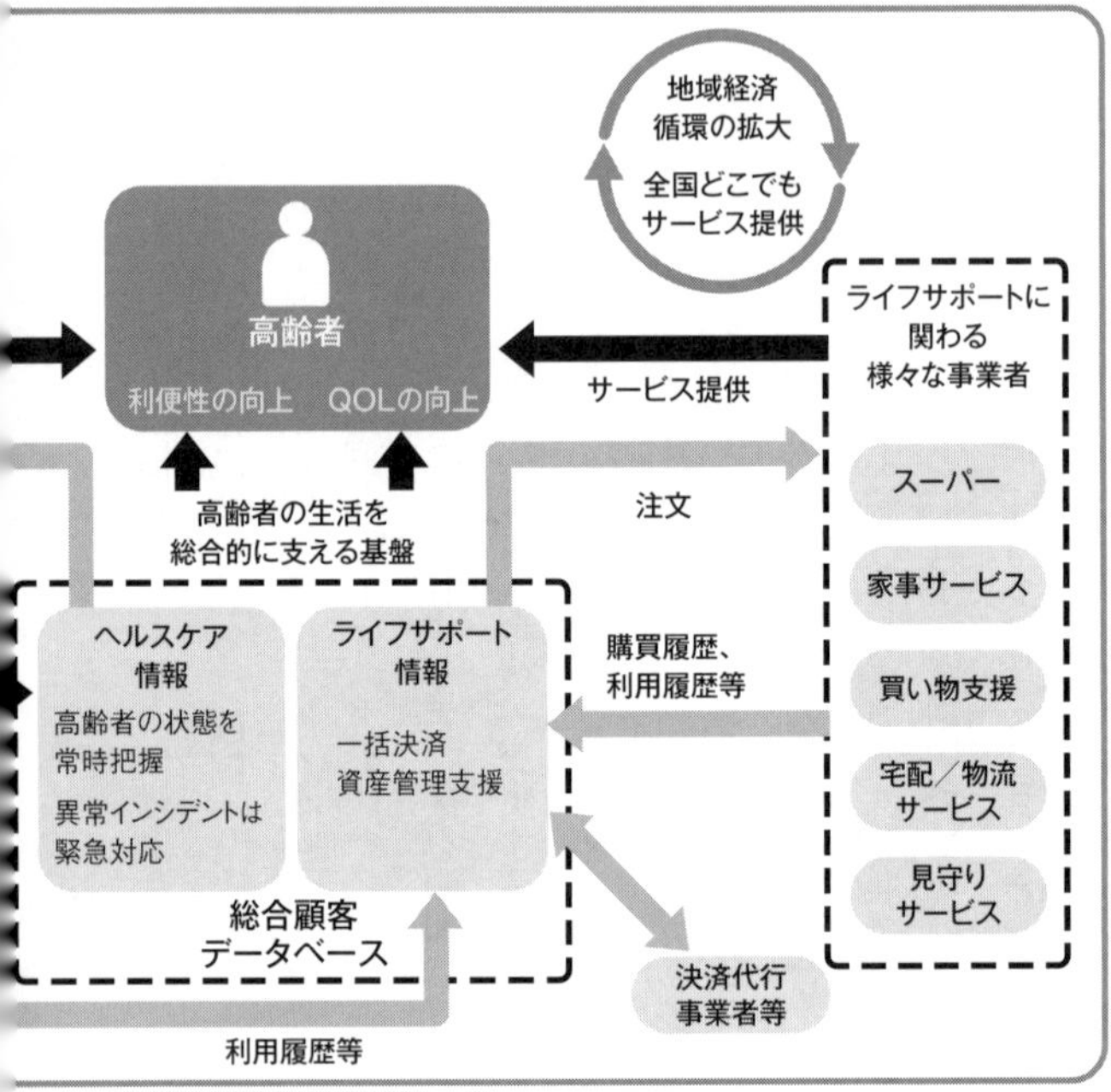

保存するものである。一度データレイクに集約されたデータは、目的に応じて各システムが必要なデータを取り出して加工・変換して活用することができる。データレイクでは、行と列で構成された構造化データに加え、テキストデータ、画像や動画、音声などの非構造化データも取り扱うことができる。このため、将来的に必要となる可能性があるデータを保管することができる。ただ、扱うデータ種別やデータボリュームが年々増

図Ⅳ－９－３

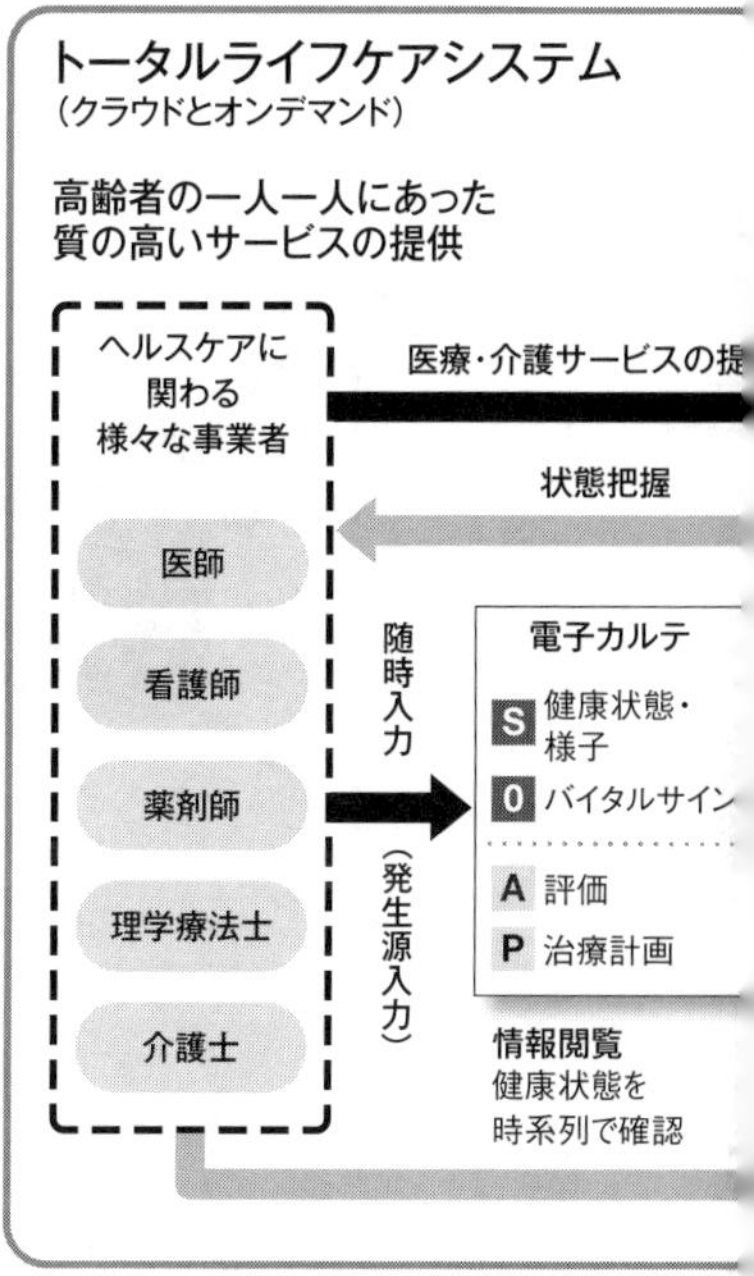

え続けるため、容量の拡張性のあるクラウドストレージサービスを活用することになる。なお、医療システムや介護システムなどの保有するデータを直接データ連携して活用できる場合には、データレイクで一旦保有する必要はない。（図Ⅳ－９－４）

主なデータ連携の方式としては次のようなものがある。

① ＡＰＩの提供による連携

データをリクエストする利用者側が、リクエスト先が設定したルール（どのようなリクエストに対してどのようなレスポンスを返すのか）に則り、ＡＰＩ（Application Programming Interface）提供元企業（連携先）のサーバと連携する方法である。

② ファイル連携

図Ⅳ－９－４　出所：独立行政法人情報処理推進機構（IPA）「DX白書2023」より

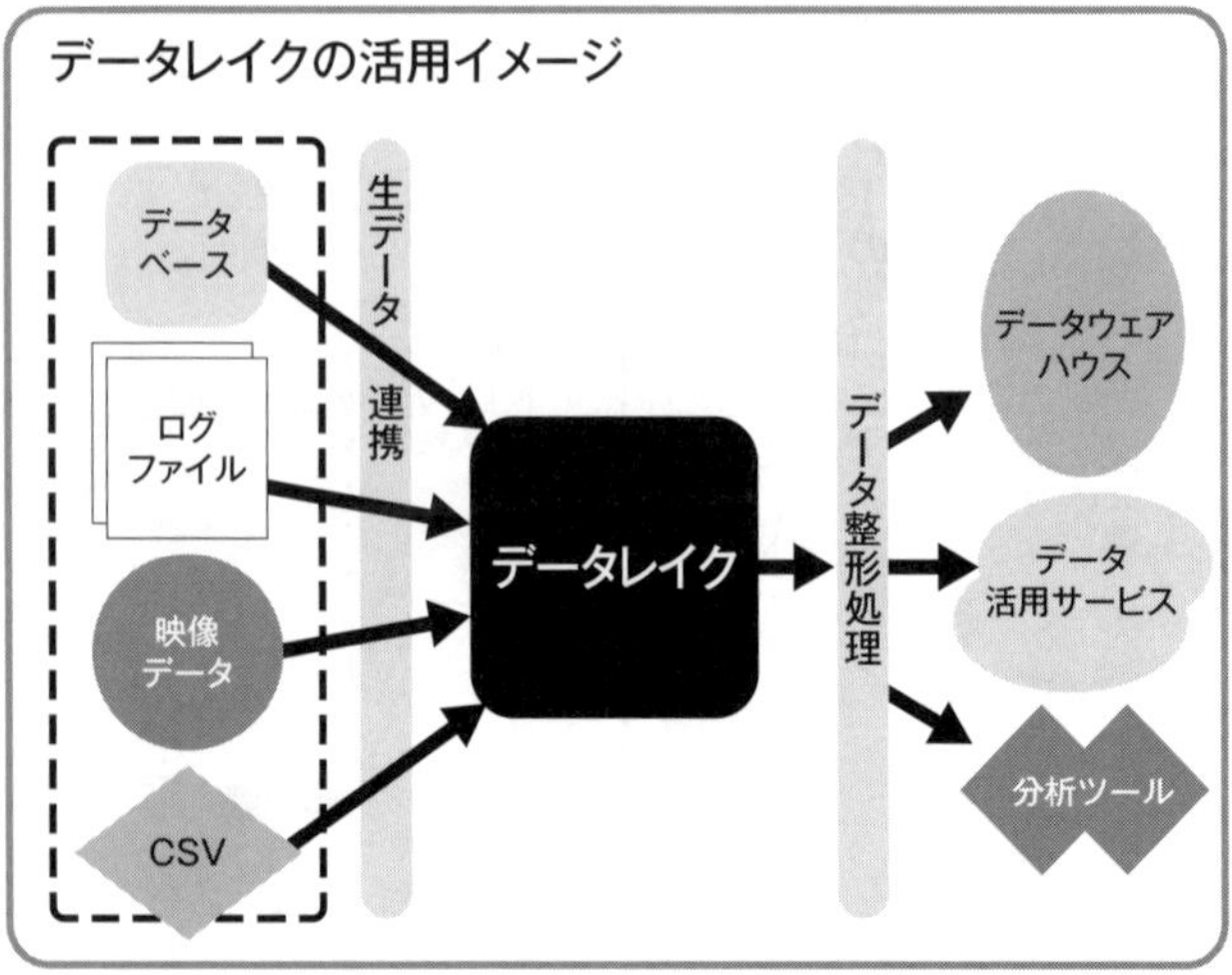

連携元のシステムからデータを抽出しファイルに出力する。ファイルを転送して連携先のシステムが読み取れる領域にファイルを格納する。連携先のシステムがファイルを読み込み、データを格納する。あるいは、連携元のデータベースの対象テーブルから全情報を抜き出し、ファイルに書き出す。対象テーブルの更新日時から更新された情報のみを抜き出し、ファイルに書き出す。更新された情報を中間テーブルに保存し、連携するタイミングにおいて中間テーブルからデータを抽出する。

③ メッセージ連携

連携の情報をＸＭＬなどにより記述されたメッセージとして表現してメッセージ連

携基盤に送り、メッセージキューと呼ばれる領域に保存する。非同期で更新情報の連携ができる。一般的にＡＰＩは連携先が動作していないと連携できないので、この点はメリットとされる。

④データベース連携

例えば、医療システムＡに記録されたバイタルサインと介護システムＢに記録されたバイタルサインをまとめて参照したい場合に、連携先のシステムＣがＡ及びＢを直接参照するという方法などがある。リアルタイムでのデータ参照が可能となるが、ＡやＢの仕様変更などの影響を受ける。（なお、複製作成という方法もある）

対象者の体温などのバイタルデータをスマートウォッチのようなＩｏＴデバイスから取り込み、リアルタイムでのグラフ化などによる可視化や、異常検知することも可能となる。また、総合決済サービスなどについては、保管データを溜めておいて定期的にバッチ処理することなども視野に入ってくるだろう。この場合、データ構造を含めてどのようなデータがあるのか、それらのデータを組み合わせて何をどのタイミングで見たいのかという処理方式の選択が求められる。

③ 持続的な地域再生を支える地域再生DXプラットフォーマー（公共クラウド）

ネット通販（EC＝Electronic Commerce）の利用世帯における一人当たり利用額をみると、世帯主が65歳以上の世帯が他より多額になっている。高齢世帯はECの利用割合は低いものの、ECを利用している世帯に限ると一人当たりの利用額は多い。大都市では若い世帯ほどEC利用額が多いのに、小都市・町村になるほど高齢世帯の利用額が多くなる。今後、高齢世帯でEC利用に慣れた人が多くなれば、EC利用が増えると予想される。

ただし、小都市・町村は、大都市に比べ日常生活圏域内での商店街機能の縮小によりECに頼らざるを得ない面もある。地方や高齢者だからデジタル・ディバイドが大きく、DXが推進できないと考えてはならないだろう。逆に、日常生活上の必要性から地方の高齢者の方が、ICTの活用に積極的であるとも言える。キャッシュレス決済への対応も含め、日常生活圏でのきめ細やかな利便性向上と併せたEC利用を、それぞれの地域で検討する必要がある。（図Ⅳ−9−5）

そこで、「地域」でのDXの検討が求められる。医療・介護などの分野に限らず、個々の企業単位では、デジタイゼーション（アナログデータのデジタル化）やデジタライゼーション（個別の業務プロセスのデジタル化）を越えて、デジタルトランスフォーメーションへの取り組みを始めることには、大きな困難がある。全体の業務プロセスをデジタル化し、顧客起点のビジネスモデルの変革を組織横断的に可能にするには、各企業等の枠組みを越えて、地域単位で地域再生DXを推進することが望まれよう。例えば、発注側・受注側をデジタルでつなぐプラットフォームなどの機能を有し、マッチングや双方の業務効率化を支援する「地域プラットフォーマー」の構築等が考えられる。この場合も、低コスト化されたクラウドサービスの活用を視野に入れるべきである。

地域単位のDX推進は、同時に各企業等のDX化を支援することにつながる。地域内の各企業のシーズとニーズが明らかになれば、地域内経済活動を推進する機能を新たに獲得することになる。輸送コストや保管コスト等が小さくなる地産地消型ビジネスは、事業者の利益率を高め、地域の消費者には低コストで供給できる可能性がある。デジタル地域通貨を活用すれば、地域内資金循環の拡大と資金調達手段の多様化が図られる。組織横断で共通業務プラットフォームを地域単位で構築できれば（オンラインでの共通配車申込システム

図Ⅳ－９－５

EC利用世帯における一人当たり利用額（1か月当たり消費額）（2021年平均）

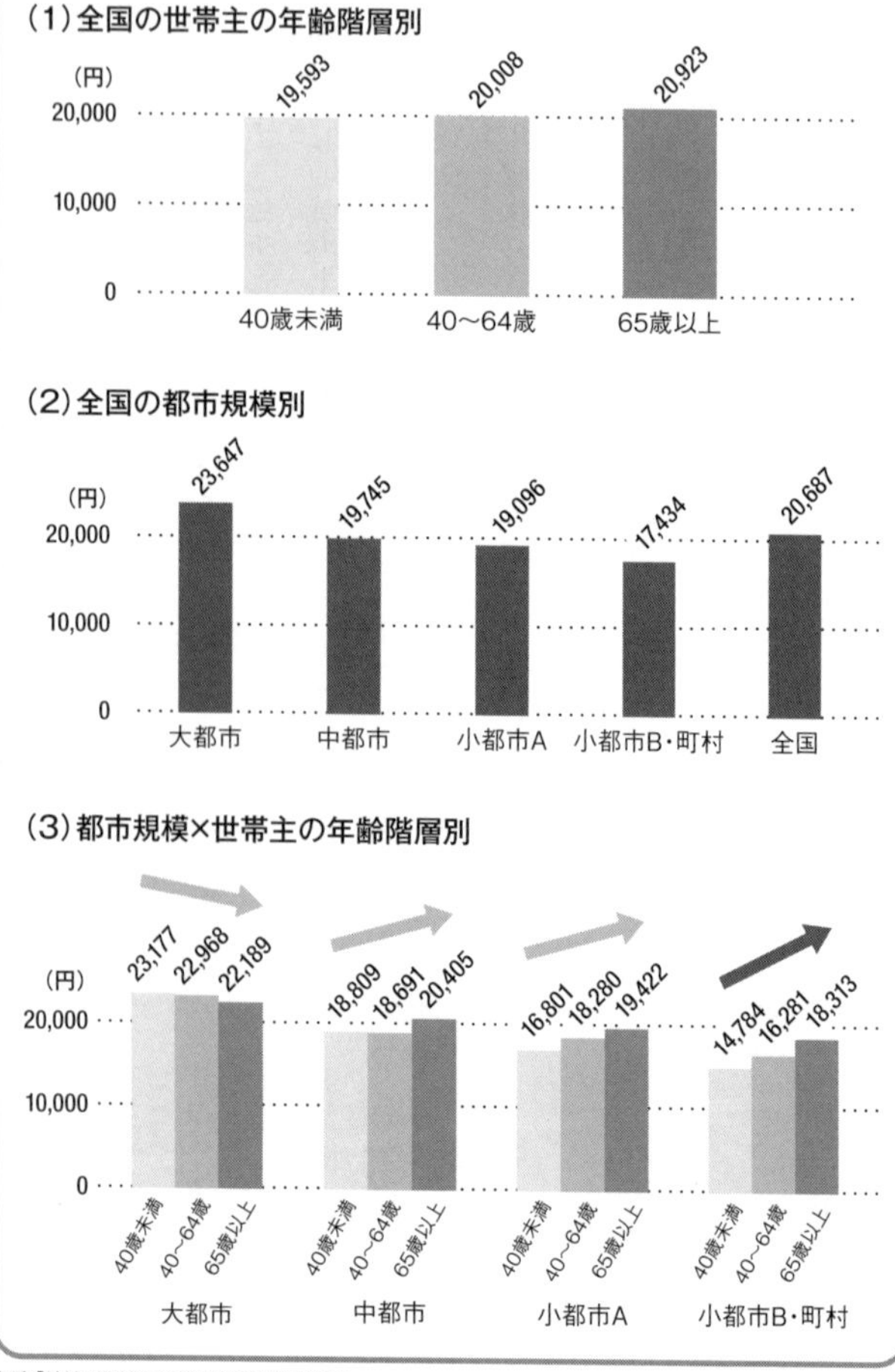

出所：「地域の経済2022」内閣府政策統括官
備考：1. 総務省「家計消費状況調査」より作成。
2. 1人当たりEC利用額については、世帯人員の違いによる影響を除くため、「世帯当たりの1か月のEC利用額÷√世帯人員数」で算出した等価消費額としている。

のようなものなど）、各事業者においても、地域内で必要とされている具体的ニーズに対応しやすくなり、経営効率の向上につながることが期待される。高齢者をはじめとする地域雇用のマッチング機能の充実も図れるだろう。デジタル学習コンテンツの活用等による学習支援力の飛躍的向上により、地域の人材力を高めるとともに、海外を含めた地域外にも対応できるデジタル市場の構築も可能となってくる。

そもそも地方創生は、「人口急減・超高齢化いう大きな課題に対し、各地域の特徴を活かした自律的で持続的な社会を創生する」ことが目指されている。このために、効果的な役割が期待されるのが、地域再生ＤＸプラットフォーマーとも言うべき事業体である。次のような役割が求められる。

①住民向けの外へのサービスと自治体や事業者の生産性向上という内へのサービスとを併せて多面的にサービスを提供すること

②時間や場所の制約を超えて、個々の事業者等が規模の利益に依らずとも、市場を再構築すること

③蓄積されるデータにＡＩを組み合わせること等により、新しいサービスの創造を支援すること

具体的には、地域再生DXプラットフォーマーには、次のような機能を提供することにより地域の各事業者等を支援することが求められる。

①徹底して顧客のニーズを察知し、それらに対応した的確なサービスを提供する機能

②地域における協業により高い品質のサービスを提供するため、プロジェクト全体の設計やマネジメントを可能とする機能

③当面不足する人材等の資源については、外部の力をプラットフォームに取り込めるよう、ニーズとシーズをマッチングさせる仕組みや人材育成等の機能を取り込む制度設計を図る機能

特に自治体には、これらのイノベーションがサイクルとして継続発展していくように、工程や具体的な取り組みを明らかにする企画・コーディネイトが期待される。この場合のイノベーションとは、人とプロセスと技術の再結合によりもたらされる。デジタルで取り除かれる制約は何か（地理的制約や時間など）、デジタルで実現できる可能性は何か（個々の住民へ適したサービスをプッシュ型で提供など）を整理したうえで、生活や仕事を変える手法を構築する。デジタル化やデジタル成熟は段階的に推進されることに留意し、対象自治体等の状況に応じた進め方をとることが重要である。

供給力の縮小は、地域の働き手不足にも起因する。同じ地域に住む元気な高齢者の活躍が期待される。元気な高齢者にとって働きやすいのは、1日3～4時間程度、午前と午後の交代制で週3～4日という時間モザイク型の勤務体系であろう。新たに増える仕事は介護サポートのような小さな仕事として設定することも有効である。この場合に仕事と働く意欲とをマッチングする仕組みが必要である。

4 地域再生DXの人材確保サイクル

地域での住民サービスとして、医療・介護をはじめ様々なサービスが訪問系として再構築されてゆくだろう。サービスの需要者である住民の所在も分散している中で、多くの職種のサービス提供者が関与するような地域サービスを、効果的に実施する必要がある。このため、自治体・民間事業者問わず、共通する業務を効率的に支援する共通プラットフォームとなるネットワークインフラを構築することが、地域の人材の生産性向上につながる。特に各地域において、このようなプラットフォームを単体で整備できる事業者は限られる。特定の事業者のプラットフォームによる囲い込みとなることも適切ではない。超高齢時代を

図Ⅳ－９－６

出所：平成30年版高齢社会白書より

都市規模別にみた
65歳以上人口指数（2015年＝100）の推移

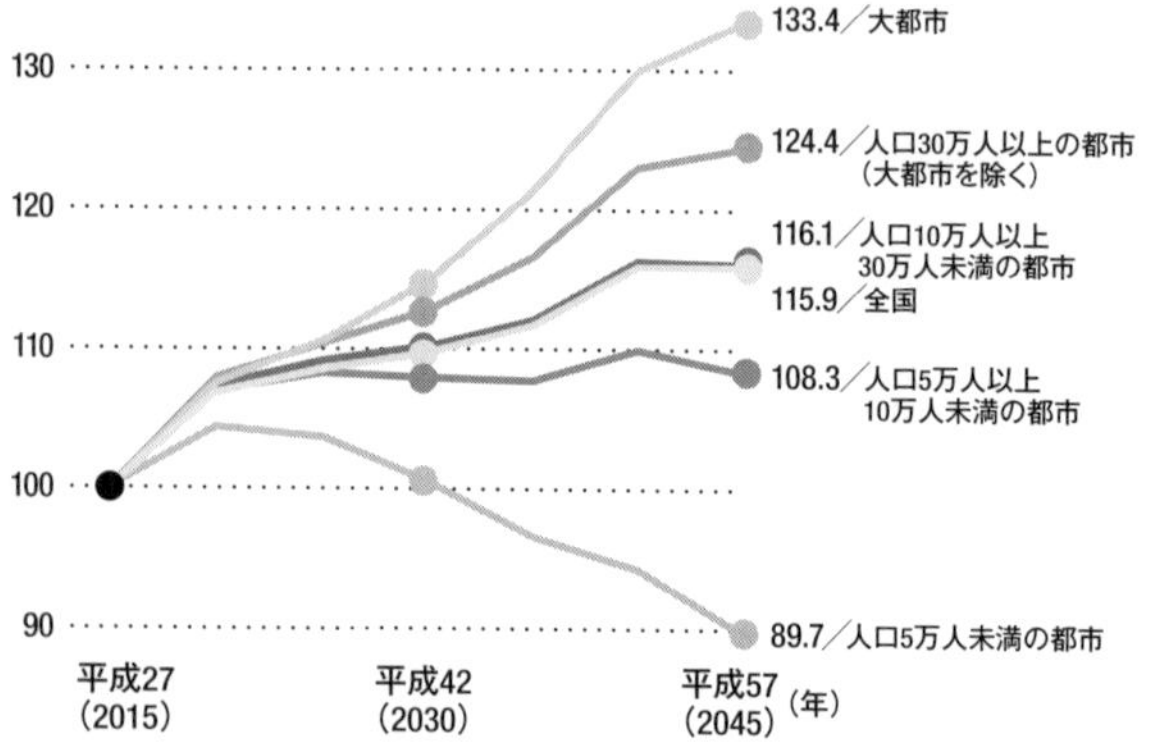

乗り切るための、地域単位での市場のモデルチェンジを可能とする地域再生ＤＸについては、自治体の役割が大きくなることが想定される。

一方で、デジタル化の進展は人・モノ・カネ・情報をはじめ、あらゆるものがシームレスにつながることを可能としていく。地域は、場所としての物理的制約から解放される可能性がある。都市部に居住する中核人材が、例えば兼業・副業等の形態で地域再生ＤＸの取り組みに参加することも容易になるだろう。

教育においても、どこでも高品質で低コストの学習コンテンツが利用可能となり、これらの組み合わせにより、地域において

チャート
資料：国立社会保障・人口問題研究所「日本の地域別将来推計人口（平成30年推計）」をもとに作成。
（注1）各カテゴリーごとに総計を求め、2015年の人口を100とし、各年の人口を指数化した。
（注2）「大都市」は、東京都区部及び政令指定都市を指す。
（注3）福島県のデータは含まれていない。

も、世界に通用する教育を実施することも可能となる。消費者及び労働力の両面から高齢者に着目して地域市場の再生を構築することは、地域において様々な仕事を生み出し、地元や都市部の若者をも惹きつけて行く可能性を有している。（図Ⅳ－9－6）

地域再生ＤＸを推進するポイントは、人材の確保である。地方から東京圏への人口転入超過は長期に継続している。特に、東京圏への転入人口の大部分は、進学や就職等で上京する10代後半から30代の若者世代が占めてきた。また、管理職や専門・技術職については、都市部の大企業やベンチャー企業に偏在する傾向がある。地方の人材市場は、失業率とともに欠員率も高いという人材ミスマッチが、都市部よりも大きい。これは、地方の人材が都市部の仕事・収入に憧れを持っていることも原因と考えられる。

しかし、地域再生ＤＸやイノベーション等の取り組みは、魅力ある仕事の場の提供として、即戦力となる中核人材の受け皿として有望ではないか。この場合、都市部における若者人材は流動性が高いことから、地方移住の可能性が期待できる人材層でもあることも重要な視点である。地域での魅力的な取り組みと都市部人材を結び付けるマッチング機能が求められる。ＤＸやイノベーションによる企業や産業の変革を促す即戦力となる中核人材を都市部などから確保しつつ、当該人材が地方においてＤＸやイノベーション等の取り組みで地域の稼ぐ力を強化し、さらに人材を誘引し、地域の活性化とともに地域で活躍する人材も成長していくという人材力の好循環を実現することが、極めて重要である。

このため、仕事の魅力や生活との両立、職場環境や自己成長機会の確保といった面から地域での就業環境を見直していくとともに、若者人材の丁寧な人材育成やキャリア形成支援等を地域の中で構築してゆく必要がある。

一方で、職住形態が、テレワーク、サテライトオフィス、ワーケーション、兼業・副業、二地点居住といった様々な形に柔軟化していることは、都市部の人材が今の仕事を継続しながら地方での仕事に従事できる可能性を広げていることも見落とせない。特に、副業・兼業は、都市部と地方における複数企業での就労を許容するものであり、地方での中核人材の確保に直結する。業務改革を伴うＤＸ等の取り組みについては、兼業や副業での人材確保の方が受け入れ側にも刺激となり、人材育成等の効果も期待できる。

ただ、個々の企業等におけるニーズは年ごとに様々であることから、地域単位で一体となって人材の確保・育成・キャリア形成の支援の仕組みを柔軟に構築することが大切である。（図Ⅳ－9－7／図Ⅳ－9－8）

図Ⅳ－９－７

東京圏への転出超過（従来の状況）

● 諸外国　と比較して、日本は首都圏の人口比率が高く、かつ上昇を続けている。

● 地方から東京圏への人口転入超過も長期的に根強く、その大部分は若者が占めてきた。

各国における首都圏人口比率※

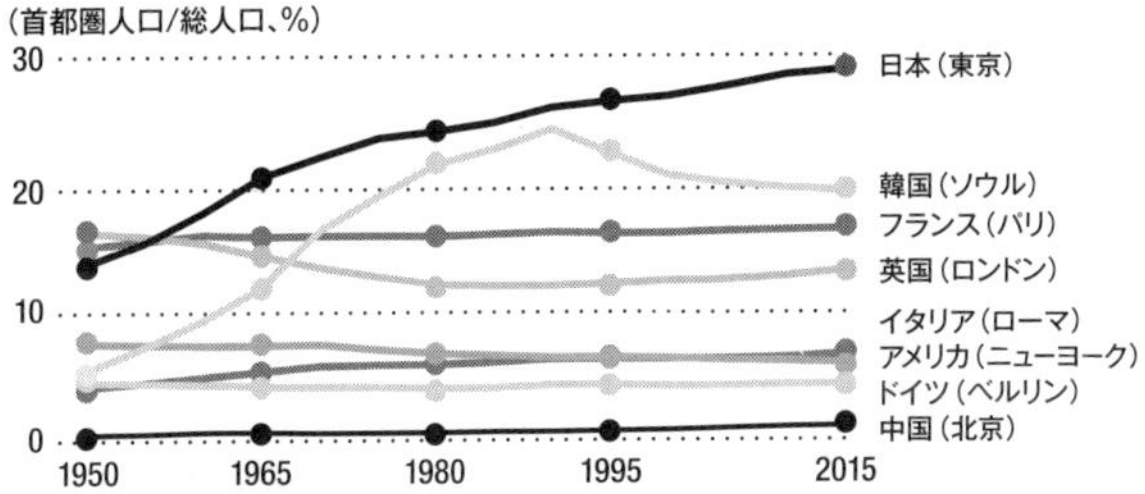

転入超過数の推移（1954年～2019年）

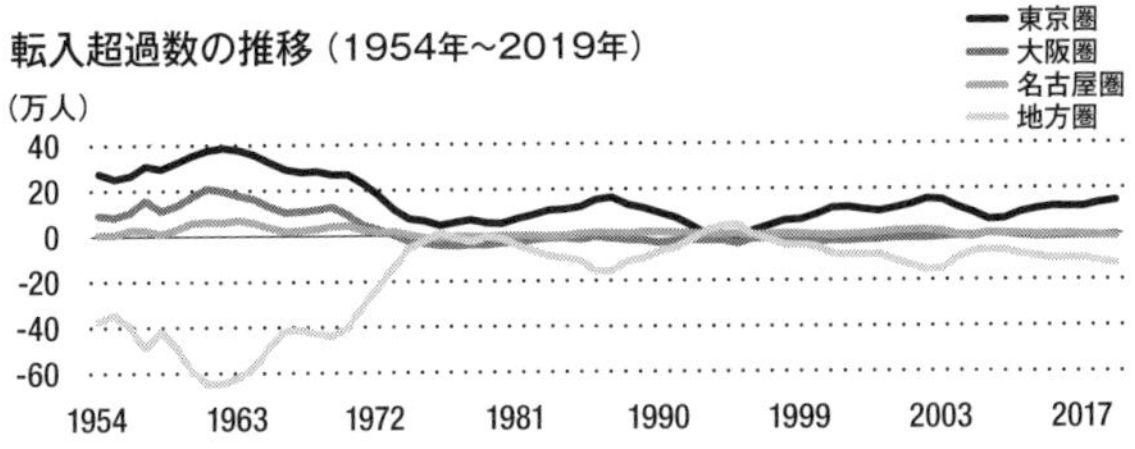

年齢（5歳）階級別東京圏転入超過数

出所：「スマートかつ強靭な地域経済社会の実現に向けた研究会取りまとめ」より
資料：内閣府「選択する未来2.0中間報告参考資料集」、住民基本台帳人口移動報告（年報）

※備考 1."UN Urbanization Prospects The 2018 Revision"により作成。
2.各都市の人口は大都市圏の人口（2018年時点で人口30万人以上の都市密集地）であり、日本については、東京都・千葉県・埼玉県・神奈川県の大部分と茨城県・栃木県・群馬県・山梨県・静岡県の一部からなる東京大都市圏。

図Ⅳ－９－８

関係人口と地方移住の関係と地方移住にあたっての懸念（従来の状況）

● 移住への興味関心は関係人口から。地元、血縁、知人等の関係性が強いが、業務等での関係性も影響。

● 地方移住にあたってのハードルは、仕事面が最も大きい。

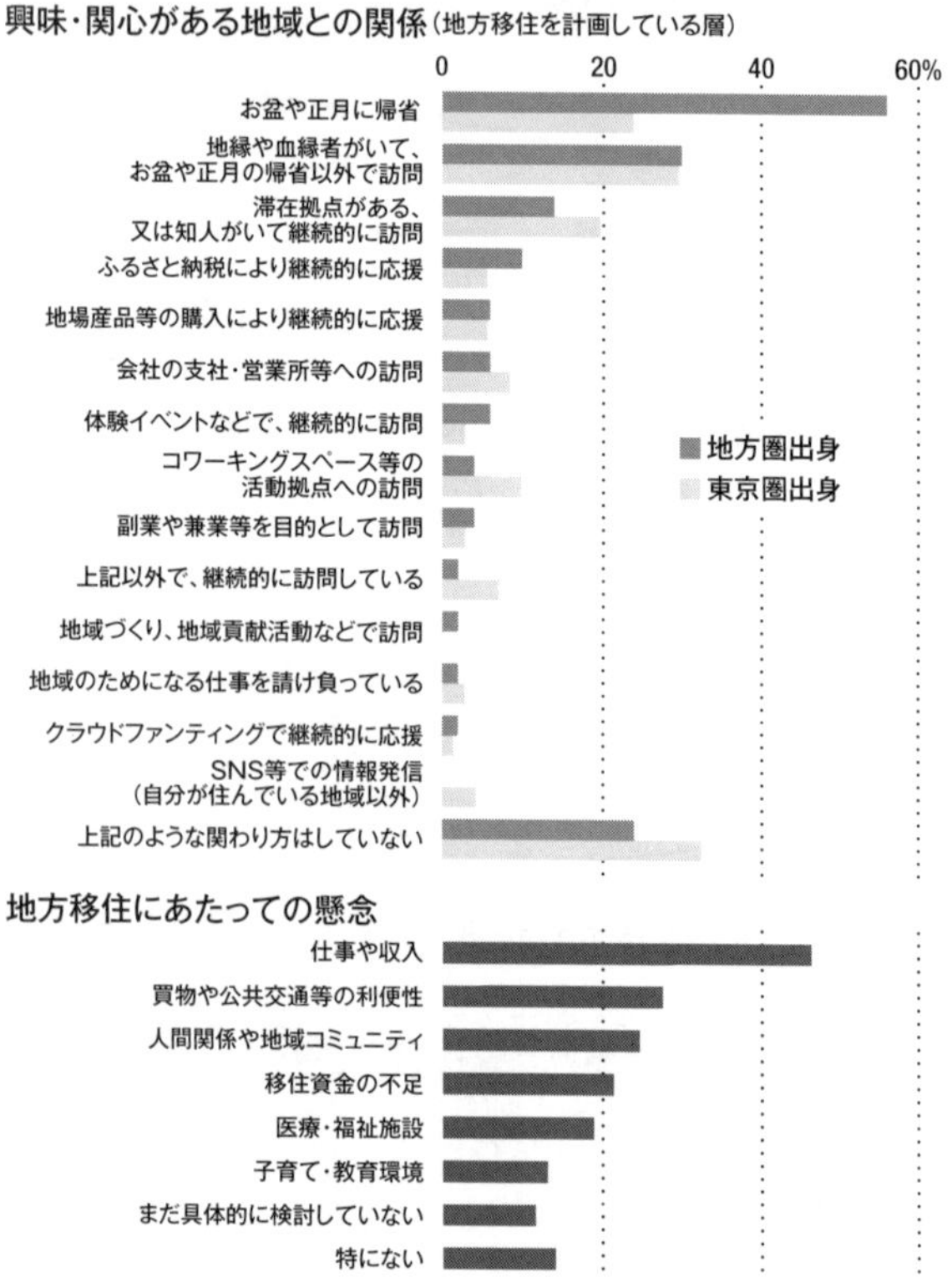

出所：「スマートかつ強靱な地域経済社会の実現に向けた研究会取りまとめ」より
資料：内閣府「移住等の増加に向けた広報戦略の立案・実施のための調査事業報告書」（令和2年5月15日）
内閣府「第2回新型コロナウイルス感染症の影響下における生活意識・行動の変化に関する調査」（令和2年12月24日）

第Ⅴ部

対談（地域政策と起業が創造する経済循環ネットワーク）

聞き手　猿渡知之

対談1

地域循環と「福祉を経済で支えるまちづくり」

千葉市長

神谷俊一さん

profile

かみや・しゅんいち
1973年愛知県生まれ。
96年東京大学経済学部卒業。

［略歴］
1996年4月　旧自治省採用
1996年7月　山梨県総務部市町村課
2001年3月　在ヨルダン日本国大使館
2004年4月　佐賀県農林水産商工本部新産業課長
2007年4月　佐賀県経営支援本部副本部長兼財務課長
2010年4月　佐賀市副市長
2012年7月　総務省自治行政局地域政策課理事官
2013年8月　千葉市経済農政局経済部長
2014年4月　千葉市経済農政局長
2015年4月　千葉市副市長
2018年7月　総務省消防庁国民保護・防災部広域応援室長
2019年7月　総務省自治行政局住民制度課企画官兼外国人住民基本台帳室長
2021年3月　千葉市長就任

［趣味］
料理、卓球、山歩き、クロスバイク

総務省時代の政策立案の経験が財産に

猿渡　神谷市長とは、総務省の地域力創造グループで一緒に仕事をさせていただきました。今思うと、地域政策の大きな転換点の渦中にいた気がします。公共投資を中心とする国主導の経済対策だけでは、バブルの崩壊やグローバル経済化に伴う経済対策としては不十分ではないか、という危機感がありましたね。

神谷　そうですね。公共事業の効果とされた乗数効果が鈍くなってきて、資金がうまく流れていないことが問題視されるようになっていました。経済の好循環の拡大という政策目標が重視される中で、地域では自治体の役割が極めて重要だと考えられるようになりました。

猿渡　行政の守備範囲の中で公共サービスの提供を図る自治体経営から、地域資源の総量を拡大し住民のトータルな福祉の向上を目指す地域経営が求められるようになった頃です。私たちも、地域金融機関と自治体が連携して、地域での新しい起業を支援する仕組みづくりに追われましたね。地域金融機関の審査と融資を条件に自治体による初期投資費用への補助金に対して、総務省が自治体を支援する「地域経済循環創造事業交付金」として結実しました。この間、神谷さんは、地方銀行協会をはじめ、地域金融機関の皆さんとの勉強が続き大変でしたね。

神谷　それまでの総務省や自治体の業務にはない分野で苦心しましたが、猿渡課長（当時）のもとでの政策立案は大変勉強になりました。地域での起業を支援することは、雇用や地域資源の活用などの効果が一度きりではなくて継続することや、様々な関連企業への波及効果があることなどが確認できたことは、私の財産になっています。

千葉市長として「福祉を経済が支えるまち」を目指す

猿渡　ところで、神谷さんは今、千葉市長として主体的に取り組まれる立場になられたのですが。

神谷　市長という重責を担わせていただき、改めて、人や資源、お金の地域循環が本当に大切だと感じています。

猿渡　と言いますと。

神谷　実は、千葉市では6割の方が市内に勤務されています。東京に通われる方は2割程度です。職住近接の都市機能と自然を兼ね備えた街、これが千葉市なのです。

猿渡　素晴らしいことですね。ただ、100万人もの方々が住み、働く場所であって、一人一人の住民の皆さんの人生をサポートしていくという仕事は大変ですね。

神谷　千葉市の発展の基盤には、利便性の高い都市機能と自然の豊かさが併存する生活環境があります。住む場所、働く場所として千葉市が選ばれ続けるためには、常にブラッシュアップしていく努力がなければなりません。

猿渡　千葉市は、人口の転入超過自治体として有名ですが、それを支える苦心も大変でしょうね。

神谷　市民の豊かなライフスタイルを創る住みよいまちを目指し、子育て支援から高齢者の安心まで、重層的な施策展開で足腰の強い都市づくりが求められます。例えば、従来から千葉市では子育て支援に力を注いできましたが、厳しい状況に置かれる子どもたちへの支援の充実などにも併せて注力しなければなりません。不登校の児童や生徒、発達障害のあるお子さんへの支援や児童相談所などにおけるきめ細かな支援体制づくり、セーフティネットの強化にも取り組んでいます。

猿渡　従来から、住民ニーズを先取りしてきた千葉市だからこそ、独自の施策も求められますしね。

神谷　福祉は国や県が定めた制度内でやれば及第点と言えるのかもしれません。しかし、地域ごとに必要なサービスは異なります。

猿渡　都市そのものも変化してきますしね。

神谷　例えば、エレベーターのない老朽化の進んだ団地には、多くの高齢者の方がお住まいになっている場合も多く、買い物などの生活支援のために階段昇降サービスが必要になります。古くからの中心市街地にはリニューアルも必要です。ハードだけでなく、放課後の子どもの預け先を確保し待機児童を減らさなければ、本当に市民の働く場所を確保したことにはなりません。

猿渡　そのためには財源も必要ですね。

神谷　そうなんです。「福祉を経済が支えるまち」というのが私の目指す千葉市の姿です。市内の企業が元気になることで雇用が生まれ、千葉市に住む人も増える。すると税収も増え、独自のサービスを提供できる。そして、福祉が充実すれば住み続ける人も増える、という好循環が生まれます。

猿渡　職もあり、住もあり、さらに自然も豊かな大都市千葉市だからこそ、工業だけでなく、農業をはじめ様々な産業、商業に医療・介護・教育などの様々なサービスが住民と向き合いながら大きな経済循環を生み出していける。そこに市役所への大きな期待もありますね。ところで、好循環と言えば、全国初の許可制や刑事罰を設けた「金属スクラップヤード条例」にも力を入れていますね。

神谷　住居に近い金属スクラップヤードで火災も発生しており、市民が安心して暮らせる環境を維持するためには、野積みで保管するスクラップヤードには適切な管理をしっかり求めていかねばなりません。

施策に埋め込まれた「地域循環の促進」という観点

猿渡　何ごとも、滞ってはいけないということですね。循環といえば、幕張新都心においても回遊性の向上による賑わいの創出を目指されているようですね。

神谷　幕張新都心の現状は、多くの方がＪＲ海浜幕張駅と目的の施設との単純往復となっているようです。せっかく多様な施設が集まっているのですから、様々な拠点間の移動の負担などを減らすことで、幕張新都心全体の更なる活性化が図れるのではと考えています。令和5年3月には幕張新都心の二つ目の駅となるＪＲ幕張豊砂駅が開業し、新たな人の流れが期待されます。

猿渡　そのため、幕張新都心版ＭａａＳの導入が検討されていますね。

神谷　様々な施設に関する情報提供と移動の最適経路設定、さらには交通サービスなどの予約と決済を一括して可能とするＭａａＳを導入することで、エリア全体で一つの施設のように自由に移動し、活用していただけると考えています。

猿渡　ＭａａＳとの連携は幕張新都心だけでなく、様々な暮らしのシーンにも応用できそうですね。しかし、あらゆる施策に地域循環の促進という観点が埋め込まれていますね。

神谷　「福祉を経済で支えるまちづくり」のためには、地域循環が重要な鍵だと考えています。

対談2

都城フィロソフィと未来飛躍への投資
——市民と市役所の熱意の循環が創るまち——

都城市長
池田宜永さん

profile

いけだ・たかひさ
1971年宮崎県都城市生まれ。
94年九州大学経済学部経済学科卒業。
99年東京大学大学院経済学研究科修士課程修了。

［主な経歴］
1994年4月　大蔵省入省
1999年7月　大蔵省主税局調査課内国調査係長
2002年7月　金融庁監督局銀行第一課課長補佐
2005年4月　外務省在オーストラリア日本国大使館一等書記官
2007年4月　都城市副市長（総括担当）
2012年11月　都城市長（現在3期目）

［役職］
全国市長会 行政委員会 委員長
宮崎県市長会 会長
デジタル社会構想会議構成員（デジタル庁）
マイキープラットフォーム協議会 副会長
宮崎県道路利用者協議会 会長
宮崎県道路整備促進期成同盟会 会長

［趣味］
テニス、ゴルフ、書道

「都城フィロソフィ」による熱意の循環

猿渡　私は総務省で地域政策課長や担当審議官として足かけ7年ほど自治体の皆さんと仕事をさせていただきましたが、その間、グングン目立ってくる自治体がありました。マイナンバーカード交付率は日本一となり、ふるさと納税も日本一。移住者は増えているし、デパート撤退後の中心市街地についても市立図書館を中核に集いの場として見事に再生するといった具合です。尻込みする自治体が多い中で果敢に実証事業にも挑戦する。それが都城市でした。市役所の佐藤泰格《さとうひろのり》さんという職員の方と知り合った私は、都城市の躍進の秘密を感じることができました。ただ、一人の優秀な職員さんに止まらない、この都城市のエネルギーの源泉を探るうちに池田宜永《いけだたかひさ》市長のパワーに出会ったのです。

ところで、池田市長、就任されて10年を経たわけですが、この勢いはどのように醸成されたのでしょうか？

池田　私一人で何かできるわけではありません。ただ、私は、人生や仕事の結果は、市役所にあっても、考え方と熱意と能力で決まってくると思っています。

猿渡　なるほど。しかし、能力や考え方は一人一人異なっていますよね。

池田　そうです。ただ、熱意を持って物事に取り組んでいけば必ず能力は進歩します。考え方とは生き方の姿勢ですが、正しい考え方を持てば、必ず熱意は湧いてきます。そこで、私は「都城フィロソフィ」30項目を職員のみんなと共有することにしたのです。

猿渡　都城フィロソフィを池田市長と職員の皆さんが共有する。すると、皆さんの熱意と能力が市民の皆さんにも伝わる。その熱意の循環が都城市の勢いなのですね。

池田　自治体においても、経営の三大要素は、ヒト、モノ、カネです。でも最も大切なのはヒトなのです。私は「人財」という文字を当てています。ヒトのやる気は熱気を生みモノを動かします。熱気はマチの空気をも変えていきます。私たちの使命は、市民の幸福と市の更なる発展の実現です。職員一人ひとりが都城市役所であるという気概で日本一になるぞと市民に尽くせば、都城は日本一の市役所になれます。日本一と評価するのは都城市民だからです。

猿渡　都城フィロソフィは、あいさつや身だしなみから始まり、熱意を持って地道に努力を続けることが示されていますね。

池田　私は考え方と熱意と能力で結果が出るということを成功方程式と呼んでいます。まず、市役所の職員の皆さんが仕事を通じて素晴らしい人生を送ることが大切なのです。

猿渡　近頃、Well-Being（ウェルビーイング）経営という考え方が主張されています。職員一人一人の仕事への意欲を高め、顧客はもとより組織に関係する全ての人の幸せを目的とする経営を指すようです。池田市長はずっと前から実践されているのですね。

池田　ただ素晴らしい人生は受け身では創れません。自ら燃えることが必要です。

猿渡　なかなか自ら燃えない人もいますが。

池田　自ら燃え上がる自然性の人間が近くにいれば周りの人も巻き込み、組織としても大きな力を発揮できると思います。自ら燃えて一生懸命に物事に打ち込めば、何かを成し遂げたときに、何ものにも代え難い喜びが得られます。すると仕事がますます好きになり、大きな夢や明確な目標が生まれてきます。

猿渡　それで都城フィロソフィでは結果にこだわることが強調されるのですね。

池田　大事なのは、予め想定した結果でなくてもよいということです。楽観的に構想し、悲観的に計画し、楽観的に実行する。多少のトラブルは必ず起きます。それらは想定内と受け止める。必ずできるという信念を持ち、楽観的に実行していけば、必ず、自治体の常識や殻を打ち破る時が来る。そこに、日本一の市役所、日本一でオンリーワンの職員が誕生しているのではないでしょうか。

中心市街地の賑わいの相乗効果をもたらした「MallMall」

猿渡　燃える集団となった都城市役所の熱気に、市民も反応され、農業産出額日本一や中心市街地への新規出店の倍増など、結果がついてくるわけですね。先ほど立ち寄ってきたのですが、「MallMall《マルマル》」というところは、デザインも素敵ですし、全ての施設が屋根でつながれた全天候型の回遊施設群になっていますね。老若男女、様々な方々がいらっしゃいました。あそこは、市内で唯一の大型百貨店が閉店した跡地らしいですね。

池田　東日本大震災の年に街の中心であった都城大丸が閉店したのです。中心市街地は閑散とし、空き店舗が増え、地域の衰退の象徴のようになってしまいました。

猿渡　そこから、グーッと反転攻勢に出たわけですね。

池田　中心市街地の真ん中にポッカリ穴が空いたわけです。しかし、それは、これから何でも創造できるということだったのです。

猿渡　そこで、回遊型の施設群を。

池田　市立図書館、未来創造ステーション、子育て世代活動支援センター、まちなか広場など、社会インフラとなるハードは地元で整備し、ソフトはプロの知恵を借りました。

猿渡　賑わいができると、駐車場やホールなどの収入をマルシェや、まちなか博覧会などにも還元できるし、賑わいの相乗効果になったのですね。

池田　そのとおりです。ただ、それだけではありません。MallMallの賑わいは、周りの中心市街地全体に広がってゆき、新規出店が相次ぎました。一時は半分が空き店舗でしたが、九割近くが開店する状態になっています。

猿渡　まさに、MallMallの整備は未来飛躍への投資であったのですね。

池田　ありがとうございます。ただ、市民の幸福と市の更なる発展の実現のために、やらなくてはならないことは目白押しですし、その目標に終わりはありません。私をはじめ市役所の職員の人生は永遠ではありませんけれども、市役所と市民が共鳴する運動エネルギーは永遠に継続していくことが可能です。職員と市民が次々と次の世代にエネルギーを伝えていくこと、熱意と正しい考え方による成功方程式を実践しながらみんなが生きていく。一連の行政施策を貫いているのは、そんな市民と市役所の生き方であって欲しいと思っています。

対談 3

京都の皆さんと歴史を切り開く

京都府議会議員

二之湯真士さん

profile

にのゆ・しんじ
1979年京都市生まれ。
早稲田大学第一文学部卒業。

西院小学校、西院中学校、山城高校卒業。大学在学中から国会議員事務所にて政治の研鑽を積む。その一方で、古神道・修験道を通じて日本文化の神髄を追究し始め、一般社団法人J-ART（日本文化伝統産業近代化促進協議会）に所属し、諸外国で日本文化を伝える活動に参画する（現在は同法人の監事）。大学卒業後、父・参議院議員二ノ湯さとしの秘書を経て、2007年4月の京都府議会議員選挙（京都市右京区）で初当選。以来5期連続当選。京都府議会では、建設交通常任委員長、農商工労働常任委員長、防災危機管理・地球温暖化対策・エネルギー政策特別委員長、予算特別委員長、京都府行政の今後のあり方に関する特別委員長、72代京都府議会副議長を務める。また、所属する自民党京都府連では、青年部長、広報委員長、右京支部長、青年局長等を歴任。また政治活動を通じて、自身が学生時代から取組む「文化・芸術活動」および「国際交流」が、今後の京都創生に重要な役割を果たすことを強く認識し、「映画」「伝統芸能」「音楽」等の各種イベントを積極的にプロデュースする。そして、それらを切り口に産業・学術等の多方面で国際交流活動を展開予定。「草の根からの国際平和の実現」を推進していく。著書に『日本復活の政治論―信じて和する―』総合法令出版（2011年）がある。

日本とは？ 京都とは？

猿渡　二之湯真士さんは、私が京都府庁勤務の時に府会議員に初当選され、それ以来のご縁です。若いながら、自分の軸をお持ちで非常に勉強熱心な議員さんです。真士さんが政治家を志した、その原動力はどのようなものでしょうか？

二之湯　私は、小学4年生から洛外とはいえ京都市内で育ちました。年頃になると、京都の街に何かどんよりしたものを感じ始め、大学は東京に行きたいと思うようになりました。とはいえ、何を目指すのか判然としない。社会はエスカレーターのように自分を次のステージへ運ぼうとするので、「ちょっと待った」という気持ちでした。結局、自分は何をすべきかを追求するために先人の苦悩に学ぼうと文学を志しました。そこで、三島由紀夫や川端康成などの作品に出会い、自分が知らない日本に出会ったことは衝撃でした。

早稲田大学の文学部に進学し探求を続けましたが、文学だけでは日本を知るのには限界があると思い、縁あって古神道や修験道の「行」も始めることに。悠久の日本とは何かを知るには、伝統的な実践を追体験する必要がありましたので。その作業の中で、今の日本は、日本らしい方向に行っていないのではないか？という疑問があふれてきました。一方で、京都には日本を知るヒントがたくさん現存しているのかとも思えるようになりました。

日本とは何か？　日本らしい方向とは何か？　文学や伝統的な行の実践で学んだ感性に照らしながらズーッと考えていましたが、考えるだけではダメで、政治や経済の世界で働く必要があると思い至りました。折しも、参議院議員になった父（さとしさん）の事務所を手伝うタイミングで、政治の現実に飛び込むことになりました。

猿渡　その志は「真の士」という真士さんの名前にも影響されたのでしょうか？

二之湯　私の真士という名前は母がつけてくれたようです。時代劇が好きな母は事あるごとに「真の士になれ！」と言いましたので、その意味を考えさせられました。誇りをもって生きるのが士です。誇りとは、先祖や郷土、歴史の総体につながっている自分を感じることで生まれてくるのだと気づいて以来、自分より大事なものがあることに気付きました。きっと皆さんも同じじゃないのかなと思いますが。それで、社会をつくっていくお役に立ちたいと思うようになったのだと思います。

猿渡　京都に生まれ育ったことと、「真の士」という名前をお母さまからいただいたことが、二之湯真士さんの生き方の根本にあるのですね。

さて、先の選挙で、5回目の当選を果たされたわけですが、それまでの4期16年間の議員生活で特に求めてこられたことはどんなことでしょうか？

二之湯　やはり京都の議員なので、京都とは何か?ということです。広義の意味で、京都の文化とは何かということですね。京都の文化は、長く続いた古いものが残っているところに価値があると思われがちです。しかし、長い間続いてきたのは、それが美しく洗練されたものであり、暮らしに役立つものであり、便利であり、合理的な仕組みだったからではないか。私たちの先人が常に工夫しながらアップデートし続けた優れたものだったから、文化は持続可能だったのではないか。とすれば、実は京都においては、常に先進的なものを受容し、洗練させ、さらに有用になるよう努力してきた精神を大切にしなければならないと思います。

伝統と先駆が調和する共創を目指す

猿渡　京都が首都でなくなった明治維新から約150年が経過し、戦後でも約80年が経過しています。この間、日本の文化が大きな変容を余儀なくされたと評されることが多いのですが、真士さんは今をどう思われますか?

二之湯　確かに、明治維新後の西洋列国に追いつけ追い越せとの文明開化、戦後の高度経済成長の過程で、私たちの暮らしにとって良い仕組みや技術などを得たのは確かです。ただ、日本の文化・伝統は、もっともっと長い時間をかけて、私たちの先人たちが工夫を続けてアップデートしてきたものだ、という視点を忘れてはならないと思います。現代文明といわれるものも、先人たちの努力の賜物の延長線上に位置づけて、工夫を重ねるという視点です。先人たちは他の文明の成果に対しても寛容であったと思います。いろんな物や制度などを取り入れながら、自分たちの文化の中に調和させ、共に創造していくという、共創が可能だったのだと思います。長い日本の文化の延長線上に生きていたからこそ実現できたと思います。ただ、現在はそうした伝統を踏まえて今を認識する力が弱くなっていると思います。

猿渡　では、真士さんが考える調和や共創とはどんなものでしょう。

二之湯　現代は、超高齢社会であり、人口減少時代です。自由競争に任せて勝った、負けたと言っている余裕はないのではないでしょうか。日本の危機と言っていい。正直、私は不安です。皆さんもそうではありませんか。この厳しい時代において、私たちの生活と豊かな文化を守り育てていくには、やらなければならないことが多い。しかし、残された時間は少ないのです。

京都が長くその文化を維持し発展させてこられたのは、これまでの伝統を踏まえつつも、実は、京都の皆さんが先駆的なものに挑戦することを恐れなかった信念と他の文明や技術などを受け入れる寛容さ、度量が豊かであったことによると思います。京都こそ、長い日本の歴史において、伝統の中に先駆的なものを常に調和させながら、イノベーションを繰り返していく共創の都市であったと考えています。

私は、このような京都の皆さんと、恐れずに進んでいくことが歴史を切り開いていくことだと確信しています。

対談 4

新しい第一次産業で地域の未来をデザインする

丸光グループ会長
山田浩之さん

高純度バイオディーゼル燃料事業者連合会代表理事
星子桜文さん

profile

やまだ・ひろゆき
１９６７年1月19日生まれ。
日本大学法学部法律学科卒業。
１９８９年４月　株式会社日本エル・シー・エー入社
１９９４年12月　独立開業
１９９５年1月　サクセスリンク株式会社設立
現在、第1産業から第6次産業までの事業分野に事業展開しており、12社のグループ経営を統括している。
グループ年商１１０億円の丸光グループ会長。

ほしこ・あや
１９７５年6月25日熊本市生まれ。
熊本市在住。
２０１０年　自然と未来株式会社設立
２０１３年　第22回くまもと環境賞、地球温暖化防止活動環境大臣表彰を受賞
２０１６年　「すべては地球の未来のために」をスローガンとし未来に必要と思うモノ・コトを未来に繋げる活動を行う株式会社スター・フローレス代表
２０１９年　一般社団法人高純度バイオディーゼル燃料事業者連合会を設立、代表理事に
２０２２年　内閣府より女性チャレンジ賞受賞、公益財団法人信友社賞受賞

同じ場所に需要施設がある熱電併給

猿渡　今回は、「地域経済循環創造事業交付金」のご縁が出会いとなった山田浩之さんと星子桜文《ほしこあや》さんに伺います。お二人とも、竹の廃材や食用油の廃油といった、いわば地域で邪魔者扱いされていたものを活用して付加価値の高い製品を生み出し、地域経済の好循環につなげるビジネスモデルを構築されました。

まず、山田さん。当時、南関町では竹公害に悩まされていたのでしたね。

山田　そうなんです。竹は畑や田んぼを荒らすだけでなく、民家の床下からも伸びてきて家屋に損傷を与えるなど、地域の迷惑物になっていました。近年では、荒廃竹林が里山の土砂災害のトリガーになっているとも言われています。

猿渡　日本独特の公害ともいえる竹を活用するきっかけはどこにあったのですか？

山田　竹の廃材はいくらでも集められるのですが、ボイラーが傷むため、燃料にできませんでした。また、木材製材の際には、杉材を中心とした樹皮《バーク》が大量に発生します。ヨーロッパでは、一般的にバークはボイラーの燃料になるのですが、日本のものは水分が多すぎてうまく燃えません。結局産業廃棄物として廃棄されるものが多いのです。このように竹もバークも迷惑な廃棄物だとされていました。そこで、発想を変えてこれらの迷惑物を混ぜてみたのです。すると一定の配分比率で新しい燃料となることがわかったのです。

猿渡　棄てていたものを混ぜ合わせて燃料にするとは興味深いですね。それと山田さんは、竹やバークを燃料にしてその「熱」を利用するモデルを構築されました。バイオマス発電というのは、よく聞くのですが。この発想もどこかにヒントがあったのですか？

山田　ヨーロッパでは、バークをボイラーの燃料にして、その熱を工場や地域のエネルギーとして活用しています。ところが、日本ではヨーロッパのように熱導管のネットワークが整備されていません。熱導管がないと温水はすぐに冷めてしまうので、輸送しにくいのです。その結果、日本では電気だけがエネルギーの代表のように思われています。

猿渡　その課題はどう克服されたのですか？

山田　世界的なCO_2削減のうねりです。CO_2排出の約半分を占めるともいわれる重油を減らし、木質チップを代替燃料の一つとする動きが出てきました。木質チップ製造の際の乾燥プラントを竹とバークを燃料とするボイラー部分と併せて整備する計画です。熱源と同じ場所に熱需要施設をつくることで、熱の劣化を防ぎながら熱を活用できました。なお、このボイラーは熱電併給施設となっていますので、発電もします。この電気でチップ製造機が動きます。熱になる分と電気になる分を併せると9割近いエネルギー効率になります。

新たな目で見直し、様々な地域資源を発見

猿渡　エネルギー資源が乏しいわが国では、無駄なくエネルギーを活用することが大変重要ですね。ところで、地域経済循環創造事業交付金を活用されたわけですが、地域経済循環の創造という点はいかがでしょうか？

山田　田畑を荒らす公害の原因であった竹と産業廃棄物であったバークは原料として地域の資源になりました。お金を出して処分してもらうところを代金収入が得られることになります。これらを原料とする熱エネルギーは地産地消として製品化に役立つ付加価値を生みます。因みに、バークを剝いだ後の材木は木質チップの原料でもあります。

猿渡　地域にある物は全て無駄なく使い切って事業化されたわけですね。ところで、熱源と需要施設が一体になっているということは、竹やバークが入手できるところではどこでも、このようなエネルギーの地産地消が可能となりますね。

山田　そうなんです。地域を新たな目で見直してみると様々な可能性があると感じます。私は全国各地でこのような取り組みが行われることが、ひいては日本のエネルギー自立につながっていくと期待しています。

猿渡　まさに林業振興と直結した山間過疎地活性化のモデルができましたね。ボトムアッ

プ型の地域経済循環がエネルギー問題をはじめ、日本の課題の解になっていくのですね。しかし、ここに到る過程で、当初予定していた建材プラントの不具合や新型コロナウイルスの影響による事実上のマーケットの閉鎖により、法人の整理を余儀なくされるなど、大変なご苦労があったようですね。

山田　竹やバークなどを活用して、過疎地においても大きな地域経済循環を創造できるというビジョンには、本当に多くの皆さんの共感と多大なるご支援をいただきました。共に夢を共有しながら出資していただいた株主の方々や金融機関の皆様には、法人の整理を余儀なくされる中で、多大のご迷惑をおかけしてしまいました。この場をお借りして改めてお詫び申し上げます。今後は、いただいた関係者の皆様からのお気持ちを忘れず、この故郷をより住みよい地域にしていくよう尽くしていくことを人生のテーマとさせていただいています。

猿渡　チャレンジにはリスクを伴うものの、チャレンジ無しには地域の活性化はない、という状況下で、立ち止まることは許されない私たちには、より良いモデルを求めて、より多くの人たちの納得をいただけるような努力が欠かせませんね。

バイオディーゼルで故郷の水と環境を守る

さて、次は星子さんにお願いします。星子さんのプロジェクトも、地域経済循環創造事業交付金を活用されて、地域の廃棄物をエネルギー源に変えていくといったものでしたね。

星子　もう10年ほど前のことになりますが、交付金を活用することで廃油からバイオ燃料を精製するプラントを整備することができました。

猿渡　ところで、なぜ廃油に着目されたのですか？

星子　運送会社で勤めている時に、お客様をお見送りしました。その車の排気ガスが天ぷら油の匂いがしたので尋ねましたら、「この車は天ぷら油で走っている」とのことでした。驚いて会社まで視察に行きました。その会社のトラックからは全て天ぷら油の匂いがしました。そこで燃料を分けていただき、県立大学に持ち込みました。すると、大学の先生から「この燃料は軽油代替燃料で、50年以上前から存在する燃料だ。元々、ディーゼルエンジンは、ピーナッツオイルで走るように開発されたエンジン。CO_2削減・酸性雨の防止・資源の循環などメリットは沢山ある」と言われ感激しました。デメリットをお尋ねすると、「廃油が集まらないこと」とのことだったのです。

そこで私は「廃油を集めよう！」と思い立ちました。会社の配達のついでに廃油の回収を始めました。一つの事業部からスタートし、その後独立しました。
さらに、熊本には名水百選に選ばれるような水源がたくさんあります。家庭をはじめ廃油の回収はその水の恵みを守る活動にもつながります。その普及啓発を通して、皆さんに改めて環境について考えていただければ、意識も変わってくるのでは、と考えました。

猿渡 廃油が集まらないことが軽油代替燃料の唯一のデメリットと聞いて、早速自分で始めるとは、まさに天啓だったのですね。そこから故郷の名水を守っていこうという意識改革の働きかけにつながったのは、なぜでしょうか?

星子 私は、未来の自然環境は、私たちの思考が創り上げていくと思っています。廃油から生まれる自然環境に優しい軽油代替燃料の普及啓発を通して、多くの皆さんと共に同じ未来を思い描きたいと思っています。同じ未来を描ける人を増やす行動が憧れの未来に近づくことにつながります。そこでまず、食用油の廃油を捨てずに故郷のきれいな水と環境を守っていこうという取り組みから始めました。「それがビジネスになるなら最高!」と思っています。

猿渡 ビジネスになるということは、地域で原料が集まり、付加価値をつけて需要に応えられるということで、地域経済循環の創造そのものですね。

星子　家庭の食用油の廃油を集めるところから始めましたら、実は、地域で大量の食用油の廃油が捨てられていることがわかりました。私がお願いして協力いただいている飲食店や居酒屋などは、熊本市内だけでも約千カ所はあります。もっともっと集めなければならない廃油があります。そこで、地域経済循環創造事業交付金を活用し燃料の品質にこだわった精製装置を導入しました。集めた廃油を高純度バイオディーゼル燃料に精製できるようになったので、多くの皆さんにこの軽油代替燃料を使っていただけるようになったのです。廃油を軽油代替燃料として使っていただく循環が大きくなってきました。

猿渡　どんな方々が高純度バイオディーゼル燃料を使うのですか？

星子　建設業、運送業、産廃業などトラックを使う業種の皆さんのほかに、農業やイベントでの発電機、さらには幼稚園などのスクールバスにも採用され、環境学習にも活用されています。家庭からの廃油が安全な燃料になり、地域の産業に使われているという地域のエネルギー循環を3歳児が説明するんですよ。

猿渡　楽しい環境学習ですね。身近な暮らしの中に、廃油を捨てないという行動を組み込むことで段々と生活スタイルも変わっていくのですね。

星子　廃油を集める仕組みづくりでは、肥後銀行さんの全支店や県内全市町村さんに「わくわく油田スポット」を設置していただくなど、生活に身近なところでの仕組みづくりが進んでいます。市民力が環境力ということで、全国から見学に来ていただけるようになりました。

バイオ燃料の矛盾を地産地消で解消

猿渡 このムーブメントが拡大継続するように、さらに経済性が深まるといいですね。

星子 日本国内の廃油の総量は年間約55万トンありますが、バイオ燃料として利用されているのは1万トン未満です。その他の使い道として、飼料となっている廃油が約22万トンあり、インクなどの工業用原材料となっているものも10万トンほどあるようです。問題は、廃棄処分されている家庭などの食用油の廃油が約10万トンあることです。私はまず、ご家庭などで廃棄されている廃油を地域のエネルギーとして活用したいと思い、油田スポットを各地に広めています。

猿渡 家庭などからの廃油10万トンは早々に地域エネルギーとして活用すべきですね。廃油のこの現状を知れば皆さんにも共感していただけそうですね。また、運輸業界をはじめとする皆さんの間にも、星子さんたちの努力で、軽油代替燃料としての高純度バイオディーゼル燃料を使う意義が浸透してきているようですね。

ところで、日本国内の廃油の総量55万トンから、飼料の分、工業原料の分、家庭からの廃棄分を差し引いても、10万トンほど残りますが、これはどうなっているのでしょうか。

星子 実は、海外のバイオ燃料の原材料として輸出されている廃油も年々増えて、10万トンにもなっているんです。日本の廃油が海外のバイオ燃料の原材料として輸出されていることにも、常日頃疑問を感じています。重油を使ってタンカーで海外に運んで、今度は海外で作られたバイオ燃料を輸入しているものもあるようなんです。

猿渡 それは凄い矛盾ですね。その10万トンは国内で精製されて国産エネルギーとして活用されるべきですね。

星子 そうなんです。私たちの暮らしを見つめ直すことで、廃油の持つ大きな可能性が明かになってきます。もっと根本的な問題もあります。例えば、食用油の原料は輸入に頼っていますが、大豆や菜の花などが原料になりますので、全国の耕作放棄地での栽培に適しているんですよ。

猿渡 なるほど。私たちは大量生産による規模の利益がなければ経済性がないように思ってきましたが、そこに、環境や地域での暮らしなど加味すると違った経済合理性が見えてきますね。特に、エネルギーや食料については、安全保障の観点からも地産地消の必要性が再確認されていますね。

星子　地域ごとにエネルギーも人もお金も地域循環する仕組みができることで、私たちは地域に安心して住むことができます。

猿渡　明治時代の産業革命を伴う高度経済成長や戦後の高度経済成長の課程で、地域での経済循環が滞ることで様々な課題が生じてきました。どちらの場合も、東京などに工場やオフィスが集中する反面、地域での経済循環を担っていた第一次産業が衰退したことが原因でした。この点は、山田さんも同じ問題意識でしたね。

山田　そうです。エネルギーや人やお金が循環すれば地元に働く場所もできるし、高齢者となっても仲間と共に健康な暮らしを送ることができる。そして、その環境は教育にも適しているのです。

猿渡　農林水産業だけでなく、山田さんや星子さんの取り組みのように地域で経済循環する産業こそ、新しい第一次産業と呼べそうですね。ところで、山田さんは、米作の復興にも取り組まれているようですね。

山田　江戸時代に菊池川流域一帯で栽培されていた「天下第一の米＝穂増《ほまし》」の復活です。

今では、生育地の地理、地勢、気候などのテロワールにこだわるのはワインぐらいですが、江戸時代には土地ごとの風土に合った稲が種取りされ、１０００種類以上が各地で生産され、当時の米屋さんは米を食べて産地を当てたそうです。江戸時代の天下第一の米＝穂増の復活プロジェクトは、誇りある地域の物語の復活と共に菊池川流域の地域経済活性化につなげたいと思っています。しかし、何よりも美味しい。みんなで物語をつくっていくプロセスは楽しい、そして穂増は抗酸化力に優れており、健康にもいいのです。さらに穂増を原料に、当時の酒造りのプロセス（酵母菌・豊かな水・木樽など）を忠実に再現し、添加物が一切入っていない「産土《うぶすな》」という日本酒も生まれました。これも絶品ですよ。

猿渡　１０００種類もの米を食べ当てるということは、味覚はもとより、それだけ多様に表現する日本語があったわけで、それこそ豊かな文化が存在した証拠ですね。星子さんがおっしゃるように私たちが憧れの未来をイメージして、地域ごとにエネルギー・人・そしてお金が地域循環する「新しい第一次産業」に取り組んでいくことで、未来はつくられていくのですね。

山田・星子　そのとおりだと思います。

猿渡知之
さるわたり・ともゆき
1961年熊本県出身。1985年東京大学法学部卒業後、
旧自治省（現総務省）入省。総務省退職（2020年）後、
株式会社日本経済研究所理事（本書執筆時）を経て、
東日本電信電話株式会社特別参与（現在）。
大正大学地域構想研究所客員教授。

〈総務省での主な地域政策業務歴〉
自治政策課理事官・企画官（2001年4月～2003年8月）
高度通信網振興課長（2009年4月～2011年3月）
地域政策課長（2012年4月～2015年7月）
地方創生・地域情報化等の担当審議官（2015年7月～2018年7月）

〈自治体での勤務歴〉
京都府総務部長・副知事（2003年8月～2009年3月）をはじめ、
青森県庁、栃木県庁、千葉県庁、大阪府庁において勤務。

〈主な著書〉
『超高齢時代を乗り切る地域再生の処方箋』（ぎょうせい2022年）
『自治体の情報システムとセキュリティ』（学陽書房2019年）
『公的個人認証のすべて（共著）』（ぎょうせい2003年）

超高齢時代を乗り切る
「地域政策」
地域政策構想技術リスキリングノート

2023年9月13日　第1版第1刷発行

著　者 ● 猿渡知之
発行者 ● 髙橋秀裕
発行所 ● 大正大学出版会
〒170-8470
東京都豊島区西巣鴨3-20-1
電話 03-3918-7311（代表）
https://www.tais.ac.jp/guide/research/publishing/
販　売 ● 大正大学事業法人 株式会社ティー・マップ
電話 03-5394-3045
ファックス 03-5394-3093
印刷所 ● 大日本印刷株式会社

ISBN978-4-909099-80-8 C0231